小売業起点の
まちづくり

石原武政・渡辺達朗 編著

発行所：碩学舎
発売元：中央経済社

はしがき

　「まちづくり」という言葉は、戦後、比較的早くからさまざまな分野で用いられてきた。耳にひびきのよいこの言葉には、人びとが快適なくらしを営むうえで必要な健全な「場」を創り出すという意味が込められていた。当初はそうした住民側の自発的な活動をさす言葉として始まったが、やがて行政による都市計画や都市づくりが同じ音をもった「街づくり」と呼ばれるようになり、そうした上からの都市計画に対する対抗として平仮名の「まちづくり」が用いられてきた。しかし、今日では表記上の区分はほとんど姿を消し、一般に「まちづくり」と表現されるようになっている。

　こうした経緯に照らしても容易に想像できるように、「まちづくり」が対象とする範囲は広く、都市のインフラ整備に始まって、人びとの地域における支え合いに至るまで、実に多様な内容を伴ってきた。もっとも、振り返ってみれば、今日「まちづくり」という言葉で表現されている活動のすべてが、実際に「まちづくり」と呼ばれてきたわけではない。まちづくりの活動は、現場では、言葉による表現よりももっと多様に展開されてきたのであり、近年になってそれらが「まちづくり」という言葉の中に統合されてきたといってもよい。

　その「まちづくり」が小売業の世界で意識的に用いられるようになったのは、小売業が大きな構造変化を迎えていた1980年代の終わりから1990年代の初頭にかけてであった。それ以前には、大規模小売店舗法による厳しい出店規制が存在したことも関係して、大型店の出店者は周辺地域を含めたまちづくりについて考慮することは少なく、地域の商業者や住民もまちづくりを争点とすることはほとんどなかった。しかし、1980年代末からはじまった出店規制の緩和・廃止によって小売業の構造変化が加速する中で、大型店を含む地域商業のあり方を「まちづくり」という観点からとらえようとする機運が地域の商業者などにおいても高まった。いわば商機能の充実に焦点を当てた活動から、もっと積極的に地域社会に目を向けた活動への転換であった。

　国や自治体においても、そうした方向を後押しする制度や施策が打ち出されるようになり、流通・商業研究の分野においても、都市と商業との関係に注目する研究がさかんに行われるようになった。商業は単に生産と消費を効率的に媒介する中間

機関ではなく、実態をもって存在し、そのことによって地域社会や住民の生活にさまざまな角度から大きな影響を及ぼしている。最終消費者と接する小売業にはその点が強くあてはまる。そのことをもっと積極的に評価する必要があるというのが、そこでの共通した問題意識であった。それから30年近くの時が経とうとしている。今や、小売業にとって、まちづくりは意識的に追求すべき中心的な課題となっている。

　この間、小売業がまちづくりとのかかわりを強めてきたのには、もちろんそれだけの理由がある。まちづくりは健全な暮らしを営むうえで必要な場の創造にかかわるといったが、小売業こそはその場の中心に存在し続けてきた。小売業は人びとの暮らしと共にあり、暮らしを支える半面で、人びとの暮らしによって支えられてきた。まちの中心には華やかな消費を演出する小売業があった。住宅地の近くには人びとの日常の生活を支える小売業があった。小売業はそこでただ商品を販売してきただけではなく、まちの彩りを創造し、交流の場を作り、文化や伝統の担い手となった。その意味では、小売業は意識するしないにかかわらず初めからまちづくりと深くかかわってきたのであった。

　しかし、1980年代の終わり頃から加速化した、規制緩和を背景とする小売業の構造変化によって、伝統的な小売業の力は大きく削がれていった。必要な商品を提供するという意味での商機能は、郊外のショッピングセンターや無店舗販売によって補うことができた。むしろそれが小売業の構造変化を加速させたのであるが、その結果、それまであまり顧みられることのなかった人びとの生活を支え合う側面の弱体化に注目が集まるようになった。まちの中心部が衰退したり、日常的な買い物にさえ不便を来たすことも珍しくなくなった。健全な暮らしの場を維持するためには、今までは当たり前のように思ってきたことに、改めて意識的に取り組む必要がある。その場の中心にあるのは、かつての中心地であり、生活の場であった小売業の空間であり、そこでなお活動を続ける小売商であった。

　小売業はまちづくりの舞台であると同時に、その主要な担い手でもある。しかし、もはや小売業がそのすべてを担うことはできない。小売業が地域のさまざまな関係者に向かって健全な暮らしの場の創造への協働を求め始める。地域の関係者もまた、健全な暮らしの場を創造する舞台を小売業が存在する場に求める。そうした相互の支え合う関係への理解が深まる中で、小売業を中心としたまちづくりはいっそう多様に広がってきた。行政が中心となる社会インフラの整備を除けば、小売業はまちづくりのまさに中心に位置しているといっても過言ではない。

ここでは便宜上「小売業」と言っているが、その内容は物販店を中心としたかつての小売業から大きく様変わりしようとしている。もちろん、物販店も多く存在しているが、近年、地域商業の主流となりつつあるのは飲食店やサービス業などの非物販店である。伝統的な商業論の感覚でいえば、これらは厳密には小売業とはみなされないが、地域住民と向き合うまちづくりを扱う本書では、彼らも含めて「広義の小売商」としてとらえておきたい。

　こうした小売業を中心とするまちづくりの広がりを反映するように、大学や高等学校などの教育機関でも、まちづくりに積極的に取り組む機会が増えている。まちづくりが極めて多面的な側面を持つことから、それが1つの科目として設定されることは少ないが、ゼミナールや課外活動の中で取り組まれる例はますます多くなっている。そのアプローチは学問分野によってさまざまであるが、特に社会科学系の学部等では、ほとんどの場合、主要な活動の舞台を小売業の中に置いている。また、都市計画や建築、芸術、福祉系の学部等の場合でも、多くは小売業とのかかわりの中で取り組まれている。

　こうした流れを受けて、これからまちづくりに取り組もうとする人びとに、まちづくりの全体像を広く案内することを目的に構想されたのが本書である。本書では、上のような理解に立って、まちづくりの中でも特に小売業を起点とした取り組みに重点をおいたが、それでも現在まちづくりとして取り組まれている活動の主要な側面はカバーできたものと考えている。

　本書は元々、碩学舎代表の石井淳蔵氏の強い勧めで企画されたものである。「まちづくりに関するしっかりとしたテキストを作って欲しい」という要請に、編者である石原と渡辺が構想を練り、全体像を確認した後に、その他の執筆者に協力を依頼した。大学でのテキストとなることを想定はしたが、全体としては小売業とまちづくりにかかわる問題を広く取り上げることによって、この分野で活動する人びとにも広く活用していただけるものとなることを意図した。これらの方々に広く本書が受け入れていただけることを願っている。

　執筆過程では、編者を含め、執筆者同士の間で、かなり激しい議論を繰り返し、全体を調整した。まちづくりが多くの場合、多様な関係者の利害を調整しながら進められるものであることに照らせば、まちづくりを扱う本書にとって、そうしたやり取りは欠くことのできないものであったということもできる。その結果として、本書が多様性を内に含みながらも、全体として流れのあるまとまりを確保できていることを願うばかりである。

最後になったが、このような機会を提供していただいた碩学舎の関係者の方々に心からお礼を申し上げたい。また、本書の編集、校正段階では、中央経済社の皆様に大変お世話になった。特に市田由紀子氏をはじめとする関係者の皆様には丁寧な校正をしていただくと共に、よりわかりやすい文章とするための示唆を多くいただいた。記して、深くお礼申し上げたい。

　2018年1月

石原武政
渡辺達朗

CONTENTS

はしがき　*i*

序　章　小売業から見るまちづくり —————— *1*

　1　「まちづくり」の広がり／ *1*
　2　小売業起点のまちづくり／ *4*
　3　本書の構成／ *7*

第 I 部　小売業起点のまちづくりの背景　*11*

第1章　商業まちづくりの系譜 —————— *12*

　1　小売業の「まちづくり」はハード系から始まった／ *12*
　　1-1　「まちづくり」の誕生／ *12*
　　1-2　流通革命と商業近代化地域計画／ *13*
　　1-3　コミュニティ・マート構想／ *15*
　　1-4　商店街内部からのまちづくりの機運／ *17*

　2　まちづくり支援策の拡充／ *20*
　　2-1　小売業の構造変化と規制緩和の流れの中での
　　　　　新たな潮流／ *20*
　　2-2　空き店舗問題と所有と経営の分離／ *21*
　　2-3　まちづくり三法の時代へ／ *24*

　3　ハード起点のまちづくりとソフト起点のまちづくり／ *25*

第2章　商業まちづくりの背景 —————— *30*

　1　成長基調の終焉／ *30*
　　1-1　人口減少と高齢化の進展／ *31*
　　1-2　インフラ設備等の老朽化／ *32*
　2　小売業は今／ *35*

　　　　3　高齢化社会における買い物弱者問題／39
　　　　4　地域の支え合う力の再構築と小売業／41

第3章　まちづくりと行政の役割 ── 46

　　　　1　まちづくりの制度的枠組み／46
　　　　　　1-1　地方分権時代のまちづくり／46
　　　　　　1-2　都市計画とマスタープラン／47
　　　　　　1-3　マスタープランの具体例／48

　　　　2　都市計画法による土地利用規制／50
　　　　　　2-1　都市計画区域の分類／50
　　　　　　2-2　用途地域制／51
　　　　　　2-3　大規模な商業施設の規制と誘導／51

　　　　3　まちづくりのための事業計画／53
　　　　　　3-1　地区計画とまちづくり協定／53
　　　　　　3-2　地区計画の具体的事例／54
　　　　　　3-3　中心市街地活性化の基本計画に基づく事業／56
　　　　　　3-4　都市再生の立地適正化計画に基づく事業／58
　　　　　　3-5　地方創生のための地域再生計画／60

　　　　4　人口減少・少子超高齢社会のまちづくり／62

第Ⅱ部　まちづくりの前提　65

第4章　都市を客観的に理解する ── 66

　　　　1　都市を客観的なデータで分析する／66
　　　　　　1-1　都市を分析するための指標／66
　　　　　　1-2　データを比較する／68
　　　　　　1-3　データを加工して指標をつくる／70
　　　　　　1-4　類似都市と比較する／72
　　　　　　1-5　主要なデータソース／74

2　都市を財政構造から客観的にとらえる／75
　　　　2-1　国税と地方税／75
　　　　2-2　自治体の財政支出と財政構造／77
　　　　2-3　自治体の財政健全度／79
　　3　都市の目指すべき方向を考える／81
　　　　3-1　SWOT 分析／81
　　　　3-2　事業におけるリスク管理／83
　　　　3-3　先進事例にどう学ぶか／84

第5章　まちの資源を確認する ──── 87

　　1　まちの資源を見つめ直す／87
　　　　1-1　まちの資源の価値／87
　　　　1-2　ハードな資源／88
　　　　1-3　ソフトな資源／90
　　　　1-4　資源の再発見──暗黙の価値──／92
　　2　負の資源とその活用／93
　　　　2-1　商業地の空き店舗／93
　　　　2-2　リノベーションによる空き店舗の活用／96
　　　　2-3　都市における空き空間の活用／98
　　3　未来につながる資源／100

第6章　まちづくりの主体と事業を支える仕組み ──── 102

　　1　商業地のまちづくりにおける主体の法人化／102
　　　　1-1　商店街組織の法人化と会社の設立／102
　　　　1-2　まちづくり会社の増加と第三セクターの活用／104
　　2　まちづくり会社の人材とタウンマネージャー／106
　　　　2-1　TMOのタウンマネージャーとスタッフ／106
　　　　2-2　まちづくり会社におけるタウンマネージャーの役割／108
　　3　まちづくり会社の役割と資金／110
　　　　3-1　まちづくり会社の役割と事業／110

3-2 まちづくり会社の資金繰り／113

4 高松丸亀町商店街振興組合による
タウンマネジメント／114

4-1 商店街組織の計画とまちづくり会社という手段／114
4-2 再開発事業の特徴／116
4-3 まちづくりの成果／117
4-4 持続的なタウンマネジメントへの課題／118

第Ⅲ部 まちづくりの現場から　　121

第7章 安全・安心のまちづくり　　122

1 社会課題としての安全・安心／122
2 防災・減災とまちづくり／125

2-1 防災と減災／125
2-2 地域の事業者全般による取り組み／126
2-3 商店街組織を中心とする取り組み／129
2-4 震災対応に焦点を合わせた商店街の取り組み／131
2-5 防火に焦点を合わせた商店街の取り組み／132

3 防犯とまちづくり／133
4 大手小売企業の取り組み／134

4-1 代表的な取り組み事例／134
4-2 業界団体による取り組み／136

第8章 地域ニーズに応える商店街　　140

1 「商いの場」と「公共の場」の両面性／140
2 地域のニーズに対応して変化する商店街／141

2-1 地域の生活者ニーズへの対応／141
2-2 発寒北商店街振興組合の事例／142
2-3 岩村田本町商店街振興組合の事例／143
2-4 その他の事例／145

3 　地域の人びとと共に文化を担う商店街／146

　　3-1　地域コミュニティの行事とのつながり／146
　　3-2　天神橋筋商店連合会の事例／147

4 　アーティストやデザイナーと共存する商店街／148

　　4-1　商店街等のまちづくりとアート、デザインとの
　　　　 かかわり／148
　　4-2　古民家等のリノベーションによるまちづくり／150
　　4-3　浜松ゆりの木通り商店街の事例／152

5 　地域に根差したまちづくり／154

第9章　高齢者・子育て世代にやさしいまちづくり ── 157

1 　社会環境の変化に対応したまちづくり／157
2 　高齢者にやさしいまちづくり／159

　　2-1　商業者による「医商連携」の取り組み／159
　　2-2　医商連携の全国各地への広がり／162
　　2-3　商店街組織主導型の買い物弱者問題への対応／164
　　2-4　チェーン小売企業主導型の取り組み／165
　　2-5　住民組織・行政等主導の取り組み／166

3 　子育て世代にやさしいまちづくり／168

　　3-1　子育て支援NPOによる商店街組織との連携／168
　　3-2　商店街組織による子育て支援の展開／169

第10章　多様化する主体との連携 ── 174

1 　商店街組織の弱体化／174

　　1-1　連携の進展／174
　　1-2　増加する商店街組織の解散／174
　　1-3　商店街組織の減少傾向／176

2 　外部機関との連携機運の高まり／178

　　2-1　法制度の整備／178
　　2-2　2011年3.11より前の時期の連携状況／180

2-3　連携の領域／182

3　外部機関との連携による具体的取り組み／183

3-1　2011年3.11以降の連携課題／183
3-2　帯広電信通り商店街振興組合（北海道帯広市）／185
3-3　ゆう壱番街商店街振興組合（滋賀県長浜市）／186
3-4　みやのかわ商店街振興組合（埼玉県秩父市）／187
3-5　広島市中央部商店街振興組合連合会／188

4　地域課題をめぐる連携の展望／189

第Ⅳ部　広がるまちづくり　193

第11章　観光とまちづくり　194

1　観光のタイプを分ける2つの軸／194

1-1　発地型観光と着地型観光／194
1-2　通過型観光と滞在型観光／196

2　観光資源の発掘を通したまちづくり／197

2-1　観光資源の発掘主体／197
2-2　まちなか観光と商店街／199
2-3　長浜市の総合的観光誘致／201
2-4　柏市のまち歩きマップ／204

3　地域ブランドの構築とまちづくり／206

3-1　「地域ブランド」の2つの意味／206
3-2　フラノマルシェ（北海道富良野市）／207
3-3　伊賀の里モクモク手づくりファーム（三重県伊賀市）／209

4　理解と共感を求める観光／210

第12章　学生達のまちづくり　213

1　まちづくりへの学生の参加／213

1-1　若者を求めるまち／213

1-2　まちを求める若者／216

2　大学生が主体となるまちづくり／218

2-1　多様なかかわり方／218
2-2　和歌山大学の商店街カフェと地域連携／219
2-3　建築系学生の取り組み例／221

3　高校生が参加するまちづくり／223

3-1　高校生のまちづくり／223
3-2　和歌山県紀の川市のKOKÔ塾／225
3-3　宮崎県宮崎市の「高校生商店街」／226
3-4　福井県鯖江市JK課／227

4　多世代交流のまちづくり／228

終　章　地域は総合の場 ——231

1　問題を広くとらえる／231

2　合意形成と納得／233

3　事業評価とPDCAサイクル／236

序章

小売業から見るまちづくり

 「まちづくり」の広がり

　「まちづくり」という言葉は極めて多義的に用いられている。行政が治水のために河川を改修することも、道路や公園を整備することもまちづくりと呼ばれるし、駅前などで行われる大規模な再開発もしばしばまちづくりの名の下に行われる。そうかと思えば、住民が主体となって行われる防災や防犯活動、さらには子育てや高齢者介護などの地域福祉活動もまちづくりの名で呼ばれることがある。

　かつて石原武政・西村幸夫（2010）は、まちづくりを大きく地域環境、地域社会、地域経済の3つの要素から出発すると整理したことがある[1]。まず、それに沿ってまちづくりの広がりを概観しておこう。

　地域環境といって最初に思い浮かぶのは自然環境であるかもしれない。自然環境といえば、私たちの行動から独立して与えられるものだと考えられがちであるが、実際はそうでない。何よりも、自然はそのものとしては人間の力をはるかに超えた力を持っており、そのままでは私たちと共生することが難しい場合が少なくない。美しい珊瑚や海岸線はそのままで恵みを与えてくれるが、例えば現在の一級河川のほとんどはかつて「暴れ川」と恐れられ、何度も大きな災害をもたらした歴史を持っている。堤を築き、川の流れを制御することは、先人たちの長い取り組みの課題であった。山の木々も農村の田園風景も、人間が自然に働きかけて作り上げてきたものである。

　しかし、反面で、私たちの活動はしばしば自然環境に負荷を与える。自然はもともと自浄能力を持っており、その範囲内であればさまざまな負荷を受け止めてくれるが、負荷が自浄能力を超えたときには自然環境は一気に悪化する。現在、地球的

規模で問題となっている二酸化炭素問題や温暖化問題を見ても、そのことは明らかであろう。日本でも高度成長期に経験した大気汚染や河川の汚染によって、環境問題の深刻さは誰の目にも明らかとなった。これらは「公害」と呼ばれたが、日本ではその後、官民を挙げて環境対策に力を注ぐことによって、ほとんどこの種の環境問題を意識しないで済むようになった。それでも、かつてはタダが当たり前と考えられた飲料水が、今日ではスーパーやコンビニでごく普通に販売される商品となっている。

　今日、私たちが「自然環境」として受け入れているものは、良くも悪くも、これまでの人間による自然に対する働きかけの結果であるといってよい。自然環境を私たちの暮らしと共生できるように誘導したり、自然に対してかかり過ぎた負荷を軽減することによって生活環境を改善しようとする取り組みは、地域環境とのかかわりでのまちづくりに他ならない。

　地域環境はこんな大きな自然環境だけではない。もっと身近な街並みや静寂さ（騒音問題）、交通問題などの、歴史環境や社会環境もこれに含まれる。これらはもっと直接的に先人たちの営みの堆積である。私たちはこうした先人たちの活動の堆積を風土として受け入れ、その中で暮らしを営みながら、次の世代により良い環境を引き継いでいくよう努力しようと考えている。さらにもっと身近な、花いっぱい運動や地域の清掃活動なども、日常の生活環境を快適に維持しようとする活動であり、まちづくりの具体的な取り組みだということができる。

　それに対して、地域の人びと相互のつながりに関連するのが地域社会である。私たちは孤立して生活しているわけではない。現在では日常生活の中で、隣近所の人びとに依存していることを具体的に認識する機会は少なくなったが、かつては生活そのものが地域の中での共同作業の側面を持っていた。田植えや稲刈りなどの農作業は地域ぐるみの助け合いの中で行われたし、防災や防犯もそうであった。上で見た自然環境に対する備えも地域の人びととの共同作業によってはじめて可能であった。都市部ではほとんど見られなくなったが、地方都市では、今でも「結い」や「手間替え」と呼ばれる地域における互助の習慣が根強く残っている場合も少なくない。

　こうしたいわば必要に迫られて助け合うというだけではなく、私たちはもっと積極的に地域の人びととつながりあうことによって、快適な生活を手に入れようとしてきた。地域に残る伝統的な行事や祭りなどはその典型である。それら1つひとつをとってみれば、それなしでは暮らしそのものが成り立たないという意味でなくてはならないものとは言えない。しかし、地域の中でそれらの行事に取り組むことに

よって人びとはつながりを強め、相互の理解を深め、その中にアイデンティティを見出してきた。地域の文化や誇りはその中から育まれてきた。その他にも、お互いの依存関係を意識することは少なくなっても、ちょっと注意深く観察してみれば、実際にはつながりによって支えられていることが多いことに気づくはずである。

　こうした地域環境の整備や地域社会のつながりを維持していくための基礎となるのが地域経済である。人間は「貨幣」を生み出し、貨幣を媒介することによって社会を作り出してきた。この貨幣によって媒介される関係が経済である。農業や漁業における活動それ自身は経済活動とは言えないが、それが市場において貨幣と交換されることを前提として行われるようになると、経済活動となる。家庭菜園や休日の釣りは経済活動ではないが、営業農業や営業漁業は経済活動である。経済活動にはその他、ものづくりといわれる第二次産業や、サービス産業、商品の交換・流通にかかわる商業などもこれに含まれる。

　社会を動かしていく動力の役割を果たすのが経済である。したがって、貨幣がすべてというわけではないが、経済活動が円滑に営まれていなければ、地域そのものが活力を維持することは難しい。私たちの先人は、地域の暮らしに必要なものを生産することから始まって、市場が全国的に、さらにはグローバルに広がっていく中で、それぞれの地域の中で生産活動に取り組むことで、地域の経済を支えてきた。伝統的な地場産業と呼ばれるものが今も残っているかもしれないし、新しい産業を担う大企業の城下町となっているところもあるかもしれない。あるいは商業や観光が中心的な産業となっている都市もあるだろう。いずれにしても、それらが地域の経済を動かす要となっている。

　伝統的な地場産業の多くは、職人や中小企業によって担われ、地域の中で何段階にもわたる生産工程を持つのが普通である。この場合、そこで働くのはほとんどが地域の人びとであり、経済は極めて重層的な構造になることが多い。生産段階では何段階もの工程ごとに取引が行われ、賃金は地元の労働者に支払われ、彼らの多くは地域の商店で必要なものを購入する。こうして貨幣は何段階もわたって地域の中を循環する。それに対して、大企業の大工場の場合には、その内部で完成品まで一貫して生産されて世界に向けて出荷されるか、あるいは半製品として他地域の専門工場に出荷されることが多く、工場規模は圧倒的に大きくても、地域経済循環という意味からすると重層性に欠けるところがある。地域経済という点からすれば、事業の規模だけではなく、こうした経済循環の重層性にも注意を払う必要がある。

　地域環境、地域社会、地域経済が絡み合いながら地域の人びとの暮らしを形づ

くっていく。ここではこの３つを別個のものとして記述したが、実際にはこれらは重なり合う部分を持っている。阪神淡路大震災以来、毎年のように発生する大災害はそのたびに地域のあり方を問いかけてきた。大災害は地域環境が大きく崩れることによってもたらされ、それが地域経済に打撃を与え、地域社会がこれまで培ってきた資源を寸断する。しかし、そこからの復興に向けて動き出す力となるのも地域社会における絆であり、それが地域経済を動かせ、新たな地域環境を作っていく。その意味で、この３つの要素はそれぞれ独立したものではなく、互いに関連しあっているものとして理解して欲しい。

　これら３つの要素からの取り組みがまちづくりなのだとすれば、まちづくりは随分と広い範囲の活動をカバーすることになる。というよりも、私たちの活動の中で、純粋に個人的なものを除けば、まちづくりにかかわりを持たない活動を見出すことのほうが難しいといえるかもしれない。まちづくりという言葉が、分野や立場によって、極めて多義的に用いられるのは無理のないことなのである。

2　小売業起点のまちづくり

　「まちづくり」が多義的に用いられるのは、それが私たちの暮らしの質を向上させるための取り組みであることの裏返しである。私たちは与えられた環境条件の中で経済活動を行い、人とつながり、文化や芸術を感じ取りながら暮らしを営んでいる。したがって、暮らしの質を向上させる取り組みとなれば、いきおいその範囲は限りなく広がっていく。しかし、実際の暮らしでは相互に関連しあっているとはいえ、それらをすべて１つの枠組みの中でとらえることは不可能である。

　現実的なまちづくりは、さまざまな人びとが、それぞれに直面する課題に照らしながら、その角度から暮らしの質を向上させようとして取り組むことになる。幅広い全体の問題は、どこかで関連しあうのであろうが、当面の問題としていえば、それぞれの課題に照らして関連の深い分野に射程を絞り込み、それ以外の分野は考慮の外に置くことにならざるを得ない。それは、まちづくり活動の限界といえなくはないが、私たちの行動は常にそうした限界を抱えているのであり、そうする以外に実際の活動に踏み出すことはできない。その意味では、当面、分野を限定することはやむを得ない方法という他ない。大事なことは、そのことの弊害を最小限度にとどめるために、当面限定した範囲外にも常に議論を開いておくことである。

さて、こうした観点に立って、本書では小売業を起点としたまちづくりを考える。なぜそうするのか。そのことの意義は章を追って明らかとなるであろうが、あらかじめおおよその問題意識を確認しておくことにしよう。

　小売業とは、言うまでもなく最終消費者に商品を販売する機関である。身近なところでいえば、コンビニエンスストアやスーパーをはじめ、百貨店や商店街、さらには郊外のショッピングセンターなどが小売業を代表する。いずれも、店舗の大小こそあれ、物理的に店舗を構え、そこで営業するのが普通である。周辺に何もない郊外部に大規模なショッピングセンターが開設されるようになったのは1990年代以降のことであり、それ以前の小売業は都市の中心部か人びとの居住地の近くの道路に沿って、他の商業者たちと集積を形成するように立地するのが普通であった。

　小売業は最終消費者に商品を販売する機関といったが、それだけであれば、店舗を構える必要は必ずしもなかったはずである。近年でこそ情報通信技術の発達に支えられてインターネット通販が急成長してきたが、それまでは無店舗販売は極めて限定的にしか存在しなかった。カタログ販売や移動販売がなくはなかったが、ほとんど無視できる程度であり、小売業といえば店舗を持った小売店を指すのが普通であった。

　小売業が店舗を構えることは、単に商品を売買するという以上に大きな意味を持っていた。何よりも、店舗は小売店にとって、消費者に対して継続的な取引を約束し、取引にまつわる買い手のリスクを軽減させる手段の役割を担う。さらに、個々の店舗は取扱商品も限られ、消費者のニーズの一部にしか対応できないため、多数の店舗が集積して立地することによって、その欠点を補い合う。商店街などの商業集積はその典型であるが、百貨店のような大規模店舗でも、商店街の中に身を置くのが普通であった。以下、こうした路面に展開する商業集積を、百貨店やスーパーなども含めて商店街と呼ぶ。外部の集積に依存せず、自らで完結できるほどの巨大な集積は、計画的に開発された郊外型ショッピングセンターが登場するまでは存在しておらず、商店街は小売業のもっとも一般的な存在様式であったといってよい。

　多くの小売店が集積することによって、商店街は単独で立地するのとは全く異なった集積の魅力が発生する。全体としての多様な品揃えが準備されるだけではなく、街並みが形成され、賑わいが創出され、そこに多くの人びとが引きつけられる。商店街は公の道路に面して形成されるため、そこはすべての人々に対して開かれた空間となる。ショッピングセンターや地下街などの場合には、一見したところ商店

街とよく似た空間が演出されるが、その通路部分は私有地であることが多く、夜間は閉鎖されるし、政治活動を禁止するなど、特定の利用目的や利用者を排除することができる。商店街はそれが公共空間であるために道路交通法などの制約を受ける反面、すべての人びとに開かれた空間となるが、これこそ商店街が他の商業施設に対して持つ顕著な特徴である。

　一口に商店街といっても、その姿はさまざまである。例えば、住宅地に近い商店街であれば、日常的な最寄り品を取り扱う店舗が中心となる。商店主も近隣に居住することが多く、顧客の大半を占める近隣の消費者とは顔なじみの関係にある。さらに、消費者同士も互いに顔なじみであることも多く、そこに独特のコミュニケーションが生まれる。人びとはそこで買い物をするだけではなく、人びとと出会い、会話し、情報を交換する。広場を中心に形成されるヨーロッパの都市とは異なって、日本では商店街がまさに地域のコミュニティ空間の中心的役割を果たしたということもできる。

　それに対して、都市の中心部に形成される商店街となれば、買回り品や専門品を取り扱う商店が多く集積し、広域から消費者を引き付ける。そこには飲食店や娯楽施設も多く立地し、特に買い物目的を持たない人びとをも引き付ける。その結果、中心商店街は不特定の多くの目が集まる場所となる。例えば、私たちが衣料品を購入したとき、その品質に満足するだけではなく、それを着た自分を他人の目が評価してくれることによって満足度が高まるが、そうした「視線の被曝量[2]」を提供してくれるのは多くの人を引き付ける中心商店街なのである。

　まちの中の小売業、その代表であった商店街は、そのまちの人びとが集まる中心であった。したがって、そこには民間の事業者が投資を積み重ねてきただけではなく、多くの公共投資が行われてきた。地域の人びとはそこでふれあい、出会い、思い出を作りながら成長していく。商店街は多くの人びとにとって、その都市を記憶する場所であった。

　かつては自然発生的にそうした役割を果たしてきた商店街、あるいはより広く小売業を、改めてその角度から評価し、その役割を意識的に強化しようというのが、小売業を起点としたまちづくりを考える理由である。何もなかったところに作り出すのではない。かつては無意識的に、したがってある意味ごく自然に当然のこととして果たされてきた役割を再評価しようというのであるが、それは言葉を換えていえば、小売業を「商品を販売する機関」に純化して理解しようとしてきたことへの反省であるともいえる。小売業をありのままに理解しながら、地域社会に対して果

たしうるポテンシャルを引き出そうというのが、そこに込められた意図なのである。小売業、特に商店街はそこを拠点にまちづくりを考えるにふさわしい空間だということができる。

3 本書の構成

およそ以上のような問題意識に立って、本書は次のように構成される。

まず第Ⅰ部で、小売業とまちづくりのかかわりを大きくとらえる。第1章では小売業がまちづくりとどのようにかかわってきたのかを、戦後の歴史を通して振り返る。小売業の分野でまちづくりという用語が用いられるようになるのは比較的最近のことであるが、現在用いられているまちづくりの広がりに照らせば、小売業でももっと古くからまちづくりに取り組まれてきたことがわかる。さらに、そのまちづくりも、それぞれの時代の大きな流れの中での課題に向き合うように展開してきたことが確認される。

それを受けて、第2章では現在の小売業が直面する課題を確認する。直接、小売業に関わる課題ではなく、小売業を取り巻く環境の変化をマクロ的に確認しながら、小売業や地域社会が直面する大きな課題を洗い出す。人口減少や超高齢化社会、低成長時代の中で、いま、小売業に地域コミュニティの担い手としての役割が改めて問われている。

小売業を起点とするまちづくりを考える本書では、商業者を含めた住民が主体となるまちづくりが想定されるが、それでもそれは行政の全体としての大きな計画、方向づけと無関係に行われるわけではない。第3章では小売業起点のまちづくりを考える前提として、行政の役割を整理する。国の大きな制度的枠組み、その中での自治体による総合計画をはじめとするさまざまな計画を位置づけると共に、住民主体のまちづくりにおける行政の役割についても確認される。

第Ⅱ部ではまちづくりを具体的に進めていくうえでの枠組みが議論される。第4章ではまちを客観的に分析するための基本的な考え方を整理する。まちづくりには人びとの熱い思いが必要であるが、思いだけではまちづくりはできない。まちを客観的に見つめ、そこから地に足のついた議論を展開するために、客観的なデータをどのように扱えばいいのかを考える。

第5章ではまちの歴史的な遺産をまちの資源として理解する。まちづくりは真っ

新な白紙の上にまちを設計するのではなく、私たちの先人が積み重ねてきたまちの中に価値を見出し、それを磨き、新たな価値を付け加えながら、未来に向かって引き継いでいこうとするものである。歴史的な資源には、建築物などはもちろんであるが、祭りなどの伝統的な行事などもこれに含まれる。

　第6章ではまちづくりの主体を取り上げる。まちづくりにかかわる事業が多様化するに従って、商業者組織では十分に活動できなくなってきた。そうした背景の中で、まちづくりに取り組む専門機関としてのまちづくり会社に注目が集まるようになった。自治体も出資する第三セクターとして設立されることも少なくない。そうした制度の背景を整理しながら、その課題を考える。

　第Ⅲ部では小売業を起点としたまちづくりの中から、特徴的な取り組みを取り上げる。各章では全国の多くの事例を紹介している。第7章では安全・安心の問題を取り上げる。1995（平成7）年の阪神淡路大震災以来、特に安全・安心に対する関心が高まったが、それ以降もほとんど毎年のように大きな災害に見舞われている。小売業は地域社会と共にそれに対してどのように備えようとしているのか。それは私たちが安心した生活を送るうえで、極めて重要な意義を持っている。

　第8章では地域住民の生活に密着した活動を取り上げる。小売業と言えば、商品を販売する機関と考えられてきたが、地域の住民が求めているのは、単に商品を販売してくれることだけではない。日常生活にはさまざまな、細かな「困りごと」がある。生活レベルが高度化するに従って、そうした困りごとも多様化し、個人では容易に解決できない問題も増えてくる。地域住民の生活全般に向き合おうとする商店街が現れている。

　第9章では高齢者、子供、障がい者など、社会的弱者に対する取り組みを取り上げる。健康な成人はかなりの問題を自分で解決することができるが、社会的弱者といわれる人びとは自らの力だけでは解決できない問題にしばしば直面する。地域における暮らしの質を維持するためには、こうした社会的弱者に寄り添うような取り組みが必要になる。商店街ではすでにさまざまな取り組みが行われている。

　第10章ではまちづくりの主体のひろがりを具体的に取り上げる。小売業が起点というのだから、まちづくりの主体は当然、小売業者自身であるには違いないが、まちづくりは商業者だけの取り組みではない。より基本的には地域の住民の暮らしの質を高め、より快適なものとする取り組みである。そうであればこそ、まちづくりの主体は商業者から行政や住民をも巻き込んだ組織を求めて広がっていくことになる。

第Ⅳ部では、以上の流れの中ではやや異質な性格を持つものの、小売業のまちづくりと密接な関連を持つテーマが取り上げられる。第11章では観光とまちづくりが議論される。地域外の人びとを呼び込む観光は近年特にまちづくりの有力な方法として注目を集めている。その背景を探ると共に、観光に取り組むにあたっての課題にも言及する。

　第12章では学生たちを巻き込んだまちづくりの取り組みを取り上げる。大学生や高校生は商店街とは疎遠な関係にあると指摘されることも多いが、その若者がまちに出て、まちに刺激を与えると共に、まちを生きた学習の場として多くのことを学び取っていく。学生たちのまちづくりはますます広がりを見せているが、もちろん課題も多い。

　終章では以上の議論を総括する中で、改めてまちづくりが総合的な取り組みであることを確認し、それを長期的に続けていく上での課題を整理する。特に、集団の合意形成のあり方と事業評価の問題に触れている。

（石原武政）

注

1　石原武政・西村幸夫編『まちづくりを学ぶ－地域再生の見取り図－』有斐閣、2010年、第1章、第2章参照。
2　井尻千男『自画像としての都市』日本経済新聞社、1994年、133頁。

第Ⅰ部

小売業起点のまちづくりの背景

第 1 章
商業まちづくりの系譜

 小売業の「まちづくり」はハード系から始まった

1-1 「まちづくり」の誕生

　「まちづくり」という言葉はさまざまな分野で、さまざまな意味を込めて用いられている。「まち」を漢字の「街」や「町」と表記するか、平仮名で表記するかを問わなければ、増田四郎（1952）が「都市自治」に関する論文の中で「新しい町づくり」を用いたのが最初とされている[1]。時は戦後復興の真っ最中であった。後に「昭和の大合併」と称されるのは、1953（昭和28）年に始まりほぼ1963（昭和38）年ごろまで続く都市の再編成であるが、それが具体的な課題となって表れた時期であった。「まちづくり」という言葉の誕生の背景には、こうした都市のあり方、したがってそこでの住民の暮らしのあり方を問いかける意味が込められていたことが容易に想像できる。

　その後、「まちづくり」は、1950年代を通して、社会福祉協議会や新生活運動との関連に広がり、さらには都市計画・建築の分野にも広がっていった[2]。都市計画が戦後に直面した最大の課題は、強靭な不燃都市を建設することであった。日本の伝統的な木造建築物は日本の気候風土に適したものではあったが、いったん火災に見舞われるとまち全体が焦土と化してしまう。その被害は、第二次大戦中の空襲に止まらず、毎年のように各地で経験した大火によって強く意識されていた。不燃都市の建設は都市計画の悲願ともなっていた。

　不燃都市の建設は1952（昭和27）年5月に公布された「耐火建築促進法」によって具体化した[3]。この法律が対象としたのは都市機能が集積する中心商店街地

区であったため、この法律による補助を受けて、全国で多くの都市の中心商店街が、戦災復興期の「バラック商店街」から耐火建築物による近代的な商店街へと生まれ変わっていった。この法律自身は共同建築物を強制したわけではなく、初期には単独の耐火建築物のまばらな連鎖も見られたようであるが、次第に高さや建築様式を統一し、建物そのものを共同化するように進化していく。

　1950年代の後半にもなれば、単に道路を拡幅して建物を不燃化するだけではなく、新しいまちをどのようにつくるのかという視点が前面に現れるようになる。街路を拡幅するために建物を後退させるのではなく、新しいまちにふさわしい建物を建設し、新しいまちにふさわしい街路の整備を行うというもので、耐火建築の運動はこの段階で「新しい街づくりと言われる段階」に到達したとされる[4]。こうした初期の動きを代表するのが、静岡県沼津市のアーケード名店街であった。都市の中心部の商店街に道路整備が施され、巨大な共同建築物が建設される。それはまさに新しいまちの創造だったのである。この耐火建築促進法は1961（昭和36）年に防災建築街区造成法に衣替えされ、従来の点ないし線の整備から面としての整備を目指すことになる。

　出発点が耐火建築であるから、建築物に焦点が当たるのは避けられない。しかし、単に耐火建築物を建て、都市を不燃化するというのではなく、そこでの暮らしに具体的な目が向き始め、新たな耐火建築物が作り出す空間や雰囲気、使い勝手など、ソフト面が強く意識されるようになる。それによって商店街の雰囲気が大きく変わり、消費者の評価も変わり、商業者の意識も変わり、経営そのものが変わっていった。この時期、商業の分野からこれを「まちづくり」としてとらえる動きはまだなかったが、今日的な観点から言えば、商店街は1950年代後半以降、ハード起点とはいえ、間違いなくまちづくりに取り組んでいたということができる。

1-2　流通革命と商業近代化地域計画

　日本の戦後は文字通りゼロからの出発となったが、復興を強力に後押ししたのは1950（昭和25）年に始まった朝鮮戦争であり、それをきっかけに日本経済は確かな成長への軌道を歩み始める。『経済白書』が「もはや戦後ではない」という有名な表現をもって戦後復興の終了を宣言した1956（昭和31）年ともなれば、消費財産業でも大量生産体制が本格化し始めるが、流通は『中小企業白書』が「細く曲がりくねった」と表現するような状態であった[5]。P.F.ドラッカーがアメリカの流通機構を称して、その巨大な存在は確認できても内側がまったくわからない「経

済の暗黒大陸」だと言ったのは1962（昭和37）年であるが[6]、日本の流通はアメリカのそれ以上に暗黒大陸であった。

　それでも、この間に流通の分野でも新しい動きは芽生えていた。それを象徴したのがスーパーの登場である。日本における本格的なスーパーは1956（昭和31）年に福岡県小倉市（現・北九州市）に開設された丸和フードサービスであるが、流通近代化に多大な影響力を持ったのは、翌1957（昭和32）年に大阪市旭区に1号店を開設した主婦の店ダイエーであった。ダイエーはその後、急速な多店舗展開に取り組み、「価格破壊」を掲げて大量生産に見合う大量販売の実現に邁進した。ダイエーのほかにも多くの新興企業がチェーンストア理論を掲げて多店舗展開に乗り出し、企業規模を拡大していった。それは旧来の流通のあり方に大きな変革を迫るものであり、「流通革命」と呼ばれた。

　通商産業省（現・経済産業省）が本格的に流通政策に関心を寄せるのは、こうした動きが顕在化した1964（昭和39）年になってからであった。この年の4月、産業構造審議会に流通部会が設置され、通商産業大臣が「流通機構の近代化のために、いかなる対策が必要か」を諮問したのが戦後の本格的な流通政策の始まりであった。その諮問内容からも理解できるように、関心事は流通機構の近代化であり、効率化であった。

　この時期、スーパーは間違いなく時代の寵児であった。大量流通を実現しただけではなく、流通政策上の最大の問題であった効率化に取り組み、低価格販売を訴求することで高度成長に伴うインフレの解毒剤としての役割も果たした。スーパーの急成長に対して、中小小売商は出店規制を求め、先に出店規制をされていた百貨店は同等の扱いを求めるなど、軋轢はあった。しかし、通産省にはスーパーの成長を規制する意図はまったくなかった。

　それを象徴したのが1968（昭和43）年の都市計画法の制定時であった。都市計画法はこの年、それまでの法律を全面的に改定し、新たな法律として制定されるが、この時点で建設省は商業をもその体系の中に取り込み、立地誘導を図ろうとする意図を持っていたという。しかし、通産省では、流通近代化の旗手としてのスーパーを、中小小売商との摩擦回避以外の目的で規制すべきではないとの意見が強く、結果的には商業系用途として商業地区と近隣商業地区という2つの用途区分を設けただけに終わった[7]。

　それを補うように導入されたのが、1970（昭和45）年度から始まる「商業近代化地域計画」であった。この事業は通産省による日本商工会議所への委託事業と

して行われたが、毎年10都市程度の地域を選定し、経済構造や都市構造の変化の中で、地域の小売業のあり方を具体的に展望しようとするものであった。その開始に当たって、日本商工会議所の流通近代化委員会は経済の発展に伴う新たな地域問題の重要性を指摘し、「わが国経済社会の将来像を前提に、その発展を促進しうる機能的で効率的な住みよい"まちづくり"が強く要請される」と指摘した[8]。これが小売業分野で、現在確認できる限り、「まちづくり」という言葉が用いられた最初であると思われる。

　高度経済成長が軌道に乗って10年余り、人びとの暮しが豊かになると共に、都市も外部に向かって拡大し始めていた。この時点での小売業からみたまちづくりの課題はマクロ的に見て2つあった。1つは都市の拡大に伴う新たな中心地の創出であり、いま1つは郊外に新たに形成される住宅地域における小売業の計画的整備であった。特に前者については、近隣都市間の連結の強化に伴って国鉄（現・JR）の役割が高まり、駅前開発が進められていった。いずれの場合も新たな商業施設の導入であり、新興のスーパーはその中核施設としての役割を担った。駅前ロータリー、スーパー、片側アーケード商店街、これが駅前整備の3点セットとなり、後に「駅前シリーズ」「金太郎飴」などと揶揄されるが、ハード起点の新たな商業地づくりが進められた。先の耐火建築や防災街区が既存の市街地の改造を意図したのに対し、この段階では新たな商業地づくりが意図されている。ここでは「まちづくり」という言葉こそ用いられていたものの、その内容はハード整備を起点とした前期の場合と大きく変わるものではなかったといってよい。

1-3　コミュニティ・マート構想

　1972（昭和47）年6月、北海道旭川市で「買い物公園」という大プロジェクトが実現した。幅員20m、1日の自動車交通量が1万台を超える大動脈の国道を市道に移管した上で、恒久的な歩行者天国として整備したのである。都市軸の変化の中で札幌市との競争を意識し、札幌に負けない魅力づくりが狙いであった。自動車を排除した広い路上にはベンチや街路樹、ブロンズ像、噴水、花時計、滑り台などが配置され、道路のイメージを一新した。それをきっかけに沿道には多くの百貨店や専門店が進出して賑わいを見せ、全国的な話題を呼んだ。

　1983（昭和58）年に発表された『80年代流通産業ビジョン』は、この旭川市の買い物公園からつながる動きを「コミュニティ・マート構想」として位置づけ、地域商業のこれからの方向として打ち出した。そのキャッチフレーズは「『買い物

空間』から『暮らしの広場』へ」であった。2度にわたる石油ショックを経験し、成長から成熟へと経済が大きく転換するなかで、暮らしの豊かさや地域環境、文化など、それまでやや等閑視されていた価値観に改めて注目が集まり始めていた。「商店街を地域住民にとって、楽しみ、ゆとり、潤いを享受し、人々との交流を得ることのできる空間、『暮らしの広場』として作り変えていくことが、これからの大きな課題となる」というのであった。

　ここでも課題となったのは商店街の快適な環境整備であった。復興期から高度成長期前半の商店街は、旺盛な需要に支えられながら、他に魅力的な商業施設が乏しかったこともあり、文字通り活況を呈していた。「シャッターを開けたら客が飛び込んできた」とか「客が一杯で向かいの店が見えなかった」というほどの盛況ぶりである。商店街はまさに欲しいものを手に入れるための買い物空間であり、買い物が済めば早く帰路についてくれればよく、店舗以外の施設などは必要なかったのである。しかし、その商店街が百貨店だけではなく、新興のスーパーやスーパーを核として新たな展開を始めたショッピングセンターと競合し始める。もはや商店街は単なる買い物空間であることはできなくなっていた。

　コミュニティ・マート事業そのものは地方から発した事業であったが、国のビジョンの中に位置づけられることによって一躍時代の流れの中に踊りだしていった。1985（昭和60）年3月には中小小売商団体が出資して「社団法人コミュニティ・マートセンター」が設立され、通産省の支援の下に全国で構想策定事業が取り組まれた。その中で、後の展開の中でも特筆すべき成果をあげたのが埼玉県川越市であった。

　川越市は「小江戸」の1つとして知られた町で、中心部に江戸時代からの蔵づくりが残る情緒豊かなまちであった。しかし、その蔵づくりが高度成長期に順次取り壊され始めた。後に建つのは近代的なオフィスやマンションで、それによってまちの景観は大きく変化していった。それを憂うる市民が1983（昭和58）年5月に「蔵の会」を結成して、蔵の保存運動を開始した。1985（昭和60）年度にコミュニティ・マート構想モデル事業の指定を受けるが、その調査を通して、商店街を活性化するためには土地・建物、とりわけ空き地、空き店舗を有効に活用する必要があることを確認する。しかし、それには個別の地主・家主（以下、地権者）の判断や努力に任せるだけでは不十分であった。川越市では「まちづくり規範」と「デザインコード」を制定するなど、街並みを構成する各個店のあるべき姿を共有すると共に、全体的観点からこれを総合的に統括するシステムの検討を開始する[9]。

その中で見出されたのが、賃貸借に伴う地権者の不安の大きさであり、商店街組織等の公共的機関の仲介があれば貸してもよいという地権者の存在であった。その結果、「バランスの取れた土地利用を実現するためには、……十分な企画力・経営力をもった恒常的組織体＝『町づくり会社』を組織して、これが権利の流動化を媒介するとともに自ら理想的な土地利用の実現を積極的に推進する」必要があるとの結論に達した[10]。これが後の「まちづくり会社」制度の発端となり、まちづくりの専門的な担い手として期待されることになる。

　ここでも最初のきっかけは蔵づくりの保存であったが、川越市の調査事業の特徴は、そのためにも地権者の理解が必須であり、全体の管理組織が不可欠であることを見出したことであった。それはもはや商店街の単なるハード整備ではない。必要なのは、まちの魅力を長期にわたって維持していくための全体的な合意形成であり、それを実現するための組織の構想であった。そのことは、この後、コミュニティ・マートセンターにおいて継続された調査事業の中から、街づくり会社が担うべき事業課題として以下が示されたことからも窺うことができる[11]。これは紛れもなく、商店街のまちづくりそのものであったと言ってよい。

- ソフト部門
    - 全体方針の確立（タウン・マネージメント）：ストア（タウン）コンセプト、レイアウトゾーニング、テナントミックス
    - セールスプロモーション：販促、CI、環境計画
    - 個店経営指導・整備：テナントプロモーション、モデル店舗経営、個店経営計画、内装計画
- 施設部門
    - 共同利用店舗等：店舗、事務所・休憩所等、核店舗
    - 公共的空間：街路（アーケード、モールなど）、ポケットパーク
    - 駐車場：立体駐車場等
    - コミュニティ施設：ホール・カルチャー教室等、イベント広場、スポーツ施設、博物館・資料館・地場産業関連施設
- ショップバンク部門
    - ショップバンク（空き地・空き店舗）
    - 修復型再開発

1-4　商店街内部からのまちづくりの機運

　上の川越市の事例は、国の制度を活用しながら、やがて国の制度を巻き込んだ展

開を見せるようになる。しかし、各地にはそうした大掛かりな制度にまでは至らなくても、独自に「まちづくり」的な取り組みを行う商店街が存在した。ここではその一例として、横浜市の元町商店街（元町SS会）を簡単に紹介しておこう。

　横浜市は明治以降、外国に開かれた開港都市として発展し、元町も戦前から外国人を顧客とするエキゾチックな商業空間を構成してきた。しかし、第二次世界大戦によって横浜市の中心部はほぼ完全に焦土と化し、元町界隈は「関内牧場」と揶揄されるほどの空き地が広がった。それでも、戦後、横浜に駐留した進駐軍とその家族に支えられて復興を開始したが、1952（昭和27）には進駐軍が撤収し、大きな岐路に立たされることとなった。

　1955（昭和30）年に横浜市から耐火建築促進法に基づく壁面線後退の指定を受け、ほぼ10年かけてセットバックを完了し、車と共存する歩行者空間を実現した。もともとの道路幅が7～8mと狭かったため、延長492mにわたって1階部分を両側に1.8mずつ後退させ、まち全体での不燃化事業に取り組んだ。外国人中心の特定顧客を相手とした高級品を取り扱うまちから、東京を中心とした不特定多数の若者を呼び込めるまちにしたいというのが、1.8メートルのセットバックを決断した背景にあった。若者を呼び込むためには車との共存が必須であると考えられたからであった。

　この事業も耐火建築促進法に基づくものであったが、元町の場合、建物の共同化は行われず、単独での建て替えとなった。そのため、事業は一気には進まず、それが完成までにほぼ10年の歳月を要した理由であった。元町ではこの時の壁面線後退をその後の個別の建て替えでも維持して現在に至っている。

　元町は独特の感性と雰囲気を持った好感度の商店街として知られ、全国にも名の通った有名ブランド店が存在する。そうなれば、全国ブランド店も元町に出店を求めるが、全国の商売を元町でするのではなく、元町らしい商売をするよう働きかけた。そうした努力が結晶したのが1985（昭和60）年8月の「元町街づくり協定」であった[12]。この協定では、「街づくりの理念」の後の「協定本文」で、①建物の用途、②建物の形態・意匠、③屋外広告物、④道路及び歩道の取り壊し等、⑤道路及び歩道の使い方、⑥街路及び建物の美化、⑦営業時間、定休日、⑧街づくり推進への協力、⑨防災などについて、詳細な取り決めを行っている。

　一般に、この種の自主協定は罰則規定のない申し合わせ事項に過ぎず、その効果が十分に期待できないとされるが、元町の場合にはその策定過程から横浜市を巻き込んで慎重に協議を重ねたことから、行政の支持も得て順調に維持されているよう

である。元町ではその後も、1999（平成11）年5月に「元町仲通り地区街づくり協定」を、2004（平成16年）1月には「元町町づくり協定」を締結し、さらに2015（平成27）年3月には「元町まちづくり協定　運用規定」を定めて、自主的なルールづくりを進化させている。横浜市では、2005（平成17）年に「横浜市地域街づくり推進条例」を制定し、こうした地域の自主的な取り組みを支援しており、協定づくりは、比較的初期から取り組んだ馬車道商店街や伊勢佐木町商店街以外にも、多くの商店街に広がっている。

　商店街の魅力を維持・向上しようとすれば、一定のハード整備は必須であるし、建物の利用やテナントの交代時などには、地権者の理解がどうしても必要になる。地権者と営業者が一致している間は特に問題にならなかった点が、両者が分離し始めると問題となる。それはある意味では地権者の自由な財産権を制約することを意味するだけに困難を伴うが、この時期からすでにこの問題に取り組んでいた商店街が存在したことは確認しておきたい。

　それは川越市や横浜市だけのことではない。例えば、岩手県盛岡市の肴町商店街では、1980（昭和55）年に「肴町商店街街づくり協定書」と「建築に関する申し合わせ事項」を締結するが、その中に「貸店舗に関する申し合わせ事項」として、店舗の借受け者の選定に当たっては、賃貸条件の適正化を図るため、業種および企業、賃貸借条件、借受け人の組合加入について、組合と事前協議をすることを申し合わせた[13]。同時期に、秋田県鹿角市の花輪大町商店街でもほぼ同様の申し合わせが行われていた。

　いずれも、行政、特に自治体から独立して完全に商店街内部から盛り上がった運動だとは言い難い。むしろ、この種の協定や申し合わせは自治体の示唆や支援を受けて初めて動き出すといってもよい。しかし、その中で商店街が自らの地域に目を向け、地域との関係の中で商店街の魅力をどのように打ち出すかを考えるのでなければ、決して実現するものではない。確かに、協定は協定に過ぎず、その実効性に向けてどれだけの努力がなされ、実際に効果を上げ得たかは別問題ではある。しかし、1980年代前半期に、確かに商店街の中で「まちづくり」の機運が高まり始めていたことだけは間違いないであろう。

2 まちづくり支援策の拡充

2-1　小売業の構造変化と規制緩和の流れの中での新たな潮流

　1980年代半ば以降は、小売業の構造変化が強く印象づけられた時期であった。1984（昭和59）年の商業統計調査は、戦後初めて小売業における店舗数の減少を示した。長らく「過小過多」と言われるなかで、新興のスーパーをはじめ1970年代後半からは新たな業態が芽生え始めていたが、高度経済成長に支えられて小売商店数は増加し続けてきた。それが初めて減少に転じることで、成長基調の経済の終焉を強く印象づけることとなった。

　しかし、1985（昭和60）年9月のプラザ合意以降、急速な円高・ドル安が誘導され、そのショックを緩和するためにとられた金融緩和政策によって、日本経済はバブル経済へと突き進んでいく。海外から高級ブランドが輸入されると共に、国内ではマネーゲームが横行し、実体経済とはかけ離れた高揚感が漂い、各地でリゾート開発が進められ、全国的に地価が高騰した。中小小売業にも、地価の異常な高騰は相続を伴う事業承継を困難にすると共に、細々と事業を継続するよりも、店舗を賃貸するほうがはるかに収益が多いという状況を作り出した。落ち着いてまちづくりに取り組むといった雰囲気は薄らいでいった。しかし、短期的には土地は有力な収益源となったが、この時期に土地に投資をした小売業は、規模の大小を問わず、やがてバブルの崩壊と共に苦境に陥ることになる。

　プラザ合意はアメリカの双子の赤字（貿易赤字と財政赤字）に起因するものであったが、円高・ドル安誘導によってもそれは基本的に改善せず、その結果、日本に非関税障壁が存在するという主張が強くなり、より開放的な経済を求める声が高まった。大型店の出店を規制していた大規模小売店舗法（大店法）はその代表格として位置づけられ、その頃から規制緩和を求める声が強くなった。大店法は1973（昭和48）年に制定され、翌1974（昭和49）年から施行された法律であるが、特に1980年代に入って中小小売商の強い要求を背景に、法律の規定以上の強い運用がなされ、1980年代前半は「出店凍結の時代」と呼ばれるほどであった。実際に出店が凍結されたわけではないが、出店に際しては事前に地元合意を得る必要があったし、都市によっては一定期間（通常5年間）、実際に出店を凍結することもあった。

大店法は1989（平成元）年に始まった日米構造問題協議の主要テーマの1つとなり、最終的には運用の適正化を経て、1991（平成3）年には大店法が大きく改正され、それまで商業調整の中心的役割を担ってきた商業活動調整協議会が廃止された。その結果、事前審査はあるものの、大型店の出店は申請から1年以内に可能となり、大型店の郊外出店は大きく加速されることとなった。

　その大型店は1980年代の半ば以降、単独の出店よりも専門店や飲食店、アミューズメント施設等を併設したショッピングセンターという新たな業態に挑戦していた。郊外型ショッピングセンターは1969（昭和44）年の髙島屋二子玉川店にまで遡るが、1985（昭和60）年に開設された兵庫県尼崎市の「つかしん」がこの方向を決定づけた。工場跡地に開設されたつかしんは「街づくり型商業施設」と呼ばれ多くの後続を生み出すが、それが1991（平成3）年の特定商業集積整備法のモデルとなった。もっとも、「街づくり型」と呼ばれはしたものの、それは郊外への新たな集客施設の開発であり、既成市街地におけるまちづくりとはまったく異質のものであった。

　一方、中小小売商は1980年代に入ってからの店舗数の減少に歯止めがかからず、商店街の衰退化の傾向が顕著になってきた。商店街に空き店舗が目立ち始め、1991（平成3）年度から国の空き店舗対策事業が始まった。しかし、商店街は大型店という「外の敵」や空き店舗という「内の敵」に負けたのではなく、商人家族の解体、担い手不足という「内々の敵」に負けたのだという指摘もあった[14]。戦後に大量参入した第一世代が高齢化するのに対し、後継者難、従業者難、配偶者難に見舞われる。小売業は最大の構造変化に直面したのである。

　要するに、1990年代初頭、小売業は大きな構造変化の時期を迎える中で規制緩和の嵐に巻き込まれ、それまでの延長線上では将来を展望することが困難な時期を迎えたのであった。こうした流れの中で、日本専門店会連盟は「街づくり法」の制定を提案し、中小小売商問題を地域社会の中に位置づける方向を示した[15]。ハード基調のまちづくりから地域社会とのつながりを求めるまちづくりへの転換であった。

2-2　空き店舗問題と所有と経営の分離

　「買い物空間」を「暮らしの広場」に変更するというのは、実際には多くの困難を伴う。商店街の環境整備事業としてのアーケードやカラー舗装、街路灯などはすでに早くから取り組まれてきたが、これらには多額の投資が必要となる。コミュニティ施設としての集会所にしても同じである。しかも、これらは商店街の集客施設

であると同時に、地域社会の共通財産として、地域の人びとの利便性に資する施設でもある。そのため、こうしたハード整備事業には行政からの経済的な支援を得て行われるのが常であった。「暮らしの広場」への道は、行政の支援メニューにアーケードや集会所だけではなく、ポケットパークや植栽、ベンチ等が加わることを意味していた。

確かに、環境整備事業を行えば商店街の雰囲気は変わり、消費者を引き付けることはできるが、それだけではその効果は長くても数年程度しか持続しない。器が変わっても中身の変化を伴わなければ、効果はほとんど持続しない。商店街が賑わいを取り戻し、消費者が集まる「広場」となるためには、商店街そのものが魅力的でなければならない。商店街という空間への親近感であり、商店街の店舗構成であり、各店舗の品揃えや接客サービスなどであり、商店主や従業員の応対そのものが持つ魅力である。ハード整備が一段落すると、ソフト面に関心が移行するのは当然であった。

商店街はもともとは地元の商店主によって構成されることが多かった。しかも、多くの場合、その商店主が土地・建物を所有していた。自然発生的に形成された商店街が魅力的な店舗構成であり得たかどうかは別として、店舗構成が安定していれば消費者もその状態を受け入れて、そこで1つの定常的な安定状態が形成されていた。何らかの事情で時に退店者が出ても、新たに出店者が現れれば、それは商店街における新陳代謝の1コマだと考えることができた。新たな業種や業態の進出は商店街に変化を呼び、それによって商店街が新たな環境変化に適応することができる。商店街が全体として環境変化に適応するためには、既存店の品揃えやサービスの変化と共に、新たな血の導入が常に必要となる。

しかし、商店数の減少時代となれば、そう簡単に新規出店者は現れない。退店者の後が埋まらなければ空き店舗が発生する。空き店舗は店舗交代時の一時的な現象ではなく、恒常的な現象となる。空き店舗問題が明確に意識されたのは1990年代初頭であるが、それは現在に至るまで商店街の深刻な問題であり続けている。空き店舗問題に万全な解決策は存在しないが、1990年代後半に入って香川県観音寺市の柳町商店街で家賃補助が実施され、また富山市の中央通り商店街では空き店舗をコマ割りした実験店舗を低家賃で貸し出し、一定期間後に商店街店舗への出店を促す事業が始まった。いずれも大きな成果をあげ、チャレンジショップ事業として空き店舗対策事業の切り札的モデル事業となった。国の政策としても取り上げられ、多くの自治体もこの事業に取り組んだ。前者の家賃補助はバブル期の高騰した家賃

が低下することなく高値安定した中での支援であったため、かえって家賃の高値安定を維持する結果ともなった。後者のコマ割りは、小規模な実験店舗から本格的店舗への移行をいかに支援できるかが決定的に重要で、その点のフォローを欠いては十分な成果をあげることは難しかった。

これらに、先に見た盛岡市の肴町商店街における賃貸条件についての事前合意も含めて共通しているのは、店舗の交代はその店舗の地権者に全面的に委ねることはできず、商店街全体で取り組むべき課題であるという認識であった。店舗をどのような条件で、誰に貸すかは、法的に見れば店舗所有者の所有権の範囲内の問題である。しかし、それを所有者の自由意思に委ねたのでは、一般賃貸借に伴うトラブルをおそれて賃貸そのものを敬遠する場合もあれば、逆に業種・業態に配慮することなく最も有利な条件を提示する借り手と契約し、商店街の雰囲気が一変してしまうこともあった。

これらを避けるためには、地権者の「所有権」に基づく権限を制限しながら、商店街ないし地域の視点でコントロールする必要が認識されるようになる。それを最も典型的に示したのが、静岡市の呉服町商店街が2003（平成15）年度から実施したランドオーナー会議であった。商店街における所有と経営の分離を掲げ、商店街の魅力を維持することが地権者の利益にもつながるとして理解を求めた。こうした所有と経営の分離はショッピングセンターの管理手法に似ているが、同商店街は日本ショッピングセンター協会に加盟し、その手法を取り入れようとしている。

他方、地権者の不安を緩和する方法は民間契約の中では容易には見つからなかった。先の川越市の調査に続く日本商工会議所の調査でも、地権者の不安は存在したが、商店街団体等の公共性のある団体が仲介する場合には賃貸に応じてもよいという地権者が確認できた。この意味での地権者の不安を法的に緩和するため、1992（平成4）年8月に借地借家法を改正して「事業用定期借地権制度」が導入された。これによって、契約期間終了後には確実に賃貸借契約を終了できることとなり、貸主の不安は大きく緩和されることとなった。しかし、実際にそれが商店街の空き店舗の流動化に貢献したかどうかは確認できない。

空き店舗の解消にはこうした賃貸条件や契約の終了条件などが大きな意味をもつが、基本的にはその店舗での営業が成り立つことが重要で、そのポテンシャルがなければいかなる支援策も成果をあげることはできない。特に、中小小売店の場合には、地域で支え合い、お金が循環する仕組みを構築することが課題となる。空き店舗から出発した問題は、地域経済や地域社会の仕組みという、まちづくりそのもの

の課題に行きつくことになる。

2-3　まちづくり三法の時代へ

　まちづくりの課題と向き合うようになると、商店街のソフト事業は、大売り出しなどの単なる販促イベントから、次第に地域住民の生活ニーズ全体に向き合うように変化してきた。そして、大規模小売店舗法の廃止が決定した1998（平成10）年以降、「まちづくり」という言葉が小売業の分野でも一気に広がりを見せるようになる。

　1980年代後半に始まった規制緩和の流れは、1991（平成3）年の大店法改正を経て、1997（平成9）年の大店法の廃止の答申へとつながっていく。大店法が実際に廃止されるのは2000（平成12）年5月であるが、実質的には1998（平成10）年には従来の商業調整に代わって都市計画的な手法を取り入れた立地誘導へと方向を転換した。新たな枠組みを構成したのは、改正都市計画法、中心市街地活性化法（中活法）、大規模小売店舗立地法であり、これらが合わせて「まちづくり三法」とよばれた。都市計画法は1998（平成10）年に改正されたが、本格的な改正は大店法が廃止される2000（平成12）年まで繰り越された。中活法は1998（平成10）年から施行されたが、大店立地法は大店法の廃止と入れ替わりで、2000（平成12）年6月からの施行となった。それによって、「まちづくり」は商業調整に代わる新たな政策視点を象徴する言葉となり、小売業の現場に一気に広がりを見せていくこととなった。

　都市計画法によって立地の適正化を図ると共に、大店立地法によって周辺住民の生活環境を保持する他は原則として出店は自由となるが、特に中活法によって都市中心部に国の省庁を越えた総合的な支援を行い活性化を図るというのが、まちづくり三法の基本的な考え方であった。

　しかし、まちづくり三法は当初期待したような成果をあげることはできなかった。特に、都市計画法による立地誘導は十分に進まなかったが、2006（平成18）年の見直しで、郊外開発の原則的な抑制が打ち出された。あわせて、同年の見直しによって中活法も改正・強化された。法律名が「中心市街地における市街地の整備改善及び商業等の活性化の一体的推進に関する法律」から「中心市街地の活性化に関する法律」に変更され、商業の活性化を目的とするものではないことが確認されると共に、コンパクトシティ、まちなか居住の方向が打ち出され、中心市街地活性化基本計画は内閣総理大臣の認定事項となった。

中活法が商業振興の側面を弱めた反面で、2008（平成20）年には「地域商店街活性化法」が施行された。同法は第1条の中で「商店街が我が国経済の活力の維持及び強化並びに国民生活の向上にとって重要な役割を果たしている」ことを認めつつ、その「商店街の活力が低下している」現状に鑑み、人材育成を含めたソフト事業を中心にきめ細かな支援を行うというのである。この法律の具体的運用は、実質的には、中小小売商団体の出資によって設立された㈱商店街支援センターに委ねられている。

　「まちづくり三法」の名があまりにも強力なインパクトを与えたため、まちづくりといえばこの三法の支援に基づく活動だと考えられる節もあるが、まちづくりそのものは決して国の法律に基づいて行われるものではない。むしろ、自治体で独自に、あるいは商業者や住民が自発的に行うのが本来の姿だということさえできる。しかし、まちづくりには、もちろんその内容にもよるのだが、専門的知識も必要になれば、費用も必要になる。合意形成には時間もかかる。

　とすれば、そのまちづくりの担い手が必要になる。従来は商業者にその期待がかかることも多かったが、事業内容が多様化して商業活動を大きく逸脱するようになると、商業者だけでは支えられなくなる。商業者としての本業の不振もそれに拍車をかける。そのために設立されたのが専門機関としてのまちづくり会社であったが、そのまちづくり会社も専門的人材と財政的基盤を確立しなければ機能することはできない。特に、近年ではまちづくりを担う専門人材としてのタウンマネージャーに注目が集まっている。

3　ハード起点のまちづくりとソフト起点のまちづくり

　戦後の小売業におけるまちづくりの流れを簡単に振り返ってきた。「まちづくり」は表記法も内容も時代によって変化してきた。しかし、そこに流れているのは、人びとの生活の質であり、暮らしやすさであった。少し考えれば容易に理解できることであるが、私たちの生活は極めて多面的な側面を持っている。道路、交通・通信、公園などといった社会インフラは生活に欠くことができないばかりか、その水準が生活の質に大きく影響を与える。住環境の整備も同様で、それがあって初めて安全性を確保できる。しかし、それと同じくらいに、さまざまな財やサービスが容易に入手でき、それらを使用して健全な地域社会を築くこともまた重要である。教育や

福祉、住民相互のつながりや助け合いなど、対象領域はほとんど無限に広がっていく。これらすべてが「まちづくり」の要素だとすれば、私たちの活動の中にまちづくりと無関係なものは存在しないといってもいいほどである。

そのそれぞれには専門の経験や知識に裏づけられ、多くの場合、専門家がその分野の計画や実務を担っている。そのことによって高度な専門性が生かされ、多くの場合、より効率的に、より安全に、より安心できる生活が成り立っていく。しかし、その専門性は、半面から見れば「縦割り」の構造となりやすく、その結果、専門分野間の横の調整が重要な課題となって現れる。都市計画の分野で偉大な功績を残したL.マンフォードはかつて「すべての合理的政治は、専門家にではなく、なによりも地域内に住む人びとに見えるような地域生活の具体的事実とともに始まらねばならない」と言い、「現代では多くのばあい正確できわめて洗練されている専門知識の量は、調和の取れた全体の一部としてこれを利用する能力をはるかに上回っている。これに対する治療法は、専門主義のどんな機械的組合せのなかにもない。…これを救い出す方法は、共通の全体――地域、その活動、その住民、その形態、その全生活――から出発し、専門知識の各成果をこのようなイメージと体験のかたまりに結びつけることにある」と指摘した[16]。今から80年も前の言葉であるが、これこそ地域と住民に軸足を置いた「まちづくり」の視点だという点に変わりはない。

とはいえ、小売業から見る場合、多方面にわたる生活のすべての要素に焦点を当てることはできない。小売業という商品の売買にかかわる活動を基礎に置きながら、それが行われる場に関心を持ち、その商業空間や商業者のさまざまな活動が地域社会に与える影響を考え、そこから住民の生活との接点を模索し、その改善策を見出すというのがせいぜいのところである。しかし、それだけでも、従来の商業論など個別分野の射程をはるかに超えた領域にまで拡大することになるだろう。

上で戦後のまちづくりを簡単に振り返ったが、そこで次の2点に気がついたはずである。第1は、まちづくりはハード整備から始まって、その後にソフト面での取り組みに注目が集まるようになったこと、第2にまちづくりを商業者の活動としてみた場合でも、常に行政が深くかかわってきたことである。この2つの点は実は密接に関連しあっている。

ハード起点かソフト起点か、これはまちづくりの現場で絶えず議論となる問題であるが、両者は決して二者択一の問題ではない。戦後の初動期にハード整備から始まったのは、戦争によってまちが物理的に破壊され、がれきのなかからの出発となったからに他ならない。廃墟の中の最悪の水準から脱して安全な生活を確保する

ためには、何よりもハード整備が必要だったのであり、そのハード整備が進む中でソフト事業の展開が可能になっていった。そのことは、半面ではソフト事業の展開が一定のハード整備を前提としていることを意味する。厳密な規定関係があるわけではないが、ハードがソフトの基盤を準備し、ソフトはハードの中で花を開かせる。

 ハードとソフト、それはまちづくりのまさに車の両輪であり、置かれた状況の中でどちらに重点が置かれるかの問題である。ソフト事業を中心にまちづくりの議論が展開できるところは、それだけ安定したハードが準備されていることの裏返しである。しかし、そのハードもいずれは老朽化して、再びハード整備に向き合わなければならない時期を迎えることになるはずである。

 そのハード整備には、例えば道路や公園のように、小売業とは無関係に公共事業として整備されるものもあれば、例えばアーケードやカラー舗装などのように商店街の集客施設として基本的に商店街が整備主体となるものもある。しかし、後者は同時に広く一般の住民が利用する利便施設であり、地域施設としての側面を持っており、行政が補助金という形でその一部を負担するのが普通である。ハード事業には多額の費用が必要だということもあわせて、ハード整備は行政の経済的な支援抜きには考えることはできない。

 では、ソフト事業であれば行政の支援は必要ないかといえば、決してそうではない。確かに、ハード事業に比べればソフト事業に必要な費用は限られている。それでも、純粋な販促イベントは別として、商店街のソフト事業の多くは行政の支援対象となっている。それはこれらの事業が同時に地域イベントないし地域事業としての側面を持ち合わせていることへの評価に他ならない。

 しかし、行政の支援はこうした経済的支援だけではない。商店街の人びとが、あるいはまちの住民が相互に議論し、計画をつくるといっても、実際にはそれほど簡単なことではない。住民の中にあるモヤモヤとした感じに火をつけ、共通の問題を多面的に見つめ、共に考える場をつくる。多くの場合、まちづくりはそこから始まるが、そのためには行政の支援が欠かせない。専門的な知識や情報を持ち、特定の利害から中立的な立場であり得る行政が、住民と目線を合わせて同じ地平で行動を促す。それには一定の時間と費用が必要になるが、それを含めて、行政の支援なしにまちづくりが動き出すことは稀である。1990年代から2000年代にかけて、大阪府の豊中市が「みんなの計画、役所の支援」「行政参加」を掲げて行ったまちづくりは、その典型を表現したといってよい[17]。行政がかかわるということと、行政主導で行われるということは同じではない。まちづくりにおいては、この点を特に

注意しておく必要がある。

　最後に、補助金の問題について簡単に触れておく。特にハード整備を中心に、行政の支援は欠かせないといったが、それと「行政依存」とは同じではない。まちづくりが純粋な民間事業として採算に乗る形で展開できるのであれば問題はない。しかし、すべてをその形に持ち込むのには無理がある。その場合、行政の補助金があるから事業を行うというのではなく、必要な事業が公共性をもつとき、行政に一定の支援を求めるといった感覚が必要であろう。行政の支援は、究極のところ税金による負担であり、それにどれだけの公共性が認められるかが、補助金の適切性を判断する際の基準となる。

（石原武政）

注

1　増田四郎「都市自治の一つの問題点」『都市問題』1952年4月号、54-55頁。渡辺俊一ほか「用語『まちづくり』に関する文献研究（1945〜1959）」『都市計画論文集』第32巻、日本都市計画学会、1997年。

2　西村幸夫「まちづくりの変遷」石原武政・西村幸夫編『まちづくりを学ぶ』有斐閣、2010年、57-58頁。

3　耐火建築促進法については、『都市不燃化運動史』（都市不燃化同盟、1957年）、建設省住宅局宅地開発課編『防災建築街区造成法の解説－市街地再開発の方向と方法－』（全国加除法令出版株式会社、1952年）、越沢明「第5章　戦災復興事業」『日本の都市再開発史』社団法人全国市街地再開発協会、1991年などを参照。

4　建設省住宅局宅地開発課編『防災建築街区造成法の解説－市街地再開発の方向と方法－』（全国加除法令出版株式会社、1952年）53-54頁。

5　『中小企業白書』1964（昭和39）年度版、第2部第2章第3節1(3)。

6　P. F. Drucker, "The Economic's Dark Continent," *Fortune*, 1962, 4（田島義博訳「経済の暗黒大陸"流通"」小林薫訳編『経営の新次元－現実を見つめて明日を考えよう－』ダイヤモンド社、1964年。

7　蓑原敬ほか『街は、要る！－中心市街地活性化とは何か－』学芸出版社、2000年、34-35頁；松島茂「中小小売商業政策・中心市街地政策をどう読むか」日本建築学会編『中心市街地活性化とまちづくり会社』丸善、2005年、39頁。

8　『商業近代化地域計画報告書　昭和45年度版』日本商工会議所、1971年、3頁。

9　川越一番街商店街活性化モデル事業推進委員会『川越一番街商店街活性化モデル事業報告書－コミュニティ・マート構想モデル事業－昭和60年度』1986年、257-264頁。

10　株式会社地区計画コンサルタンツ『実践的「町づくり規範」の研究・川越の試み』NIRA研究双書、No. 880009、1988年、57-59頁。

11　『商店街再開発手法としての「街づくり会社」』社団法人コミュニティ・マートセンター、1991年、9-12頁。

12　この協定は、2003（平成15）年に「元町通り街づくり協定」に名称変更の上改訂され、その後、2009（平成21）年と2015（平成27）年に一部改訂されている。同商店街HP「元町まちづくり公式ルールブック」（http://www.motomachi.or.jp/about/rule-book.html）によ

る。
13　石原武政・石井淳蔵『街づくりのマーケティング』日本経済新聞社、1992年、139-144頁。
14　石井淳蔵『商人社会と市場社会－もうひとつの消費社会論－』有斐閣、1996年。
15　平松泰三「『街づくり法』の提案」清成忠男・矢作敏行編『改正大店法時代の流通－規制緩和でどう変わるか－』日本経済新聞社、1991年。そして、この前後から、商店街問題をまちづくりの観点から捉える文献が多数現れることになる。一例をあげれば、大川照雄『21世紀への街づくり発想』同友館、1991年、石原武政・石井淳蔵『街づくりのマーケティング』日本経済新聞社、1992年、田中道雄・浜田恵三『街づくりの新たな視角－多極複合型戦略のすすめ方－』中央経済社、1992年など。
16　L.マンフォード、生田勉訳『都市の文化』鹿島出版会、1974年（原著1938年）381頁、383頁。
17　豊中のまちづくりについては、芦田英機著・赤澤明編集『豊中まちづくり物語－行政参加と支援のまちづくり－』敬天まちづくり研究会、2016年を参照。

第 2 章

商業まちづくりの背景

1 成長基調の終焉

　前章では、小売業の側からのまちづくりの経緯を簡単に振り返ったが、まちづくりがそれぞれの時代背景の中で具体的な問題に直面し、強調点を変化させてきたことが理解できたであろう。この章では、現在という時点に立って、小売業がどのような環境で、どのような問題に向き合うことを求められているのかを整理することにしたい。

　すでにかなり以前から指摘されてきたことではあるが、環境変化の中でも決定的なのは成長基調が終わったという点であろう。1970年代の2度にわたる石油ショックによって高度経済成長が終わった後も安定成長の時代が続き、1980年代後半にはバブル経済の高揚期を経験した。しかし、そのバブルが崩壊した1991年以降は景気の低迷が続き、「失われた10年」「失われた20年」「デフレ」などが時代を表現する言葉として用いられてきた。日本経済は2008（平成20）年のリーマンショック以降、政府の「異次元」の緩和政策にもかかわらず、経済成長へのきっかけを掴んでいるとはいいがたい。景気は今後とも緩やかな上下動を繰り返すであろうが、もはや本格的な成長基調に戻ることはないのではないか。そんな懸念が時代の空気を代表しているようにも思われる。

　しかし、成長基調の終わりを印象づけるのは経済面だけではない。この間、それと同じかそれ以上に大きな構造的変化が日本を覆うようになってきた。そのいくつかの断面を簡単に確認しておくことにしよう。

1-1 人口減少と高齢化の進展

きわめてマクロ的な数値ではあるが、人口動向は今後の日本のあり方を考える上で見逃すことのできない問題である。第二次世界大戦後、8,000万人強であった人口はその後順調に増加を続け、1967（昭和42）年には1億人を突破し、1984（昭和59）年には1億2,000万人を超え、その後も増加を続けた。しかし、この間、出生数は1970年代中頃の「第二次ベビーブーム」以後減少し始めており、人口増加は長寿化の結果としてもたらされたものであった。1974（昭和49）年には合計特殊出生率が長期的な人口維持に必要とされる2.08を割り、その後もほ

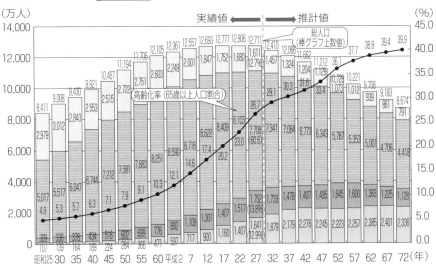

図表2-1　人口および高齢化の推移と将来予測

資料：2010年までは総務省「国勢調査」、2015年は総務省「人口推計（平成27年国勢調査人口速報集計による人口を基準とした平成27年10月1日現在確定値）」、2020年以降は国立社会保障・人口問題研究所「日本の将来推計人口（平成24年1月推計）」の出生中位・死亡中位仮定による推計結果

注：1950年〜2010年の総数は年齢不詳を含む。高齢化率の算出には分母から年齢不詳を除いている。

出所：内閣府『平成28年度高齢社会白書』
(http://www8.cao.go.jp/kourei/whitepaper/w-2016/html/zenbun/s1_1_1.html)

ぼー貫して低下してきた。人口は2005（平成19）年に減少に転じたと発表されたがほぼ横ばいを維持し、2011（平成23）年から本格的な減少時代に入った。いま、人口推移と高齢化率の長期的傾向を示すと**図表2-1**の通りである。

以上は日本全体での人口動向であるが、まちづくりとの関連でいえば、もっと地域レベルの動向が重要である。地域の動向となればもちろん地域によって異なり、全体としての人口が減少する中でも人口が増加する都市もあれば、すでに早くから減少していた都市もある。各地の人口動向はそれぞれに確認してもらう他ないが、ここではそれをもう少し全体的な傾向としてみておこう。

2014（平成26）年5月、日本創生会議人口減少問題検討分科会が発表した「消滅可能性都市896のリスト」は大きな衝撃をもって受け止められた[1]。単に「人口が減少する」というだけでは実感が伴わなかった問題が、「都市が消滅する」という厳しい警鐘として突き付けられたのである。ここでは2040年までの30年間に、子供を産む人の大多数を占める若手女性（20～39歳）が50％以上減少する都市を「消滅可能性都市」とし、中でも人口が1万人を割る都市を「消滅の可能性が高い都市」として、具体的に都市名を公表した。前者は896自治体、後者は523自治体で、それぞれ自治体の49.8％と29.1％を占めた。

もちろん、若年女性の減少がそのまま都市の消滅に直結するわけではないが、都市が縮小していくことは避けられないだろう。この問題にどのように対処するかは別問題として、これから先の社会を考えるとき、都市レベルでも、多くの場合、人口減少、高齢化の進展を前提として考えなければならないことは間違いない。

1-2 インフラ設備等の老朽化

戦後、高度成長期を通して、経済が大きく成長するだけではなく、人口も着実に増加した。その過程で、住宅事情も改善され、高密度居住からの解放を求めて郊外居住が急速に進んでいった。都市の拡張であるが、それは住宅整備だけではなく、道路や橋、トンネル、鉄道、上下水道などの公共施設の整備に支えられてきた。今日では「社会インフラ」と呼ばれる社会資本の整備である。私たちはこれらの社会インフラを当然のように受け入れ、利用することによって、かつては考えることもできなかった便利さと豊かさを手に入れてきた。これらのインフラの恩恵を受けることなしに現在の生活を語ることはできない。

個々のインフラの整備状況を振り返るだけの余裕はない。しかし、特に高度成長期以降、急速に整備されたインフラ設備の中には、整備後すでに50年を超えるも

図表2-2 建設後50年を経過する社会資本の割合

	2013年3月	2023年3月	2033年3月
道路橋	約18%	約43%	約67%
トンネル	約20%	約34%	約50%
河川管理施設（水門等）	約25%	約43%	約64%
下水道管渠	約2%	約9%	約24%
湾岸岸壁	約8%	約32%	約58%

出所：『平成25年度国土交通白書』
(http://www.mlit.go.jp/hakusyo/mlit/h25/hakusho/h26/index.html)

のも現れている。インフラは設備そのものの性質や利用状況、維持管理の状態などが異なるため、一律に耐用年数を当てはめることはできないが、それでも確実に老朽化は進んでいく。国土交通省によれば、建設後50年を経過する社会資本の割合は次のように推移するものとされている。

施設が老朽化すれば、当然、その維持管理、更新の費用が増大するが、急速な老朽化はこの更新費の急増を伴うことになる。同じく国土交通省は、同省が管理する社会資本（道路、港湾、空港、公共賃貸住宅、下水道、都市公園、治水、海岸）を対象に、今後の維持管理・更新費を推計しているが、それによると今後の投資総額が2010（平成22）年度水準で移行し（対前年増減ゼロ）、維持管理・更新に従来どおりの費用の支出を継続すると仮定した場合、2037年度には維持管理・更新費が投資総額を上回ることになり、新規投資はまったく不可能になるばかりか、それ以降は既存施設の維持管理・更新も不可能になると試算している。2011年度から2060年度までの50年間に必要な更新費（約190兆円）のうち、約30兆円（全体必要額の約16%）の更新ができないという。

同様に、全国111市町村の協力を得て行われた調査に基づいて、総務省は将来の更新費用が現在の更新費用の262.6%、現在の投資総額の113.1%に達するとの推計結果を公表しているが、人口規模の小さな自治体ほどその倍率は高く、人口1万人未満の自治体ではそれぞれ487.1%、180.6%に達するとしている[2]。老朽化が進む中で、自治体も将来への懸念を感じているが、特に「予算の不足等により、構造物等の機能・サービス水準の低下のほか安全性に支障が生じる」（86.4%）、「老朽化する構造物等が増加し、適切に維持管理・更新を行うための職員数が不足する」（69.6%）、「増加する構造物等への対応により、新規投資が困難になる」

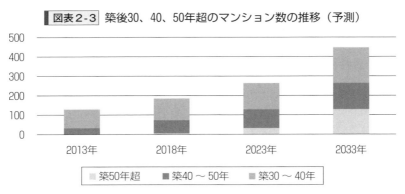

図表2-3 築後30、40、50年超のマンション数の推移（予測）

■築50年超　■築40〜50年　■築30〜40年

出所：『平成25年度国土交通白書』
(http://www.mlit.go.jp/hakusyo/mlit/h25/hakusho/h26/index.html)

（68.9％）が上位を占めていることからも、問題の深刻さが理解できるであろう。国土交通省は2013（平成25）年を「メンテナンス元年」と位置づけ、社会インフラの老朽化に対する本格的な対策に乗り出した[3]。

　老朽化するのは社会インフラだけではない。住宅もまた老朽化する。かつての戸建ての木造住宅はその所有者によって個人的に建て替えが行われたが、特に高度成長期以降に開発されたマンション等の共同住宅は、日常の管理運営だけではなく、後々の建て替え問題を中心に新たな問題が生じる可能性が懸念されている[4]。築後30年を超えるマンション数の推移は**図表2-3**の通りである。

　ハードが老朽化するという意味では、インフラや住宅だけではなく、小売業の店舗も同じである。店舗が個別に建築され、管理されている場合には、その所有者が老朽化した店舗を更新することが期待できる。問題は前章で見たような戦後初期から始まった耐火建築物等の共同建築物である。中にはすでに築後50年を超える物件も現れており、再開発等によって更新したものもある。しかし、共同建築物として錯綜した権利関係を内に抱え、床面積の大幅な増加が困難となる中で、その更新問題はやがて深刻な課題となってくることは間違いない。商店街のアーケードについても同じことがいえる。小売業を取り巻く環境が厳しくなる中、アーケードをどのように維持管理していくのか、検討すべき課題は多い。

2 小売業は今

　本書では小売業との関連でまちづくりを考えることから、簡単に小売業の現況を確認しておくことにしよう。2014（平成26）年の商業統計調査によれば、小売業の事業所数は約102万店であったが、集計可能な有効回答数は77万5,000店であった。以下は、この有効回答数に基づく数値である。小売業の総販売額は約122兆円、従業者は581万人に上っている。それらを従業者規模別構成比で示したのが、**図表2-4**である。

　事業所数では従業者1～4人の零細層が6割強を占めていることが確認できるが、小売業の現在の姿をよりよく理解するために、少し振り返って小売業の長期的なトレンドを見ておこう。**図表2-5**は戦後の小売商店数の推移を規模別に見たものである。

　途中で商業統計の基準が変わっているので、直接正確に比較することはできないが、1982（昭和57）年のピーク時に172万店あった小売商店が、現在ではほぼ半分にまで減少してきたことがわかる。減少した商店はほとんど従業者1～4人の個人営業の零細小売商、すなわち「まちの小売店」であり、中規模以上の企業型小売店やチェーン店はむしろこの間に増加している。かつては「小売商」といえばこ

図表2-4 小売業の事業所・販売額・従業者の従業者規模別構成比（2014年）

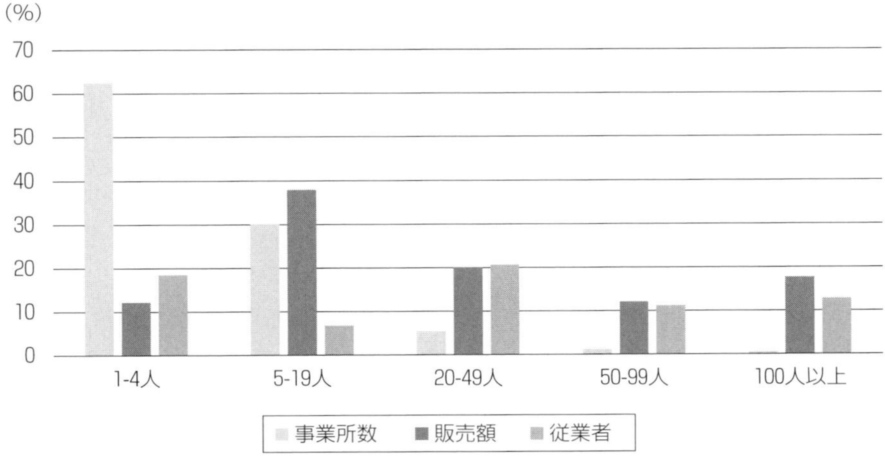

出所：『商業統計調査』（各年版）による。

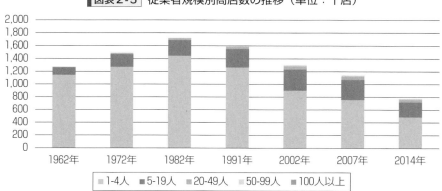

図表2-5 従業者規模別商店数の推移（単位：千店）

資料：『商業統計調査』（各年版）による。

うした個人商店が典型であったが、2014（平成26）年の統計で初めて、個人商店数が法人の商店数を下回った。77万5,000店のうち、30万店弱がチェーン店で、単独店は47万8,000店であるが、そのうち5万店弱はフランチャイズチェーンに属しており、純粋な単独店は55％強にまで減少した。

小売商店数の減少はそのまま小売業としての商品供給力の減少を意味するわけではない。例えば、1988（昭和63）年には1億200万m²であった小売業の売場面積は2007（平成19）年までの20年間にほぼ5割増しの1億5,000万m²にまで増加しており、小売充足率（売場面積/行政人口）はこの間に0.83から1.17に上昇した。店舗の大規模化が急速に進んだことが理解できる。しかし、この間に販売額は17％程度しか増加しなかったため、小売業の売場効率は悪化し、「過剰店舗」が指摘されることもあったが、売場面積はこれをピークに減少し、2014年には1億3,500万m²弱となっている。

一般に、独立小売店の場合、その地域、その店舗以外には営業の場所がないため、その地域、その地域の消費者に特別の思いを込めて経営することが多いと考えられている。彼らは小売業によるまちづくりの中心的な担い手であった。それに対して、チェーン店の場合には個々の店舗は1つの事業機会に過ぎず、不採算となれば比較的容易に閉鎖することができるため、チェーン店は独立店ほど強く地域社会に向き合わない可能性が高い。まちづくりとの関連で独立小売店の減少に注目が集まるのはこのためである。

こうした独立小売店が減少する理由は単純ではない。かつてはスーパーに代表さ

れる大型店の進出が独立小売店の最大の競争相手とみなされていた。しかし、近年ではコンビニエンスストア（以下、コンビニ）や無店舗販売が主要な競争相手となっている。例えば、1997（平成9）年以降の主要業態の販売額の推移は**図表2-6**の通りである。小売業全体の販売額が15％減少する中、百貨店の販売額は半減し、総合スーパーも40％減少しているのに対し、コンビニは約25％販売額を伸ばしている[5]。また、公益財団法人日本通信販売協会の推計によれば、2006（平成18）年から2015（平成27）年までの10年間に、通信販売による売上は3兆6,800億円から6兆5,100億円へと77％も増加し[6]、コンビニと肩を並べる規模となっている。コンビニや通信販売の伸長によって、中小の独立小売商だけではなく、百貨店や総合スーパーも含めて、物販業が厳しい状況を迎えている。今や、スーパーを中心に、大手小売業もまた通信販売に積極的に乗り出そうとしている。

小売店はほとんど単独では立地できず、他の店舗と隣接して商業集積を形成する。今ではショッピングセンターがその商業集積の1つの形となっているが、かつては商店街がその典型であった。店舗数が半減するとなれば、商店街などの既存の商業集積において空き店舗が増加したことが予想される。しかし、『商店街実態調査』によれば、商店街の空き店舗は2009（平成21）年になって10％を超えたものの、それ以降も15％未満にとどまっている。店舗数が半減しながら空き店舗がこの程度でとどまっているのは、主として商店街において飲食店やサービス業が増加してきたことを反映している。かつて商店街と言えば、物販店を中心に構成されるものと考えられてきたが、**図表2-7**は、いまや飲食店やサービス業の割合が増加し、むしろ主要な業種となりつつあることを示している。特に最寄り品店では、青果物、

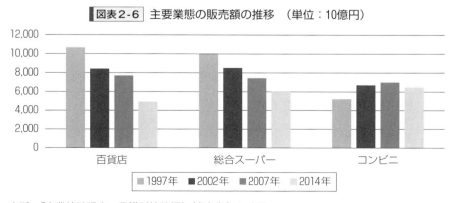

図表2-6 主要業態の販売額の推移 （単位：10億円）

出所：『商業統計調査　業態別統計編』（各年版）による。

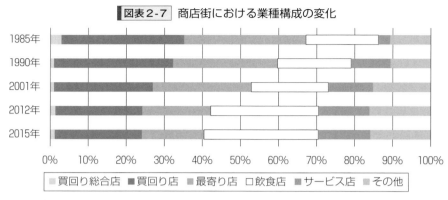

図表2-7 商店街における業種構成の変化

資料：『商店街実態調査』（各年版）による。

鮮魚、食肉といった素材型食品小売業の減少が顕著であり、家庭における加工機能が大きく低下したことを物語っている。

業種構成が変われば商店街の性格も変わる。そして、商店街の賑わいも、繁栄度合も変わる。1960年代に黄金期を謳歌した商店街は、その後大型店の出店に押されて空き店舗や後継者問題に悩まされるようになり、いまさらにコンビニやインターネット通販に押されて苦境に陥っている。商店街の盛衰を最も端的に示す指標としてしばしば引用される商店街の景況感の推移は以下の通りである。

景況感はあくまでも現場の商業者の主観的な感覚ではあるが、ほぼ一貫して悪化してきたことがわかるであろう。近年多少の持ち直しの兆しがみられるものの、往時の賑わい感からは程遠いのが現実である。

かつては商店街の最大の競争相手とされた総合スーパーもいまや大幅な再編を終

図表2-8 商店街の景況感の推移

年次	繁栄している	停滞している			衰退している
		上向きの兆し	停滞している	衰退の恐れ	
1970年	39.5%	60.5%			
1981年	12.9	87.1			
1990年	8.5	91.5			
2000年	2.2	52.8%			38.6%
2009年	1.0	2.0%	17.9%	33.4%	44.2%
2015年	2.2	3.1	24.7	31.6	35.3

出所：『商店街実態調査』（各年版）。

え、食品スーパー、専門店チェーン、コンビニ、ディスカウントチェーンなどの業態が小売業の主流を占めるようになった。これらの企業型小売業は、基本的にはチェーンストア経営を前提としており、特定の地域に特別な思い入れがあるわけではない。近年では店舗の自主編集を大幅に導入し、地域へのコミットメントを強化する企業も現れてはいるものの、これらの企業が主流となった小売業が、全体として地域問題にどのように向き合うのか。小売業から見たまちづくりの重要な課題がそこにある。

3 高齢化社会における買い物弱者問題

次に、地域の住民の姿に目を向けよう。戦前の日本では数世代の家族が同居する大家族制が一般的であったが、戦後は都市部への人口移動が進展したことも相まって、核家族化が進行した。マンションを中心とした居住形態も、親子2世代が暮らすことを前提に設計されている。そうした居住形態の下で高齢化が進展すると、高齢者単独世帯が増加することになる。内閣府の『平成26年度高齢社会白書』によれば、2012（平成24）年時点で65歳以上の高齢者単独世帯が490万世帯、夫婦のみの高齢者世帯が630万世帯で、両者を合わせると全世帯の23.3％に達している[7]。

もちろん、近年の高齢化社会では元気な高齢者が多数存在するから、これらの世帯が直ちに問題となるわけではない。しかし、現在は元気な高齢者も何年か先には体力が衰え、何らかの支援を必要とするようになるだろう。その間に子供世帯等との同居が進まなければ、日常生活に支障を来たす可能性はかなり高くなる。中でも注目されてきたのが日常の買い物である。買い物は医療等に比べると緊急性が低いようにも思われるが、まさに日常の生活に欠くことのできない重要な活動である。

2010（平成22）年、経済産業省に設置された研究会は、全国の高齢者（60歳以上）数と「日常的に買い物に不便を感じている」高齢者の比率から、全国でおよそ600万人の「買い物弱者[8]」が存在すると推計した[9]。その後、2014（平成26）年時点では、高齢者数、不便を感じる比率ともに上昇し、買い物弱者は700万人に達したとの推計も発表されている[10]。同様に、2012（平成24）年度の厚生労働省の委託事業でも、単身高齢者が2010（平成22）年には460万人であるのに対して、2025（平成37）年には670万人、2030（平成42）年には720

万人に達すると予想している[11]。おそらく、今後も当分の間、買い物弱者は増加し続けると予想される。

買い物弱者問題は食料品アクセス問題、あるいはフードデザート問題として取り上げられることもあるが、問題の基本は変わらない。以下では買い物弱者問題と表記する。その買い物弱者問題は地方の小都市や過疎地域で発生しているだけではない。問題は都市部でも同様に広がっている。例えば、NHKの「クローズアップ現代」は2010年2月1日に「フードデザート ── 広がる食の砂漠 ── 」と題してこの問題を取り上げ、それが過疎地域だけではなく、県庁所在都市の中心部、駅前周辺でも発生していることを伝えた。

では、なぜこの問題が発生するのか。農林水産省が2015（平成27）年度に行った全国調査[12]によれば、全国の81％の自治体が食料品アクセス問題への対応を必要としているという。自治体があげたその理由を、都市規模別に見たのが**図表2-9**である。

住民の高齢化は当然として、地元小売業の廃業や既存商店街の衰退が、都市の規模にかかわらず主要な原因となっている。そのことは、半面でいえば、既存の商店街等が目立たないながらも、住民の生活を支えてきたことを意味している。郊外に大型店が進出するなど、小売業全体としての売場面積は増加しても、生活空間の近くに立地する独立小売店が激減したことで、買い物に不便を来たす住民が増加したのである。都市規模別に見ると、特に中心市街地、既存商店街の衰退が大都市（政

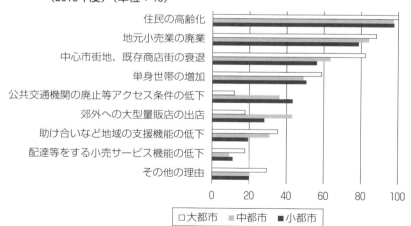

図表2-9 都市規模別、自治体が食料品アクセス問題への対応を必要とする理由（2015年度）（単位：％）

令指定都市および東京23区）でより深刻な理由となっていることがわかる。それに対して、小都市（人口５万人未満都市）では公共交通機関の廃止等によるアクセス条件の低下が大都市に比べて顕著な理由となっている。

「買い物に不便」となると、行政も含めて、外部からの支援は買い物代行や宅配サービスなどが真っ先に取り上げられる傾向にあった。既にそれに取り組んでいる自治体も多いし、商店街や大手のスーパーなどでもそれに取り組むところは増えている。そうなれば確かに「必要なものが手に入らない」という状態は解決され、生活の維持は確保できる。しかし、それでは住民は自宅から外へ出る機会をもてないままであり、必ずしも十分な満足感が得られていない。住民の多くは単に「必要な商品が欲しい」だけではなく、まちに出て多くの人と接触し、まちの賑わいを肌で感じ、自分の目で見て買い物をしたいと感じている。そのことを反映するように、上の市町村調査でも、取られている対策としては「コミュニティバス、乗り合いタクシーの運行に対する支援」（70.9％）が最も高く、第２位の「宅配、御用聞き・買い物代行サービス等に対する支援」（30.9％）を大きく上回っている。

小売業は経済の末端で地域の消費者と向き合う位置にある。地域の住民に必要な商品を提供すると共に、地域社会の構成員として人びとのつながりを媒介し、接触・交流の場を提供してきた。商店数が減少し、地域の小売業が変質する中で、小売業は地域の課題にどのように向き合うことができるのか。通販や宅配によって商品を提供するというのはもちろん重要であるが、それを超えて地域の人びとのつながりを支えるために何か貢献できないか。小売業が取り組むべきまちづくりの課題はこの方面にも広がっていく。

4　地域の支え合う力の再構築と小売業

地域の人びとのつながりや支え合い、それこそまさに地域コミュニティの問題である。だから、小売業にとってまちづくりの課題を上のように指摘すれば、それはとりもなおさず小売業が地域コミュニティとどのように向き合うかということになる。

私たちは地域社会の中で具体的に生活を営んでいる。かつては「向こう三軒両隣」「遠くの親戚より近くの他人」と言われたように、近隣住民との関係は高密度で、お互いが依存しあっていた。一般家庭でも、料理や裁縫などを含め、さまざ

な加工機能を担っていた。しかし、高度成長期以降の経済発展の中で加工機能の多くは市場における供給側に移行し、核家族化した家庭はほとんど完全な意味での消費単位に純化していった。住民はプライバシーを最大限に獲得し、近隣住民に依存することなく、鍵1つかけて外に出れば、自分が誰かを特定されない世界に飛び出すこともできるようになった。

　必要なものは何でも、お金さえ支払えば市場が商品として提供してくれる。必要な情報は年配者に聞かなくてもインターネットで簡単に調べられる。そこには煩わしい人間関係は何もなく、もし煩わしいことが発生しても簡単にそこから離脱することができる。かつての地域における人間関係は逃れることのできない重苦しさを含んでいたが、人びとはそれから解放されて自由を手に入れた。その結果として、地域の人びとが生活の場を共有しあいながら人間関係を取り結んだコミュニティが稀薄になる。

　こうした稀薄化した人間関係に対して、コミュニティの重要性を強烈に訴えたのが自然災害であった。1995年の阪神淡路大震災はかつてない被害をもたらし、その後も中越地震や東日本大震災、熊本地震など大規模な災害は何度も襲っている。地震だけではない。台風や集中豪雨による大きな被害は全国各地で毎年のように発生している。インターネットやSNSなどの通信技術によって連絡を取り合うことはできても、具体的な被害現場の復旧は現場に行かなければ何もできない。義援金や救援物資も現場に届かなければ何の役にも立たない。多くのボランティアが全国から、あるいは外国からも現地に入り、見知らぬ人びとを救援する。その姿だけを見れば、コミュニティの必要性は小さいようにも見える。しかし、実際にはそうではなかった。現地で本当に必要とする支援を理解し、きめ細かな指示ができるのは現地の人びとであった。

　これほどの大規模な災害となれば多くボランティアが駆け付けるが、もう少し小さな災害や日常的な「困りごと」となればそうはいかない。地域の困りごとや課題は地域で解決する。「自己責任」といって個人に帰着させるのではなく、また行政にすべてを期待するのでもなく、地域の人びとがお互いに支え合いながら解決する。「自助」「公助」に対して「共助」という言葉が強調されるようになった。共助は地域的な関係に限ったものではないが、地域の共助の仕組みが確保されることで、人びとは安心感を高めることができる。大震災以降、安心・安全への関心は大いに高まったが、地域コミュニティは安心を確保する上での重要な役割を担ってきたことに改めて関心が集まっている。

先の農林水産省の調査結果にも見られるように、地域における助け合いなどの支援機能の低下は、特に大都市で進んでいるように見える。それは上のような乾いた人間関係が特に大都市において顕著に進んでいるからに他ならない。それを純粋に地域住民間の関係として改めて再構築することはほとんど不可能に近い。人びとの生活は多様化し、生活の局面として重なり合うのは、例えば幼稚園バスの送り迎えや小学校のPTAなどの機会が共通する世代の中が中心となっている。

　かつての町内会や自治会活動の担い手は高齢化し、積極的な活動を行うことが困難となっている。共助の必要性が叫ばれながら、地域のコミュニティの弱体化が指摘される。このギャップをささやかながらも小売業の活動を通して埋め合わせることができないか。それが小売業を起点とするまちづくりの発想の原点である。小売業といえば、生産者が生産した商品を消費者の手元まで効率的に届けることが本来の役割であると考えられてきた。商品だけではなく、さまざまな情報やトレンドを伝達することによって消費を喚起することも付け加えてもよい。しかし、実際に小売業が果たしてきたのは、そうした商業者としての機能的な、「本来の役割」だけではなかった。

　小売業は通常は具体的な店舗において営まれるが、その店舗が連担することによって街並みが形成される。街並みはそのまちの賑わいや落ち着きを象徴し、まちの雰囲気を作り出し、人びとの印象の中に刻み込まれる。古いまちの落ち着いた空間や都心の賑わい空間のいずれもが、1つひとつの店舗や建物が連続する結果として形成されている。店舗といったハードな外郭線だけではなく、看板や幟旗、広告物なども同じようにまちの雰囲気を作り出す。だからこそ、前章で見たように、これらを商店街としてコントロールしようという動きが現れたのであった。

　小売業はまた、その店頭に多くの地域の住民を引き付け、住民相互の出会いの場を提供すると共に、特に中小店の場合には店主との会話を通して地域の生活情報の交換にもかかわることがある。買い物は商品と現金との交換という以上に、店主や従業員と消費者との情報交換の場であった。商品の内容や価格に関する情報だけではない。お互いがどのような人であるのかを知り、生活空間を共有する人同士として、地域情報や生活情報、ときには共通の知人に関する情報までもがやり取りされた。消費者にとっては1対1の会話であっても、小売店はたくさんの情報が集まる情報の結節点であった。その結果、直接的には出会うことのない住民同士が相互の消息を確認することもできた。住民は小売業が集積する商店街などで単に必要な商品を購買するだけではなく、さまざまな情報を手に入れ、人と交わり、賑わいを肌

で感じることができる。商業者は地域コミュニティの舞台回しの役割を果たしていたのである。

　これらの役割はオーソドックスな商業論のテキストで強調される小売業の「本来の」活動の中には含まれてはいない。それでも、それらは小売業の活動に付随して発生するものである。しかも、これらは有償で提供されているわけではない。商業者の行動の結果でありながら、市場における取引の対象となっていないもの、それを「小売業の外部性[13]」と呼ぶ。この外部性に焦点を当て、小売業が地域の住民の生活により深くかかわることによって、稀薄化したかつてのコミュニティをいささかでも補完し、そのことによって住民の「生活の質」を高めることができるのではないか。地域に密着した小売業にかけられる商機能を超えた期待である。

　期待されるということと、小売業がそれに十分に応えられるということとは別である。コミュニティの希薄化が指摘されるが、それはとりもなおさず小売店と住民・消費者との接点もまた薄くなったことを意味している。個人商店が主流を占めた時代には小売商と消費者との会話はごく自然であったが、スーパーやコンビニが登場して以降、買い物と言えば、消費者が棚から好きな商品を取りレジで無言でお金と交換するのが普通となった。それだけではない。商業者同士の交流さえ薄くなり、自分の「本業」に専念し、外部性に目を向ける余裕さえなくなりつつあるというのも、否定できない現実である。

　それでも、その期待の中に将来の光明を見出そうとする動きがある。人口の減少と高齢化の進行が確実に予測される中で、しかも地方財政が悪化して行政の住民サービスも低下が懸念される中で、住民相互の共助の感覚はますます重要になるに違いない。高度成長期のような成長を見越したハード整備も今後は見込めなくなる。ハードはいずれ更新の時期を迎えるが、既存のハードを活かし、最大限に活用しながら、そのうえで住民のつながりを高めることによって共助をより具体的に現実化していく。そのための起点として小売業を見直そうとすることこそ、「今」という時点で、小売業起点のまちづくりを考えるに理由に他ならない。

（石原武政）

注

1　増田寛也編著『消滅都市－東京一極集中が招く人口急減－』中公新書、2016年。
2　『公共施設及びインフラ資産の将来の更新費用の比較分析に関する調査結果』総務省自治

財政局財務調査課、平成24年3月。http://www.soumu.go.jp/main_content/000153119.pdf。なお、社会インフラの老朽化については、根本祐二『朽ちるインフラ－忍び寄るもうひとつの危機－』日本経済新聞出版社、2011年を参照。

3 『平成25年度国土交通白書』http://www.mlit.go.jp/hakusyo/mlit/h25/hakusho/h26/index.html

4 住宅の老朽化問題については、野澤千絵『老いる家　崩れる街－住宅過剰社会の末路－』講談社現代新書、2016年を参照。

5 日本百貨店協会によれば、全国百貨店の販売額は2014年6.212兆円、2016年5.978兆円であった（http://www.depart.or.jp/common_department_store_sale/list）。日本フランチャイズチェーン協会によれば、2014年の販売額は9兆7,000億円で、2016年には10兆5,000億円に達している（http://www.jfa-fc.or.jp/particle/320.html）。

6 公益財団法人日本通信販売協会HPによる（有力非会員を含む推計値）。https://www.jadma.org/statistics/sales_amount/

7 『平成26年度高齢社会白書』（内閣府）（http://www8.cao.go.jp/kourei/whitepaper/w-2014/zenbun/s1_2_1.html）

8 買い物に支障を来たす人びとはしばしば「買い物難民」と呼ばれた。しかし、経済産業省の研究会は「難民」は「（宗教的・政治的事情から）ある土地を離れて避難する人々」の意味が強いとして「買い物弱者」という呼称を採用した。この両者はほとんど区別することなく用いられてきたが、石原武政は自身の身体的または移動上の理由で買い物に不便を感じる人を「買い物弱者」とし、そのうち周辺に買い物施設がないなど外的な理由で不便が加重されて現実化する人を「買い物難民」として区別することを提唱した（「小売業から見た買い物難民」『都市計画』No. 294、2011年12月、46頁）。

9 『地域生活インフラを支える流通のあり方　研究会報告書－地域社会とともに生きる流通－』経済産業省地域生活インフラを支える流通のあり方研究会、平成22年5月、32頁。（http://www.meti.go.jp/report/downloadfiles/g100514a03j.pdf）

10 買物弱者・フードデザート問題等の現状及び今後の対策のあり方に関する調査報告書、2015（http://www.meti.go.jp/policy/economy/distribution/150430_report.pdf）。

11 『食料品アクセス問題の現状と対応方策報告書～要介護・要支援高齢者を中心として～』（平成24年度農林水産省補助事業）三菱UFJリサーチ＆コンサルティング、昭和25年3月、3頁（http://www.murc.jp/uploads/2013/06/koukai130621.pdf）。

12 『「食料品アクセス問題」に関する全国市町村アンケート調査結果』農林水産省食料産業局食品流通課、2016年3月（http://www.maff.go.jp/j/shokusan/eat/pdf/27chousa.pdf）による。

13 石原武政『小売業の外部性とまちづくり』有斐閣、2006年。

第3章

まちづくりと行政の役割

1 まちづくりの制度的枠組み

1-1 地方分権時代のまちづくり

　現在、まちづくりの行政側の主体は自治体、とりわけ基礎自治体と呼ばれる市町村および東京都特別区（23区）である（以下では「市町村」または「自治体」とする）。かつては国の権限が強い時期もあったが、地方分権を進めるために、1999（平成11）年7月に制定された地方分権一括法（2000年4月施行）によって、国の機関が地方の機関に指示して膨大な事務作業を行わせる機関委任事務という制度を廃止し、国が特定の事務のみを委託する法定受託事務と自治体が主体となって行う自治事務という制度が新たに設けられた。地方分権一括法は、地方分権をいっそう進めるために、その後たびたび改正されてきており、2016（平成28）年には第6次一括法が制定・施行されている。

　こうした地方分権改革の流れの中で、市町村等の自治体はまちづくりに取り組んでいる。自治体の取り組みに関して、法的な権限を付与しているのが都市計画法および建築基準法等の国の制度である。自治体はそれらに基づいて、まちづくりの計画立案の局面から計画実行の具体的な事業の局面まで、幅広く関与している。

　まず、まちづくりの計画立案の局面で、最も基本となるのが行政運営全般の最上位の計画としての総合計画である。総合計画は、一般に、行政運営の基本的な理念や方針を示す基本構想、基本構想に沿って各分野の施策を示す基本計画、基本計画に沿って実施する具体的な事業を示す実施計画、といったような全体から個別への階層的な計画によって構成される。

かつては、地方自治法によって、総合計画の最上位に位置づけられる基本構想の策定が義務づけられていたが、2011（平成23）年8月1日施行の地方自治法改正法により義務づけの規定が廃止された。これは、地方分権改革の一環として、自治体の自主性の尊重と創意工夫の発揮を期待しての措置といえる。その結果、例えば従来一般的だった基本構想－基本計画－実施計画という3層構造を2層以下に簡素化する自治体も現れている（神奈川県横浜市、川崎市、東京都武蔵野市、文京区、江東区など）[1]。第2章でみたように、現在、人口減少・少子超高齢社会化が急進展しているが、その進行度合いや具体的現れは自治体によって大きく異なることから、自治体にとって、独自性追求を可能にするこうした措置は歓迎すべきものといえよう。

この総合計画を踏まえて、自治体は都市計画法に基づいて、まちづくりの具体的な方針である都市計画を定める。都市計画法は、第1章で述べたように、1998（平成10）年にその改正法が中心市街地活性化法、大規模小売店舗立地法と並ぶ「まちづくり三法」として位置づけられて以降、大規模な小売店舗等の開発規制に強くかかわる制度となったが、それ以前は、小売業に対して、そこまで規制的な影響力を有していなかった。ちなみに、中心市街地活性化法の制度運用の主役は市町村・東京23区、大規模小売店舗立地法のそれは都道府県・政令指定都市となっており、ここでも地方分権化が実現されている。まずは、都市計画法の全体像について簡単に説明していこう。

1-2　都市計画とマスタープラン

都市計画法は、1968（昭和43）年、都市の健全な発展と秩序ある整備を図り、国土の均衡ある発展と公共の福祉の増進に寄与することを目的に制定され、その後、改正が複数回にわたって行われている。また、建築基準法は国民の生命、健康、財産の保護のため、建築物の敷地・設備・構造・用途についてその最低基準を定める制度で、1950（昭和25）年に制定され、その後数次にわたって改正されている。

かつての都市計画は、公共の利益のために、土地収用権（国や自治体が強制的に取得する権限）を背景にもちつつ、都市施設（道路・公園等）の建設、土地利用規制（用途地域制等）、都市再開発事業（区画整理事業を含む）を具体的手法として展開するものとされていた。高度成長時代はこうしたハードな手法中心で済んだ面があったが、低成長時代に入って、よりきめ細かなソフトな計画として、具体的な手法の上位に立つマスタープランの必要性が指摘されるようになった[2]。そうした

目的に沿って、1992（平成4）年の法改正によって「市町村の都市計画に関する基本的な方針」（略して「市町村マスタープラン」または「市町村マス」または「都市マス（タープラン）」）が導入された。市町村マスは、住民に最も近い立場にある市町村が、その創意工夫のもとに住民の意見を反映し、まちづくりの具体性ある将来ビジョンを確立し、地区別のあるべきまちの姿を定めるものとされる。

市町村マスは、総合計画のうちの市町村議会の議を経て定められた基本構想、および「都市計画区域の整備、開発及び保全の方針」に即して定められる必要がある。後者は、都道府県が都市計画区域ごとに人口、人や物の動き、土地の利用のしかた、公共施設の整備などについて将来の見通しや目標を明らかにし、将来のまちをどのようにしていきたいかを具体的に定めるもので、都市計画区域マスタープランとも呼ばれる（略して「区域マス」）。

なお、都道府県によっては、区域マスと並んで、都道府県単位での広域マスタープランを制定しているところがある。都市計画法等に基づかない自主的なものであるため、その呼称は都市計画基本方針および基本計画、都市づくりビジョン、都市マスタープラン、都市政策ビジョンなど都道府県によってさまざまである。国土交通省によると2016（平成28）年9月現在、青森、岩手、茨城、東京、神奈川、新潟、富山、石川、山梨、三重、兵庫、奈良、和歌山、広島、山口、高知、大分の17都県で策定されている[3]。

1-3　マスタープランの具体例

マスタープランの内容を簡単に説明するために、ここでは東京都千代田区を事例として取り上げよう。千代田区は、日本を代表するビジネス・金融・商業地区であるいわゆる「大丸有」（大手町、丸の内、有楽町の総称）や霞が関の官庁街を抱える一方で、江戸時代の町人のまちを継承する住宅街、大学等の教育機関、神社仏閣、公園など、日本の都市の縮図のように多面的な「まちの顔」を有している。また、昼夜間人口比率は、東京等全体で118.4％であるのに対して、千代田区は1,738.8％（昼間人口819,247人、夜間人口47,115人）と桁違いに高く、人口に占める65歳以上の比率である高齢化率は2015年現在で18.2％と、全国平均の26.6％より8.4ポイントほど低いという特徴がある（平成22年国勢調査による）。

こうした特徴を背景にして、千代田区では「都市の魅力にあふれ、文化と伝統が息づくまち千代田」を実現すべき将来像として掲げる総合計画が策定されている[4]。

これに基づきながら、東京都の広域マスタープランとしての都市づくりビジョン（2009年7月改定）と、区域マス（2014年12月改定）に準拠して、千代田区の都市計画マスタープラン（まちづくりの理念と将来像）が定められている。具体的には、東京都の都市づくりビジョンでは、「経済活力の向上、安全・安心の確保に加え、低炭素型都市への転換、水と緑のネットワークの形成、美しく風格ある景観の創出など、『環境、緑、景観』を一層重視した都市づくり」が掲げられている。また、区域マスでは、千代田区は「センター・コア再生ゾーン」に位置づけられ、「国際的なビジネスセンター機能の強化と魅力や活力ある拠点の形成」、「都市を楽しむ良質な居住環境の創出」、「世界で最も環境負荷の少ない都市の実現」、「水と緑の回廊で包まれた都市空間の創出」、「歴史と文化をいかした都市空間の形成」という将来像が描かれている。

　そして東京都のビジョン等を踏まえて、都市計画マスタープラン（現行版は1998年に策定）では、理念として「歴史に育まれた豊かな都心環境を次世代に継承し、世界の人に愛されるまち、千代田」が掲げられ、将来像として、「都心を楽しみ、心豊かに住まうまち」および「都心に培われた魅力を高め、共に未来へ歩むまち」を目指すとされている。そして、地域別にそれぞれの特徴を踏まえた基本的な考え方や将来像が詳細に示されている。

　さらに、2003（平成15）年には国レベルでのさまざまな法改正を伴う都市再生の動きが活発化したことを受けて、都市計画マスタープランによって静的にまちの将来像を示すだけでなく、まちづくりにかかわるプロジェクトを動的かつ具体的に提示するために、千代田区まちづくりグランドデザインが策定されている。このような、まちづくりの動きの全体像を基礎自治体が単独で策定したのは、千代田区が最初とのことである。以上の詳細については、千代田区の都市計画に関するウェブサイトを参照して欲しい[5]。また、小売業等の産業の振興計画については「千代田区商工振興基本計画」が5年ごとに改定されている。直近の改定は「コミュニティを大切にし、魅力あるまちを創造します」を基本理念に2017（平成29）年3月に行われている。詳細は区の産業に関するウェブサイトを参照されたい[6]。

　なお、全国の自治体における、区域マスや広域マスタープランと市町村（都市）マスについては、国土交通省がウェブサイトにリンク集を公開しているので、読者自身に関係する自治体等のそれらの内容について実際に確かめてみることをおすすめする[7]。

2 都市計画法による土地利用規制

2-1 都市計画区域の分類

ここまでみてきたように、市町村は、まちづくりの具体性ある将来ビジョンを確立し、あるべきまちの姿を定める責任と権限を有している。これらを実現するために、都市計画法は、**図表3-1**に示す区域や地域に分けて、それぞれの用途や容積などに関する利用ルールを定める権限を自治体に与えている[8]。

すなわち、まず都市の範囲を示すために、都市計画区域が定められ、それ以外が都市計画区域外とされる。都市計画区域は、一体の都市として総合的に整備・開発・保全する必要がある区域のことをさしている。また、都市計画区域外においても、近年のモータリゼーションの進展等により、高速道路のインター周辺や幹線道路沿いなどで大規模な開発が進展し、無秩序な土地利用や良好な景観の喪失がみられることから、用途地域や景観地区、風致地区といった都市計画上の指定ができるよう準都市計画区域が設けられている（2000年改正による）。なお、農業に利用する土地については、農地法および農振法（農業振興地域の整備に関する法律）に

図表3-1 都市計画法による分類の概念図

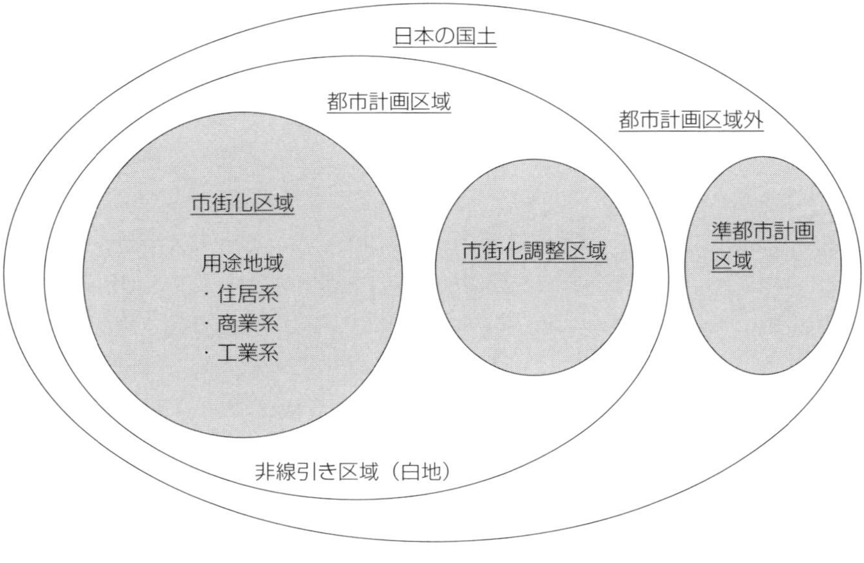

日本の国土
都市計画区域
都市計画区域外

市街化区域
用途地域
・住居系
・商業系
・工業系

市街化調整区域

準都市計画区域

非線引き区域（白地）

よる規制がある。

　都市計画区域においては、無秩序に市街地化が進まないよう、市街化区域と市街化調整区域との「線引き」がなされる。市街化区域は、すでに市街地になっている区域や計画的に市街地にしていく区域であり、市街化調整区域は市街化を抑制する区域である。また、この線引きを行わない区域を非線引き都市計画区域という。

2-2　用途地域制

　市街化区域においては、土地の使い方や建物の建て方に関する用途の指定が地域ごとに行われる（一般に「色塗り」）。これを用途地域という。用途地域は、住居系の用途から、商業系、工業系の用途まで全部で12種類が設けられている（次項参照）。なお、未線引き都市計画区域で、用途地域の指定されていないところを一般に（用途）白地という。

　用途地域は階層的ないし累積的な構造を持っており、住居系の用途地域である第1種低層住居専用地域に最も厳しい用途制限が適用され、順に制限が緩くなっていくかたちになっている。最も制限が緩いのは商業地域と準工業地域であり、工業地域、工業専用地域については、逆に制限が厳しくなる。用途地域の指定は、都市計画審議会等の一定の手続を経て、市町村が主体となって行い、都道府県知事の承認をもって決定とされることになっている。

　また、市街化区域では、道路、公園、下水道などの公共施設の整備が優先的に行われることになっている。そのため、自治体が必要な土地を買収し、計画に従って工事を実施する都市計画事業や、土地所有者・住民が話し合い、土地所有者それぞれが少しずつ土地を提供して、公園や道路等の公共用地を提供し、より住みやすく利用価値の高い土地とするための土地区画整理事業、中心市街地などで土地の有効高度利用を図ると共に、道路や広場の整備を行う市街地再開発事業などが行われることがある。

　さらに、身近な生活空間に関して、地区の住民等で協議し、暮らしやすいまちづくりを進めるために、建物の用途、高さ、色などの制限や、生活道路、公園などについて、地区計画としてルールをきめ細かく定めることができる。この点の具体例は後に取り上げることにする。

2-3　大規模な商業施設の規制と誘導

　商業にかかわるまちづくりにおいて、都市計画法と並んで重要な制度は、先にも

述べたように、1998年制定のまちづくり三法を構成する中心市街地活性化法と大規模小売店舗立地法である。これら三法は、より政策効果を高めるために、2006年に大幅な見直しが行われた。その焦点は、中心市街地活性化法に関しては、都市中心部への都市機能の集中によるコンパクトシティ化、すなわちさまざまな都市機能を中心部に集約することへの支援策を強化するための改正におかれた（2006年6月施行）。また、都市計画法に関しては、郊外における開発規制を強化するための改正におかれた（2007年11月施行）[9]。

この改正の意義と影響は大きい。すなわち、前述のように従来、都市計画法は大型店やショッピングセンターの開発・立地を規制する制度として有効に機能してこなかったが、都市計画の基本的な考え方を「開発自由の原則」から、イギリスやドイツ等で一般的な「開発不自由の原則」の方向に転換し、延べ床面積1万m^{2}超の大規模集客施設の立地規制強化等を導入したのである。ここで大規模集客施設とは、大規模小売店舗に加えて、広域的に都市構造に影響を及ぼす飲食店・劇場、映画館、演芸場、観覧場、遊技場、展示場、場外馬券売り場等を幅広く含む施設をさす。

具体的には、**図表3-2**に示すように、従来、3,000m^{2}以上の大規模商業施設は、

図表3-2 都市計画法改正による立地規制の強化

用途地域	改正前	2006年改正後	
	大規模商業施設	大規模商業施設	大規模集客施設
	3,000m^{2}超	3,000〜10,000m^2	10,000m^{2}超
第一種低層住居専用	×	×	×
第二種低層住居専用	×	×	×
第一種中高層住居専用	×	×	×
第二種中高層住居専用	×	×	×
第一種住居	×	×	×
第二種住居	○	○	×
準住居	○	○	×
近隣商業	○	○	○
商業	○	○	○
準工業	○	○	△
工業	○	○	×
工業専用	×	×	×
市街化調整区域	△	×	×
非線引き白地地域	○	○	×

出所：国土交通省資料による。

市街化区域の中で6つの用途地域のみで立地可能であったが、これに加えて改正によって、延べ床面積1万m²超の大規模集客施設は、商業地域、近隣商業地域、準工業地域の3つの用途地域に限定して立地可能とされ、郊外に行くほど規制が厳しくなる制度体系となった。

　これによって、自治体はまちづくりを進めていくにあたって、大型店・ショッピングモール等の郊外立地をある程度コントロールできるようになる一方で、郊外開発によって成長してきた大規模小売企業は戦略転換を余儀なくされるようになった。

3 まちづくりのための事業計画

3-1　地区計画とまちづくり協定

　ここから、まちづくりの具体的な事業にかかわる計画について、住民に身近なレベルでの地区計画と、中心市街地活性化や都市再生という、より広範囲の計画をみていくことにしよう。

　地区計画は、建築基準法による全国一律のルールだけでは、それぞれの地区にふさわしいまちづくりができないとの声を受けて、1980（昭和55）年の都市計画法改正によって導入された制度である。具体的には、「良好な環境の街区を一体として整備保全する」（都市計画法12条の5）ことを目的に、住民と自治体が連携して、地区の課題や特徴を踏まえ、地区のめざすべき将来像を設定し、その実現に向けて都市計画のさまざまな手法を駆使してまちづくりを進めていくことが目指されている。

　その内容は、地区の目標や将来像を示す「地区計画の方針」と、生活道路の配置、建築物の建て方のルールなどを具体的に定める「地区整備計画」等からなり、街並みをはじめとしてその地区独自のまちづくりのルールを詳細に定める。これによって、地区整備計画内において建築行為などを行う場合、建築工事着手の30日前に届け出をし、地区計画の内容に合致しているかどうかチェックを受けなければならなくなる。

　地区計画にはさまざまなタイプがあり、日本全国で多様な地区計画が実施されている。東京都内だけでも、2015（平成27）年3月31日現在で876の地区計画等（「地区計画」と「そのほかの地区計画」の合計）が決定されている。

また、1990年代以降、住民同士や住民組織等と自治体との間で、「まち（街）づくり協定」、「建築協定」、「景観協定」等を締結するケースが増加している[10]。その法的位置付けは、紳士協定的なものから、自治体の要綱、さらには条例などによるものまでさまざまであるが、それらの中には地区計画を補完して、その内容をきめ細かく規定する位置づけのものが少なからずある。

　さらに、住環境の整備改善を必要とする区域において、まちづくり協定等を締結している住民等と自治体が協力して、住宅や地区施設等の整備改善を行うことにより、ゆとりとうるおいのある住宅地区を形成するための支援策として、1993年から国土交通省が街並み環境整備事業を設けている（2013年4月1日現在で全国の事業実施地区数335、うち事業完了地区数172）。この制度は一定の要件に該当すれば観光地や商業地でも利用可能であることから、例えば、長野県松本市の城下町地区等や千葉県香取市佐原地区における街並み環境整備に活用されている[11]。

　さて、こうした地区計画やまちづくり協定等は、地域の住民・商業者等で組織される「まち（街）づくり協議会」における議論を基礎として策定される。一般に、まちづくり協議会は建前はともかく、実質的には行政に促されて、すなわち行政主導で結成されることが少なくなかった。しかし、それではまちづくりの議論が形骸化してしまうおそれがある。それを回避する方策の代表としてあげられるのが、第1章でも言及されている、大阪市豊中市における「みんなの計画、役所の支援」、「市民主導、行政参加」を掲げ、「豊中方式」と呼ばれた市民主体のまちづくりの取り組みであり、1992（平成4）年制定の「豊中市まちづくり条例」によって支えられた。この方式そのものは、その後継承されることはなかったが[12]、市民の主体性を重視する考え方はさまざまな地域等で生かされている。

3-2　地区計画の具体的事例

　商業系の用途地域における地区計画とまちづくり協定の組み合わせの代表例の1つとして、東京都目黒区の中心商業地区の1つである自由が丘南口地区（現・マリクレール通り周辺）があげられる。

　そこでは、1994（平成6）年7月25日付で、約2.5haを地区指定し、駅前商業地区にふさわしいゆとりある商業環境の形成と、個性的で高水準のショッピングモールとしての発展を目指して、次のルールによって適正な土地利用の誘導や歩行者空間の確保を進めてきた。すなわち、指定区域内での遊興娯楽施設や風俗営業の禁止および営業制限、新たな建築の敷地制限（150m^{2}未満禁止）、建て替え時の

建物壁面セットバックの義務付け、建物や看板の形・色の制限等である。

その後、2012（平成24）年7月、地元商業者・住民等で組織する自由が丘南口地区街づくり協議会から、さらなるまちづくり推進のために「街づくり提案書」が提出された[13]。それは、東日本大震災の発生や少子超高齢化等の環境変化を背景にして、賑わいと落ち着きの両要素を合わせもち、ゆとりがあって安全性の高い商店街を目指すものであった。これを受けて目黒区は、2013（平成25）年12月27日、既存区域よりやや広い約3.1haを対象に（区域内は特性に合わせて商業地区、近隣商業地区A、近隣商業地区Bの3地区に区分される）、次のようなルールを含む街並み誘導型地区計画を都市計画決定・告示した。ここで街並み誘導型地区計画とは、建物の壁面の位置や高さの制限を守ることによって、前面道路幅員による容積率制限や道路斜線制限について区から認定を受けて緩和し、建物の壁面や高さの揃った街並みを形成する制度をさす。

そのルールの第1は、地区にふさわしい商業環境の形成を図るための建築物の用途制限であり、具体的には**図表3-3**に示すとおりである。第2は、壁面後退の実施に伴う安全で快適な歩行環境の拡充に応じた建築物の容積率の最高限度についてであり、商業地区についてのみ緩和された。第3は、敷地の細分化を防ぎ、地区に

図表3-3 自由が丘南口地区（東京都目黒区）の地区計画における建築物の用途制限

対　　象	制限される用途の例
地区全体	●パチンコ、麻雀、ゲームセンター、個室付き浴場、ストリップ劇場、ラブホテル、ポルノショップ　等 ●カラオケ専門店（カラオケボックス、カラオケルーム　等） ●病院（ベッド数20以上のもの）[1]
建物の1階、2階および地階	●キャバレー、ナイトクラブ、ダンスホール、客席の暗い（10ルクス以下）喫茶店、バー　等
1階の壁面線を定めた道路に面する部分	●建築物の1階で、壁面線を定めた道路に面した部分は、店舗、飲食店その他これらに類する用途以外の用途は建築できません[2]。 ●ただし、次の用途は建築可能です。 　①　公益上必要な建物 　②　建築物の共用部（玄関、廊下　等） 　③　建築物に付属する車庫、倉庫　等

注：1）ベッド数20未満は建築できます。
　　2）店舗とは、例えば、日用品店、美容室、銀行営業所　等マンション等を建てる場合には、壁面線を定めた道路に面した1階に居住スペースを設けることはできません。（管理人室等は建築できます）
出所：目黒区（2013）「自由が丘南口地区地区計画－平成25年12月決定－」。

ふさわしい街並み形成を図るための建築物の最低敷地面積（150m^2）の設定である。第4は、歩行者空間を整備し、連続した街並みの形成を図るために、道路境界線からの壁面の位置を制限することであり、第5は壁面後退区域に通行の妨げとなる工作物等の設置を禁止することである。さらに、第6は建築物の高さの最高限度の設定であり、第7は建築物と屋外広告物の形態、色彩、デザインを規制・誘導することである。これらのうち、第1から第4、第6は条例による規制となっている。

そして、地区計画を補完するために、これらルールの具体的な運用規則について定める「街づくり協定」が、街づくり協議会によって定められている。

3-3 中心市街地活性化の基本計画に基づく事業

次に、中心市街地活性化や都市再生という、より広い範囲の事業についてみていこう。これら両者は、現在、内閣府地方創生推進事務局のもとで制度運用されている[14]。

まず、中心市街地活性化法の対象は、一定の条件を満たす自治体の中心部であり[15]、2007（平成19）年改正によってコンパクトシティ化がいっそう目指されるようになった。さらに、2014（平成26）年には日本再興戦略2013（2013年6月閣議決定）を踏まえて改正が行われ、人口減少・少子超高齢社会化の進展、商業施設や病院等の公共施設の郊外移転により、中心市街地における空き店舗、未利用地の増加に歯止めがかかっていない状況に対処するために、民間投資を喚起する新たな重点的支援制度等が設けられた。

中心市街地活性化法に基づいて、自治体が国から支援を受けるためには、国が定めた「中心市街地の活性化を図るための基本的な方針」（2006年9月8日閣議決定、直近の変更は2011年10月7日）や基本計画認定申請マニュアル等に準拠して基本計画を策定し、国から認定を受ける必要がある。基本計画認定の第1弾は、かねてから自治体としてコンパクトシティの理念を掲げ事業に取り組んでいた富山市と青森市であった（2007年2月8日）。2016（平成28）年には、水戸市、青梅市、府中市、雲南市、越前市の5市が認定され、2016年11月29日現在、第2期の認定を受けた自治体を含めて、137市202計画が認定されている。

2017（平成29）年度に国が認定された自治体向けに用意した主要な支援策をあげると、国土交通省系では、市街地の整備改善に資する事業として、街なか再生を促進するための面整備、道路・公園・駐車場等の都市基盤施設等の整備が、都市福利施設の整備に資する事業として、都市機能の集積促進が、街なか居住の推進に

資する事業として、優良な住宅の整備、居住環境の整備等があげられる。また、経済産業省系では、地元住民や自治体等による強いコミットがあり、周辺地域への波及効果が高い民間プロジェクト（商業施設等の整備）等を支援する地域・まちなか

図表3-4 柏市における中心市街地活性化の数値目標と2015年度フォローアップ結果（抜粋）

基本理念	柏市の表玄関にふさわしいにぎわいの回復、楽しく憩える魅力の創出
基本的な方針	①　広域商業機能に加え、地域の生活拠点として、にぎわいに満ちたまちづくりを行う ②　まちの特徴と魅力を活かすため、回遊性の高いまちづくりを行う ③　まちの魅力を高めるため、安全・安心でゆとりや品格のあるまちづくりを行う
目標像１	にぎわいがあり暮らしやすいまち・柏〜広域商業拠点機能の回復と生活拠点としてのにぎわいづくり〜
目標像２	安全に回遊できる楽しいまち・柏〜歩行者空間整備と魅力ある景観づくり〜
目標像３	楽しく憩えるまち・柏〜商店街・施設の魅力づくり〜

目標像	評価指標	第１期		第２期		最新値	見通し
		基準値	目標値	基準値	目標値		
にぎわいがあり暮らしやすいまち	中心市街地における売年間販売額	1,434億円(H18)	1,500億円(H25)	1,206億円(H24)	1,477億円(H30)	1,165億円	④
安全に回遊できる楽しいまち	休日歩行者通行量	84,941人/日(H18)	90,000人/日(H25)	77,162人/日(H24)	85,200人/日(H30)	92,392人/日	①
楽しく憩えるまち	滞留時間	144分	174分	138分	167分	142分	③
参考指標	居住人口	（２期新規目標）		10,514人(H25)	12,100人(H30)	10,882人	①

注：取組の進捗状況及び目標達成に関する見通しの分類
　①　取組（事業等）の進捗状況が順調であり、目標達成可能であると見込まれる。
　②　取組の進捗状況は概ね予定どおりだが、このままでは目標達成とは見込まれず、今後対策を講じる必要がある。
　③　取組の進捗状況は予定どおりではないものの、目標達成可能と見込まれ、引続き最大限努力していく。
　④　取組の進捗に支障が生じているなど、このままでは目標達成可能とは見込まれず、今後対策を講じる必要がある。
出所：柏市（2016）「第２期柏市中心市街地活性化基本計画（第２回変更）」および柏市（2016）「平成27年度定期フォローアップ報告書［第２期柏市中心市街地活性化基本計画］」による。

商業活性化支援事業、中心市街地再興戦略事業、中心市街地商業活性化診断・サポート事業等があげられる。なお、基本計画の認定状況や、各年度の支援策については、内閣府地方創生推進事務局のウェブサイトに公開されているので、各自で調べてみよう[16]。

さて、基本計画において特徴的なのは、活性化の数値目標を具体的に設定すると共に、実施経過について随時フォローアップすることとされていることである。具体的な事例として、2014（平成26）年2月6日に第2期計画が認定された千葉県柏市（第1期計画期間は2008年4月～14年3月）の数値目標とその達成状況等を**図表3-4**に整理した。ここから、厳しい環境の下で、第2期の新たな取り組みによって、成果をあげようとしていることがうかがえる。

3-4　都市再生の立地適正化計画に基づく事業

都市再生については、日本再興戦略2013を踏まえて、2014（平成26）年6月に都市再生特別措置法が改正されたことが注目される。この法律は、2002（平成14）年に急速な情報化、国際化、少子超高齢社会化等の社会経済情勢の変化に対応して、都市機能の高度化および都市の居住環境の向上という方向で、民間主導による「都市の再生」を国が後押しするために制定された（当初は10年間の時限立法）。同法によって、政令で指定する都市再生緊急整備地域において、既存の用途地域等に捕らわれない自由度の高い都市計画を定めることを可能とする「都市再生特別地区」が創設された。

2014（平成26）年の改正では、自治体が医療施設、福祉施設、商業施設、その他の「都市機能増進施設」を誘導すべき区域として「都市機能誘導区域」を設定することができることとされた。これはコンパクトシティ化を推進するための政策と位置づけられる。そして、それらの施設を誘導するための施策として、民間事業者に対する国からの直接的な補助制度「都市機能立地支援事業」や、自治体等が実施する事業への交付制度および民間事業者の事業への自治体経由の間接的な交付制度「都市再構築戦略事業」を設けたり、容積率および用途の制限を緩和する特定用途誘導地区を定めることができるようになった。

しかし、その前提条件として、自治体は都市全体の観点から、居住機能や福祉・医療・商業等の都市機能を誘導するための施策、公共交通の充実に関する施策等について記載した「立地適正化計画」を作成し、住宅および都市機能の適正な立地に向けた、方針や区域の設定（居住誘導区域および都市機能誘導区域）等を定めるこ

とが必要である。なお、立地適正化計画は、市町村マスタープランの一部とみなされることから、それと一体となって作成することが可能である。

これは、従来のコンパクトシティ化に重点を置いた政策への批判が関連している。すなわち、過度なコンパクトシティ化は、都市中心部への一極集中、郊外や農村部の切り捨て、高齢者や子育て世代を始めとする住民の生活利便性の低下等を加速することから、医療・福祉・商業等の生活機能を確保し、高齢者等が安心して暮らせるよう、公共交通機関によってこれら施設にアクセスできるなど都市全体の構造を見直す、コンパクトシティ・プラス・ネットワークという考え方に基づく計画立案が求められているのである。

この立地適正化計画の中で、**図表3-5**に示すように、自治体は中心拠点区域および生活拠点区域を定め、それぞれにおいて商業施設を含む中心拠点誘導施設と生活拠点施設を交付金によって誘導できることとされている。また、立地適正化区域内では、都市・地域交通等の整備、居住環境整備のための空き家再生等、都市公園の機能や配置の再編等のための補助金等も用意されている。さらに2018年から、地方都市でのコンパクトシティ化を促進するため、都市機能誘導区域を市街化区域の10％以下に凝縮している自治体に対する補助金等の支援が強化された。

図表3-5 立地適正化計画を策定した市町村の都市機能立地支援事業等において交付対象となる誘導施設

対象施設	中心拠点誘導施設	生活拠点誘導施設
病院	特定機能病院、地域医療支援病院、病院、診療所、調剤薬局	病院、診療所、調剤薬局
社会福祉施設	社会福祉法、老人福祉法等に定める施設等のうち、通所等を主目的とする施設	－
教育文化施設	認定こども園、幼稚園、小学校、中学校、高等学校、中等教育学校、特別支援学校、大学、高等専門学校、専修学校、各種学校、図書館、博物館、美術館、博物館相当施設	－
商業施設	以下の要件を満たす施設 ・周辺に同種施設がないこと ・市町村が必要と判断したこと ・多数の者が出入りして利用することが想定されること （風営法第2条各項に規定する施設でないこと）	
地域交流センター	－	高次都市施設に定める地域交流センター

出所：国土交通省資料による。

国土交通省によると、2016（平成28）年7月31日現在で、立地適正化計画作成の具体的な取り組みを行っている自治体は289あると報告されている。また2016年12月27日現在で、すでに計画を作成・公表した自治体としては札幌市、岩手県花巻市、大阪府箕面市、熊本市があげられるという[17]。

3-5 地方創生のための地域再生計画

近年、国は地方創生（内閣府）あるいは「まち・ひと・しごと創生」（内閣官房）のもう1つの目玉として、地域再生のための政策に注力している。これは東京圏一極集中を是正し、地域経済の活性化、地域における雇用機会の創出等の地域の活力の再生を総合的かつ効果的に推進することを目的とするもので、地域が行う自主的かつ自立的な取り組みに対する支援が制度化されている。自治体は、地方版総合戦略として、地域再生法（2005年制定、直近の改正は2016年）に基づく地域再生計画を作成し国から認定を受けることで、その計画に盛り込んだ事業の実施に対して、地方創生関連の交付金等を申請し受け取ることができる。ここで交付金とは、計画に位置づけられた事業全体に対する補助であり、事業間等での流用が一定程度可能であり、使途が厳格に規定されている補助金とは性格が異なる。

また、総務省が地方創生の一環として実施している制度に地域おこし協力隊がある。これは、人口減少や超高齢社会化等の進行が著しい地方に、都市住民等の地域外の人材を受け入れ、地域協力活動を行ってもらい、その定住・定着を図る制度である。受け入れを希望する自治体には総務省から特別交付税による財政支援が行われ、自治体は応募者の中から選考により隊員を委嘱（期間は1年以上3年以下）する。2015（平成27）年には、2,625人の隊員が673自治体に派遣されている[18]。ただし、任期が限られていることや、「定住・定着」という目標に対する隊員と自治体、地域住民との認識の相違などさまざまな理由から、必ずしも円滑運用されている事例ばかりではないとの指摘もある。

こうした地域再生計画関連の交付金や地域おこし協力隊等の取り組み主体となる自治体の多くは、中心市街地活性化計画に基づく取り組み主体となる自治体に比して、人口減少や少子超高齢社会化の進展度合いがやや強く、まちづくりの課題においても商業に対するウエイトがやや弱いという傾向が指摘できる。しかし、自治体によっては、こうした支援制度をうまく組み合わせて、まちづくりの取り組みに活用しているところがある。例えば、大分県竹田市では中心市街地活性化計画（基本理念：城下町の風情が五感に響く"竹田情感まちづくり"）と、都市再生まちづく

り基本計画（同上）、都市再生整備計画（目標：魅力あふれる城下町再生まちづくり）、地域再生計画（計画名称：食育ツーリズム雇用創出の増大）とを並行して進めながら、地域おこし協力隊を約50人採用し、さまざまな分野で活動してもらっている。

　ただし、国等の補助金に依存することについては、自主的・自立的な事業展開の妨げになることや、さまざまな制約により創意工夫できにくいこと等々といった弊害への指摘も存在する。特に、ハード施設の開発について建設費の補助を受ける際に、建設後の維持費を考慮に入れずに身の丈に合わない施設を開発すると、負の遺産を残すリスクを発生させることについて警鐘が鳴らされている。そうした事態に陥らないために、地元自治体と民間資本との公民連携事業PPP（パブリック・プライベート・パートナーシップ）に基づいて、まちづくりを行う事例も増えつつある。

　その代表として、岩手県紫波町のオガールプロジェクトがあげられる。そこでは、建設費と維持費を考慮して、商業施設に安易に頼らない「稼ぐインフラ」としての開発計画が立案・実行されたことで知られている。その要点を以下に簡単に紹介しよう[19]。

　紫波町は、人口3万3,000人弱（2015年現在）の地方中小都市であり、その中心部にあたるJR東北本線紫波中央駅前に、1998（平成10）年に町が購入して以降、10年以上ほぼ手付かずのまま放置されていた町有地10.7ヘクタールを抱えていた。この塩漬け状態の土地の開発を進めるきっかけになったのが、2007（平成19）年に着手された紫波町と東洋大学大学院経済学研究科（公民連携専攻）との協定に基づくPPPによる開発可能性調査であり、それを踏まえて2009（平成21）年6月に紫波町100％出資の第三セクターとして株式会社オガール紫波が設立された（2010年から町の出資比率39％）。

　この株式会社オガール紫波が、町に代わってPPPを推進する民間組織となり、補助金に頼らない身の丈に合った計画を基本コンセプトにして、オガールプロジェクトのエリア全体にかかわるデザインガイドライン策定から開発・運営までを総合的に担った。その結果、岩手県フットボール協会への誘致活動を展開し、2011（平成23）年に岩手県フットボールセンターをオープンさせ、2012（平成24）年に本プロジェクトの中核施設といえる官民複合施設オガールプラザをオープンさせた。オガールプラザは、紫波町の情報交流館（図書館プラス地域交流センター）、子育て支援センター、民営の産直販売所、カフェ、居酒屋、医院、学習塾などで構成され、入居業者はほぼ県内事業者からなり、資金の融資は東北銀行から、建築材

料の大部分は県産材を用い、施工は主として地元工務店でというように、地産地消にこだわったつくりとなっている。なお、オガールプラザの業績は、オープンから3年経過した2014（平成26）年時点の年間来館者25万6,798人（前年同期比4.3％増）にのぼり、産直販売所「紫波マルシェ」の売り上げは2013（平成25）年6月から2014（平成26）年5月の1年間で、前年同期比を上回る約3億9,000万円に達しているという。

さらに、2013年にオガールタウンにおいて宅地分譲開始、2014年に民間複合施設オガールベースをオープン、2015年にエリア内で紫波町役場新庁舎を開庁、2016年に民間複合施設オガールセンターをオープン、2017年にオガール保育所を開所など、プロジェクトが持続的に推進されている。

人口減少・少子超高齢社会のまちづくり

本章では、まちづくりの計画立案の局面と計画実行の事業の局面のそれぞれについて、自治体の役割という観点からみてきた。まちづくりの制度は、社会経済環境の変化と共に変更されてきている。最大の環境変化は、いうまでもなく日本における人口減少・少子超高齢社会化の急進展であり、まちづくりの制度もそれにつれて改革が求められてきている。その内容について、あらためて3点確認しておこう。

第1は、まちづくり制度の中核を担う都市計画における考え方の改革である。この点について、饗庭伸（2015）の指摘に従って整理すると次のようにまとめられる。かつての高度成長時代における都市計画は、用途純化の方向を目指す土地利用規制と都市施設の整備、区画整理・再開発等の事業からなり、最大の課題は都市中心部から郊外へと拡大するスプロール化（無秩序な開発）への対応にあった（これを饗庭は「中心×ゾーニングモデル」と呼ぶ）。それに対して、人口減少・少子超高齢社会における都市計画の課題は、スプロール化への対応からスポンジ化への対応へと変化しているという。ここで、スポンジ化とは都市が郊外から中心に面的に縮小するのではなく、ちょうどスポンジ状に内部に孔がランダムに空いていくように縮小することをさしている。

そして、スポンジ化する都市への対策はコンパクトシティだけではない。そこでは、拡大した都市の全体を、商業、工業、住宅、農業、自然といった機能別のレイヤーの重なりとしてとらえ、それぞれのレイヤーでスポンジ化がランダムに発生す

るとみなされる（これを饗庭は「全体×レイヤーモデル」と呼ぶ）。スポンジ化が進行する都市においては、「都市をたたむ」こと、すなわち「たたまれた空間」における都市計画を立案・実行することが課題となるという。これは1つの考え方であるが、環境変化に合わせて、都市計画においても抜本的な発想の転換が必要ということである。

　第2は、地方分権化でまちづくりに関連する権限が自治体に付与されるようになった半面で、自治体の財政状況がますます厳しくなってきていることへの対応である。自治体としては、まちづくりの施策の展開やまちのインフラの維持などに投じられる自主財源はかなり限られる。そのため、国の交付金や補助金の獲得に知恵を絞る一方で、民間事業者からの投資や住民・NPOなどの積極的な関与を引き出すことで、もともと自治体が供給してきた公共サービスの一部を民間に担ってもらうことを目指している。こうした方向を「新しい公共」と呼ぶことがある。

　その代表的取り組みの1つとして、あるエリアのまちづくりを不動産所有者等から賦課金を自治体が代理徴収して実施する、アメリカのBID（Business Improvement District）方式のエリアマネジメントがあげられる。日本における類似した事例としては、東京都千代田区の中心業務地区である大手町、丸の内、有楽町を対象とする「大丸有エリアマネジメント協会」や、大阪市のJR大阪駅北側の「うめきた先行開発区域」7haのエリアを対象とするエリアマネジメント団体「グランフロント大阪TMO」があげられ、大規模な不動産所有者と不動産入居企業が中心になって「まち」の価値の維持を目的に展開している。ただし、これらの地区は大企業が地権者の中心を占めており、この方式を商店街を含む権利関係の錯綜したまちなかに導入するのは困難も多い。そうした中で政府は、地域再生法を改正して、地権者らでつくる運営団体が対象地域の事業者の3分の2以上の同意を得ることを条件に、まちづくりの資金を事業者から集める制度を創設することを検討している。

　また、その対極的ないわゆる小さな拠点（人口減少や高齢化が進む過疎地域などの集落における生活拠点づくり）方式の取り組みとして、小規模多機能自治の仕組みに基づく地域自治組織を活用する取り組みもある。具体的事例は第9章でとりあげる。

　以上に関連して、第3に、まちづくりに関する自治体の権限や資金調達が多様化すると共に、まちづくりにさまざまなプレイヤーが関与するようになってきていることから、そうしたステークホルダー間のコーディネータ役としてのタウンマネー

ジャー（タウンプロデューサー）の役割がますます重要になっていることが指摘できる。

（渡辺達朗）

注

1 　以上は、三菱UFJリサーチ＆コンサルティングのウェブサイトhttp://www.murc.jp/thinktank/rc/column/search_now/sn130125 による。
2 　以上は、饗庭伸（2015）『都市をたたむ－人口減少時代をデザインする都市計画』花伝社、135-138頁による。
3 　http://www.mlit.go.jp/toshi/tosiko/toshiMPlinkpage.html#13 による。
4 　2001（平成13）年「千代田区第3次基本構想～千代田新世紀構想」、および2015（平成27）年「ちよだみらいプロジェクト－千代田区第3次基本計画2015（平成27～36年）」などを参照。
5 　https://www.city.chiyoda.lg.jp/koho/machizukuri/toshi/kekaku/index.htmlを参照。
6 　https://www.city.chiyoda.lg.jp/koho/shigoto/sangyo/kihonkekaku.htmlを参照。
7 　http://www.mlit.go.jp/toshi/tosiko/toshiMPlinkpage.htmlを参照。
8 　以下は、国土交通省「みんなで進めるまちづくりの話」http://www.mlit.go.jp/crd/city/plan/03_mati/02/index.htmを参考にした。
9 　詳細は、渡辺達朗（2016）『流通政策入門［第4版］』中央経済社、第8章を参照されたい。
10 　第1章で触れたように、すでに1980年代に「まちづくり協定」の先駆的事例はあらわれていた。1990年代以降の状況については、志村秀明（2003）「まちづくり協定の実態の解明」『住民主体のまちづくりデザインゲームによるまちづくり支援手法に関する研究』博士学位論文（早稲田大学）、第1章が参考になる。
11 　国土交通省住宅局資料「街なみ環境の整備と観光振興の連携強化」による。
12 　芦田英機（赤澤明編）（2016）『豊中まちづくり物語』啓天まちづくり研究会。1992年制定の条例は、2012年に「豊中市地区まちづくり条例」に改正され、当初の仕組みは「換骨奪胎」されたという（12頁）。
13 　以下は、目黒区（2013）「自由が丘南口地区地区計画－平成25年12月決定－」による。
14 　詳細は内閣府地方創生推進本部のウェブサイト　http://www.kantei.go.jp/jp/singi/tiiki/を参照。
15 　法第2条において、次の3要件が規定されている。①当該市街地に、相当数の小売商業者が集積し、及び都市機能が相当程度集積しており、その存在している市町村の中心としての役割を果たしている市街地であること。②当該市街地の土地利用及び商業活動の状況等からみて、機能的な都市活動の確保又は経済活力の維持に支障を生じ、又は生ずるおそれがあると認められる市街地であること。③当該市街地における都市機能の増進及び経済活力の向上を総合的かつ一体的に推進することが、当該市街地の存在する市町村及びその周辺の地域の発展にとって有効かつ適切であると認められること。
16 　http://www.kantei.go.jp/jp/singi/tiiki/chukatu/index.htmlを参照。
17 　http://www.mlit.go.jp/toshi/city_plan/toshi_city_plan_fr_000051.htmlを参照。
18 　総務省ウェブサイト　http://www.soumu.go.jp/main_sosiki/jichi_gyousei/c-gyousei/02gyosei08_03000066.htmlによる。
19 　詳細は、例えば猪谷千香（2016）『町の未来をこの手でつくる－紫波町オガールプロジェクト－』幻冬舎が参考になる。

第 II 部

まちづくりの前提

第4章 都市を客観的に理解する

1 都市を客観的なデータで分析する

1-1 都市を分析するための指標

　第1章で日本の現状をマクロ的に見て、人口の減少、高齢化等の進展、インフラ施設の老朽化などを確認した。日本全体として見ればその通りであるが、それがそのまま各都市に現れるわけではない。例えば、人口が日本全体で減少しているといっても、平均以上に減少している都市もあれば、平均以下の減少で留まっている都市もある。中には、わずかながら人口が増加している都市もある。全国のデータはあくまでも全国レベルのもので、各都市の実情を表すわけではない。まちづくりに際して現状を理解しようとすれば、日本全体の動向に注意しながら、その都市の実情を客観的に把握する必要がある。

　本章では、商業まちづくりを念頭に、都市を「客観的に」理解するための視点を整理し、あわせて具体的な手法について解説する。「都市を客観的に見る」ということは、思い込みや希望的観測を捨て、まちに関する客観的なデータや情報を収集して分析することを意味している。そこから、それぞれの都市がもっている強みや弱みも見えてくる。客観的なデータを分析することが都市の状況を診断するための視点を得る出発点となる。

　都市を客観的にとらえるといっても、どんなデータを集めたらいいのだろうか。残念ながら、この問いに簡単に答えることはできない。何を明らかにしたいのか。それによって必要なデータが異なるからである。

　基本データの多くは、政府や業界団体などの機関が定期的に調査して公表している。これらのデータを「第二次データ」と呼ぶが、これを利用することができれば、

時間的にも費用的にも少なくて済む。

　しかし、これら既存の第二次データだけで必要なすべてのデータが揃うとは限らない。例えば、まちづくり関連でしばしば重要な指標として用いられるものに「歩行者通行量」がある。しかし、この調査が国の統計に含まれることはなく、ごく例外的に自治体の調査に含まれる程度である。したがって、歩行者通行量を指標として選択すれば、それは自ら調査してデータを収集するしか方法はない。こうして自ら直接収集するデータを「第一次データ」と呼ぶ。第一次データは測定の日時や測定地などを自分で設定できるので、分析者の問題意識によりぴったりとしたデータを収集できるという利点はあるが、費用も時間もかかるため、可能な限り、信頼できる第二次データを探すことがデータ分析の第一歩となる。

　しかし、これらの第二次データは実態を明らかにすることを目的に収集されているものが多く、特定の目的のためにそのまま使用できるとは限らない。例えば、最も基本的なデータである人口は、国勢調査や住民基本台帳に基づいて公表されるが、このデータそのものは都市別、年齢階層別に人口が記されているだけで、そのままではほとんど意味をもたない。それに意味をもたせるためには、分析者が自分の問題意識に合うように、これらのデータを加工して別の指標を作り上げる必要がある。図表4-1に示したのは、商業をやや強調しているが、都市を分析する際に基本と

図表4-1　まちを分析する時に重要なデータ群

分野	データと指標群（例）
人口	人口、世帯数、高齢化率、出生率、労働力人口、自然増減、社会増減、就業構造、昼夜間人口、交流人口
財政	財政規模、財政力指数、自主財源比率、実質公債費比率、将来負担比率、財政調整基金
消費	所得階層分布、家計消費支出
産業	域内GDP、産業分野の構成比、同推移、工業出荷額
商業	卸売業：店舗数、従業者数、年間販売額、同推移 小売業：店舗数、従業者数、年間販売額、売場面積 大規模小売店舗の状況、商店街の分布、商店街の景況感、空き店舗、歩行者通行量、小売充足率、大型店占有率、流出入比率
交通	鉄道、乗降客数、バス
観光	観光客数、観光資源
教育・文化	大学・高等学校、図書館、美術館、博物館
土地利用	公園面積、地価動向、空き地、未利用地
その他	歴史、歴史的ストック（資源）、祭り、伝統行事など

なるデータと指標群である。

　人口について若干補足しておこう。人口といえば一般に居住人口（定住人口）を意味するが、人びとの活動という意味ではそれが正確な指標とは必ずしも言えない。例えば、大都市周辺のベッドタウン化した都市では、居住人口は多くても昼間は大都市に勤務に出かけ、実際に都市に滞在する人は少なくなる。職場や学校など、安定して昼間に滞在する人の数を昼間人口というが、都市の活動の実態にはこちらのほうがより近い数値となる。昼間人口は国勢調査の中で都市別に公表されている。この昼間人口と対比する意味で、上の居住人口を夜間人口と呼ぶこともある。もう1つ、交流人口という考え方もある。昼間人口が安定した滞在を前提にしているのに対して、例えば買い物や旅行、会議などのように、臨時に移動する人をとらえたものとしてしばしば強調されるものの、交流人口を正確に測定する手法は確立されておらず、概数が発表される程度である。

1-2　データを比較する

　第二次データを加工して、別の指標を作成するためにはいくつかの方法があるが、基本は何かと比較することである。例えば、「人口推移」というのは、人口を年代順に並べて時間軸で比較するもので、それによって人口が増加しているのか減少しているのかを知ることができる。日本の小売業全体についての商店数や従業者数、年間販売額などの経年的比較は既に第2章で見たが、各都市でもこうした比較は簡単に行うことができる。

　絶対数字を直接比較するのではなく、全体の構成比として比較するほうが有効な場合もある。例えば、高齢化率は、人口を年齢階層別に分割したうえで、高齢者に分類された階層の比率を見たものである。この比率でみる場合、値が絶対数とは異なった方向に現れる場合があることに注意しておこう。例えば、絶対数として高齢者数が減少しても、若年層がそれ以上に減少した場合には、高齢化率は増加する場合がある。もちろん、絶対数と比率のどちらが優れた指標であるかを断定することはできない。必要となる介護施設の数を考えるときには絶対数が必要だし、若年層が高齢者層を支える力を考えるときには比率が有効になるはずである。直面している問題に照らして指標は選ばれるが、比率を指標化するときには、常に絶対数の動向に注意を払っておく必要がある。

　比較をする際にしばしば用いられるのが、母集団を何らかの属性でいくつかのカテゴリーに分類し、そのカテゴリーごとに比較する方法で、通常、クロス分析と呼

図表4-2 商店街の組織形態別店舗数

	合計	29店以下	30〜49店	50〜69店	70〜99店	100店以上	無回答
全体	2,945 (100.0)	980 (33.3)	778 (26.4)	395 (13.4)	263 (8.9)	326 (11.1)	203 (6.9)
商店街振興組合	1,189 (100.0)	266 (22.4)	328 (27.6)	190 (16.0)	139 (11.7)	201 (16.9)	65 (5.5)
事業協同組合	351 (100.0)	104 (29.6)	92 (26.2)	49 (14.0)	31 (8.8)	41 (11.7)	34 (9.7)
任意団体	1,405 (100.0)	601 (42.8)	358 (25.5)	156 (11.1)	93 (6.6)	84 (6.0)	104 (7.4)

資料：『商店街実態調査（平成27年版）』（http://www.chusho.meti.go.jp/shogyo/shogyo/2016/160322shoutengaiB.pdf、15頁。）

ばれている。例えば、全国の都市を総務省の分類に従って、大規模都市（政令指定都市）、中都市①（人口30万人以上の都市）、中規模都市②（人口30万人未満10万人以上の都市）、小都市（人口10万人未満の市）、町村の5つに分類して、それぞれの人口動向や高齢化率の変化を見ることができる。そこに有意差が見えれば、その原因をさらに探る入り口に立つことになる。

　小売業の場合であれば、例えば『商店街実態調査（平成27年版）』の中に、次のような表がある。ただし、ここでは原表を加工して簡略化して表示している。これは、商店街の組織形態別に店舗数規模の分布をみている。いずれも50店舗未満の商店街が多数を占めているが、法人化していない任意団体のほうがより小規模な商店街が多いことがわかる。

　この表の表頭（商店街規模）と表側（組織形態）を入れ替えると、また違った様子が浮かび上がってくる。すなわち、商店街の規模別に法人化している割合を知ることができる。振興組合と協同組合を合わせた法人化率は、29店舗以下の層から順に、38.7％、54.0％、60.5％、64.6％、74.2％となり、商店街規模が大きくなるほど法人化率が高くなっていることがわかる。

　元は同じデータであるが、上の表では組織形態別に比較したのに対して、入れ替えた場合には商店街の規模別に比較したことになる。表頭と表側を入れ替えると、常に意味のある結果が得られるというわけではないが、異なった読み方ができる場合があることに留意しておこう。

1-3 データを加工して指標をつくる

　複数のデータを組み合わせることによって、新しい別の指標をつくることもできる。最も一般的なのは割合をとるもので、1店舗当たりの従業者数、年間販売額、売場面積などはその典型である。これらを経年的に比較することで、小売業の状態を理解する重要な手掛かりとなる。その他、**図表4-1**であげた小売業関係の指標の計算式は、**図表4-3**の通りである。

　そのいくつかについて、もう少し説明しておこう。従業者1人当たりや売場面積当たりの指標は典型的な小売業の生産性を表すものであり、まちづくりに直接関係を持たないようにも見える。しかし、その都市の小売業の経営効率の変化は、まちづくりにとっても決して無関係ではない。例えば、売場面積当たり年間販売額の継続的な低下は、小売店舗が相対的に「過剰」となりつつある可能性を示す1つの指標としてみることはできる。

　小売充足率は居住人口1人当たりの小売業売場面積である。インターネット等による通信販売が無視できた場合には、小売店舗は住民が商品を手に入れるための必須の施設であった。小売機会の提供度を売場面積で代表させ、この値が大きいほど買い物に便利で、この値が小さければ買い物に不便と判断することができた。ただし、例えば東京や大阪などの大都市中心部では、居住人口が少ないため、この値は極めて大きくなる。大型店充足率もよく似た考え方で、大型店が魅力的な商業施設であるとして、その充足度を示すものである。大型店占有率は大型店の中小小売店の共存関係を示す指標となる。

図表4-3 代表的な小売生産性指標

指　標	計算式
1店舗当たり従業者数、年間販売額、売場面積	従業者数（年間販売額、売場面積）÷店舗数
従業者1人当たり年間販売額（売場面積）	年間販売額（売場面積）÷従業者数
売場面積当たり年間販売額	年間販売額÷売場面積
小売（大型店）充足率	小売業（大型店）売場面積÷居住人口
大型店占有率	大型店の売場面積÷小売業の売場面積
顧客流出入比率	小売業の年間販売額シェア÷居住人口のシェア 都市の人口1人当たり小売販売額÷全国の人口1人当たり小売販売額

顧客流出入比率は小売業の近隣都市との競合関係を表す指標として用いられる。流出入比率は通常は「商業人口÷居住人口」と表現されるが、この場合、商業人口とは小売業の販売額が何人の消費購買額に相当するかを示すものであり、「小売販売額÷1人当たり消費購買額」で表される。その1人当たり消費購買額は平均値で推計されるから、「全国（または府県）の小売販売額÷全国（または府県）の居住人口」で示される。この式を変形すると、表に示したように、その都市の「小売販売額シェア÷居住人口シェア」、あるいは「都市の人口1人当たり小売販売額÷全国の人口1人当たり小売販売額」となる。

　流出入比率が1であるのは、その都市の消費購買額と小売販売額が釣り合っている状態で、完全な孤立商圏の場合か、消費購買力の他都市への流出と他都市からの流入が釣り合っている状態を示す。流出よりも流入が大きい時には流出入比率は1より大きくなり、流出のほうが流入よりも大きい場合は1よりも小さくなる。大都市の中心地区は居住人口が少ないのに商業施設が集積しているため、区単位でこの比率を計算すると、非常に大きな値が得られることになる。このように、顧客流出入比率は商業の中心地の度合いを示すことから、「中心地性指数」と呼ばれることもある。

　この場合のシェアは全国に占めるシェアを用いる場合もあれば、都道府県のシェアを用いる場合もある。ただし、都道府県のシェアを見るということは、府県単位

図表4-4 近畿地区府県の流出入比率

都市	小売販売額 (10億円)	居住人口 (千人)	小売販売額/居住人口 (千円)	流出入比率
滋 賀 県	1,267	1,413	897	0.933
京 都 府	2,554	2,610	979	1.019
大 阪 府	8,401	8,839	950	0.989
兵 庫 県	4,957	5,535	896	0.932
奈 良 県	1,066	1,364	782	0.814
和歌山県	865	964	897	0.933
大 阪 市	3,942	2,691	1,465	1.524
北　　区	817	124	6,589	6.856
中 央 区	801	93	8,613	8.963
全　　国	122,177	127,095	961	－

出所：人口は『国勢調査』（平成27年）、小売販売額は『商業統計調査』（平成26年）による。

で流出入比率が1となることを想定することを意味するが、大都市の近辺部ではこの前提はかなり疑わしいといわざるを得ない。実際、近畿地区6県と大阪市および大阪市の中心区である北区と中央区について、小売販売額、居住人口、流出入比率を示すと**図表4-4**のとおりである。

府県の中では唯一京都府が1を超えているが、これは観光客への販売が大きく作用していると思われる。小売業の西日本の中心であり、流出入比率1.52を超える大阪市を持つ大阪府が1を割っているのは、衛星都市の小売業がそれだけ手薄で、大阪市に吸引されていることを意味する。その大阪市でも中心2区の流出入比率が極めて高く、周辺区の多くでは中心部への流出が多くなっていることが窺える。

原データはいずれもe-Statで入手可能[1]なので、読者自身の手で、大阪市の周辺区や自身の都市について計算して欲しい。ここから都市（地域）間の競争関係が読み取れるはずである。

1-4 類似都市と比較する

さて、こうして得られた指標の数値は、それを見ただけで意味がわかるものもあれば、それだけではどう判断していいのかわからない場合もある。例えば、顧客流出入比率が0.8であることがわかれば、小売業の相対的な力は推定できるが、高齢化率が28％であることがわかっても、それをどのように解釈すればいいのかはわからない。これを解釈するための最も一般的な方法は全国の平均値と比較するか、性格の似た類似都市を選定して比較することである。

最もしばしば用いられるのは全国データとの比較であり、それによって全国におけるその都市の相対的な位置づけがわかる。全国の平均値との比較だけではなく、各指標についてのランキングなども公表されている場合がある。これを見れば、その都市がおおよそどんな位置にあるのかがわかるし、全国的な傾向と軌を一にしているのか、それとも独自の方向に進んでいるのかも確認することができる。

しかし、全国のデータは東京や大阪といった巨大都市から、過疎に近い山間部の都市まで、すべてを含んでいる。都市部と山間部とでは直面する問題も大きく異なるはずであるが、それを平均しても具体的な都市のイメージは浮かんでこない。都市はそれぞれもっと個性的な特徴を持っており、それによって、直面する問題も違ってくる。となれば、よく似た都市を選定し、そこと具体的に比較してみることが有効になるはずである。

では、その類似都市とはどのように選定できるのだろうか。いくつかの基準が考

えられる。例えば、都市規模の類似した都市を選択する。先に示した総務省の5分類は1つの基準になるが、焦点を絞ればもっときめの細かな分類の中から類似規模の都市を選択することもできる。例えば、日本経済新聞社のデータベース「日経NEEDS」では人口を5万人未満、5万人〜10万人未満、10万人〜15万人未満、15万人以上に分類している。規模が類似する都市の平均値と比較すれば、全国の都市の平均値と比較するよりも、特徴や違いが一層くっきりするはずである。

規模は重要な基準であるが、都市を特徴づける要因は他にもたくさんある。例えば、都市の立地条件もその1つで、大都市の競合圏内にあるかどうかなどで問題は大きく違ってくる。例えば、松山市（愛媛県）は人口約51万人であり、人口規模が最も近いのは宇都宮市（栃木県）と東大阪市（大阪府）である。3都市の主要な指標は**図表4-5**の通りである。この他にも、各都市の性格を表すと思われる指標を検討し、実際に比較してみるとよい。

あるいは、都市の産業構造や歴史などにも注意を払ったほうがよい時もある。農業中心の都市、漁業が盛んな都市、工業都市、あるいは大企業の企業城下町的な都市では、直面する問題に違いが出てくる。歴史的に見れば、かつての城下町と街道筋に開けた商業都市でも異なるし、観光資源に恵まれた都市とそうでない都市とでも考え方が異なってくるだろう。あるいは、都市の財政規模や財政の健全化率なども注目すべき時もあるだろう。

図表4-5 人口50万人規模3都市の比較

	宇都宮市	東大阪市	松山市
居住人口（2015年）	518,594（人）	502,784	514,865
昼間人口（2010年）	535,317（人）	526,015	524,142
製造品出荷額（10億円）	1,981	1,033	404
製造品粗付加価値（10億円）	607	401	138
小売業販売額（10億円）	606	370	460
流出入比率	1.215	0.766	0.929
観光客（万人）	1,483	630	5,804
都市の性格	商工業都市	中小企業都市	観光温泉文化都市

出所：人口は『国勢調査』平成27年、昼間人口は『国勢調査』平成22年、製造品出荷額・粗付加価値は『工業統計調査』平成27年、小売販売額は『商業統計調査』平成26年による。観光客は栃木県（H28）、松山市（H27）、大阪府（H22）の調査による。ただし、東大阪市の観光客は同市を含む東部大阪地域の数値。

こんなに多くの基準を並べて、そのすべてにおいて類似している都市を見つけることはほとんど不可能に近い。どんな問題についても、いつでも比較できる特定の都市があるとは限らない。その場合には、直面している問題に最も影響があると思われる基準が優先されることになる。観光の問題を考えるときには観光資源や歴史の面での類似性が求められるし、産業振興を考える場合には産業構造の類似性が重視されることになるだろう。

類似都市を選定する基準はこの他にもいろいろ考えられる。高齢化対策を考えるときには高齢化率が重要になるし、児童保育の問題を考えるときには子供の割合が重要になる。何を基準に類似都市を選ぶかは直面している問題によるが、一般的には人口や産業構造、大都市との隣接性などが優先されるものと考えて差し支えないだろう。

類似都市がたくさんある場合には、その平均をとって比較することも有効であろうが、選定基準が多くなり類似都市が数市になる場合には、平均をとることにそれほど意味はなくなり、個別に深く比較することが有効になる。そうなれば、客観的なデータだけでは得られない生の情報も入ってくるかもしれない。いずれにしても、類似都市と各種の指標について比較することによって、自都市の特徴や問題がより明確に浮かび上がってくる。しかし、それはまちづくりを進める上でのスタート台であり、それによって取り組むべき方向が自動的に浮かび上がってくるわけではない。この点については、第3節でもう少し立ち入って考えることにしよう。

1-5　主要なデータソース

さて、こうした第二次データはどのようにして入手できるのだろうか。元となる統計によって異なるが、最も基本的な統計は政府が統計法に基づいて行う基幹統計の中に含まれている。その56の基幹統計を中心に、政府統計の総合窓口であるe-Statには、61の統計が、人口・世帯、商業・サービス業、企業・家計・サービス業、住宅・土地・建設、運輸・観光など、13分野に分けて取りまとめられている。ここにアクセスすることによって、誰でも簡単に国の膨大な統計を利用することができる。

また、2015（平成27）年からは、経済産業省と内閣府地方創生推進事務局が、産業構造や人口動態、人の流れなどの官民のビッグデータを集約して可視化した「地域経済分析システム（Regional Economy Society Analyzing System：RESAS）」を提供している。ここには地図情報やメッシュ情報なども含まれており、

使いこなすことができれば有力な武器となることは間違いない。

しかし、これだけで必要なすべての情報が得られるとは限らない。例えば、1-2節で引用した『商店街実態調査』は、中小企業庁商業課の委託調査であるが、これはe-StatにもRESASにも含まれていない。したがって、直接この統計調査結果にアクセスする必要があるが、幸いなことにインターネットで公開されているので、誰でも自由にアクセスすることができる。このような統計は他にもあるので、都市の分析事例などの中から、データソースを確認するよう心掛けておくとよい。

このほかにも、業界団体が公表しているデータがある。例えば、商業に関連したものでは日本百貨店協会、日本チェーンストア協会、日本ショッピングセンター協会、日本フランチャイズチェーン協会は、それぞれの協会会員の集計情報を定期的に（原則毎月）公表している。コンビニエンスストアのデータは日本フランチャイズチェーン協会のホームページから参照できる。

ただし、これらの統計を利用するときには、統計によって定義が異なることに注意する必要がある。例えば、百貨店について、百貨店協会は、かつての百貨店法（1956年制定、1974年廃止）の定義「物品販売業であって、これを営むための店舗のうちに、同一の店舗で床面積の合計が1,500平方メートル（都の特別区およびその他政令指定都市の区域内では3,000平方メートル）以上のものを含むもの」を会員資格としているのに対して、商業統計では、売場面積基準は同じであるが、日本標準産業分類の百貨店・総合スーパー（561）のうち、セルフサービス方式が売場面積の50％未満の事業所を百貨店としている。そのため、両者はおおよそ一致はするものの、厳密には一致しない。そのため、相互のデータを直接比較したり、接続したりすることはできない。また、業界団体の統計は、協会への加盟企業の統計であるため、非加盟企業のデータが含まれていないことにも注意が必要である。しかし、これらの点に注意しさえすれば、しばしば有益なデータを得ることができる[2]。

2 都市を財政構造から客観的にとらえる

2-1　国税と地方税

まちづくりは官民が共同して取り組む活動であるが、巨額の投資を必要とする場

合にはほぼ間違いなく、国や自治体からの補助金が投入されている。再開発などの大規模な事業だけでなく、商店街の環境整備事業（アーケード、カラー舗装等）にも補助金は支給されている。国の補助金を受ける場合には、自治体にほぼ同額の負担を求めるのが普通で、これを「裏負担」と呼んでいる。近年では、自治体の財政事情が厳しく、この裏負担ができないために国の支援を受けることができないという事態も現れている。その意味では、今後のまちづくりを考える上で、それぞれの自治体の財政状態の概略を知っておくことは重要になる。以下、自治体の財政状態をどのように見ればいいのかを簡単に整理しておこう。

　国にしろ自治体にしろ、その運営は基本的に税金で賄われる。そこでまず、税金の仕組みから見ていこう。税は大きく分けて国税と地方税に分かれ、地方税はさらに都道府県税と市町村税に分かれる。そのそれぞれにおいて、使途を制限しない普通税と、ある特定の目的のために課せられている目的税がある。税の種類は多岐にわたるが、主なものをあげると**図表4-6**の通りである。

　実にさまざまな税金が徴収されていることがわかる[3]。2015（平成27）年度の税金総額は99兆円強であったが、うち国税が60.5%の60兆円弱、地方税が39.9%の39兆円強を占めている[4]。年次によって異なるが、近年ではほぼ国税6対地方税4の割合であるとみてよい。かつてはこの比率は7対3程度であったが、地方分権の流れの中で税源が一部委譲され、ようやくここまで改善された。

　地方税のうち、18兆円強（全体の18.2%）が都道府県税で、21兆円強（21.3%）が市町村税であった。ここでは、まちづくりに関心があるので、市町村の税源別税収割合を見ておこう。

図表4-6 主な国税と地方税

税の種類		具体的な税の例
国税	普通税	所得税、法人税、相続税、贈与税、地価税、消費税、酒税、たばこ税、揮発油税、関税、…
	目的税	電源開発促進税、復興特別所得税
地方税	都道府県税	普通税	府県民税、事業税、地方消費税、不動産取得税、道府県たばこ税、固定資産税（特例分）、…
		目的税	狩猟税、水利地益税、…
	市町村税	普通税	市町村民税、固定資産税、軽自動車税、市町村たばこ税、…
		目的税	入湯税、事業所税、都市計画税、水利地益税、宅地開発税、国民健康保険税、…

出所：総務省HP、「租税体系」による。

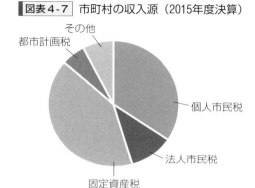

図表4-7　市町村の収入源（2015年度決算）

　これは全国の都市の平均値であり、個別の自治体をとれば多少の変動はあるが、それでもおおよそのところはこのような分布となっているはずである。住民税が個人・法人を合わせて40％強、固定資産税と都市計画税が合わせて約50％程度を占めている。固定資産税が非常に大きな財源であることがわかる。

　固定資産税は地価を反映することから、地価の高いまちの中心部のほうが、郊外地などよりもより多くの税を支払うことになる。都市によって異なるが、ほぼ市内面積の2～5％程度の中心部で支払われる税額が、固定資産税全体の15～20％を占めるとされている。その意味で中心部の役割は大きく、中心部が衰退して地価が下がるとその分固定資産税が減少するが、郊外地の地価はそれを相殺するほどには上がらないことが多い。都市中心部の活性化の必要性が叫ばれる1つの根拠ともされている。これらの事情については、個別の都市で確認してみる必要がある。

2-2　自治体の財政支出と財政構造

　それでは、自治体の支出はどのようになっているのだろうか。2013（平成25）年の市町村の財政支出は約29兆6,000億円であるが、そのうち半分近くの47.8％が義務的経費となっている。義務的経費とは、人件費のほか、生活保護や児童福祉などのために必要な扶養費、借入金の返済に必要な公債費であり、特に事業が行われなくても必要な支出が約半分を占めることになる。残りの半分のうち、全体の15％程度が建設事業や災害復旧事業等、その支出の効果が長期に及ぶ投資的経費とされ、その残りが一般的な事業費となる。

　これで必要な支出を行いながら、収支が均衡できれば問題はないが、自治体間で

収入構造の差は大きく、十分な税収を確保できない自治体が出てくる可能性がある。そのため、本来は地方税的な性格をもつ税を国税としていったん国が徴収したうえで、自治体の財政状況に応じて不足分を国が自治体に交付するという方法がとられる。これが地方交付税である。地域間のアンバランスを是正することによって、どの地域においても一定の行政サービスが受けられることを目的とした制度である。

地方交付税は基準財政需要額から基準財政収入額を差し引いた財源不足額を補填する形で交付される。この場合、標準財政需要額は地方公共団体が標準的な行政サービスを実施するために必要と見込まれる一般財源で、国が定めた基準に基づいて算出される。そのため、実際の支出額や予算額とはリンクしていない。標準財政収入額は標準的税収見込み額の75％とされる。残りの25％分は自治体が国の想定する標準的財政需要額による以外の、独自の行政サービスを行うための財源で、一般に「留保財源」と呼ばれている。

例えば、ある都市の基準財政需要額が100億円であると仮定する。その都市の標準的税収見込み額が120億であるとすれば、その75％、90億円が基準財政収入額となり、10億円の財政不足となる。したがって、国から支給される地方交付税は10億円で、留保財源は税収見込み額の25％、30億円となる。もし税収見込み額が100億円であれば、基準財政収入額は75億円で、交付税は25億円、留保財源も25億円となる。

地方交付税は行政サービスの地域間バランスをとるために導入された制度であるが、財源不足分を国が交付税の形で補填するということは、財源不足が大きければ大きいほど支給される交付税が増えることを意味する。そのことは逆にいえば、例えば財政収入額が増加して財源不足額が減少すると、それに応じて交付金が減額されることを意味している。その結果、自治体に財源不足額を減額しようとするインセンティブが働かなくなるという点がしばしば指摘される。留保財源にはその欠陥を補う意味も込められている。標準的税収見込み額の25％が留保財源として約束されているから、見込み額が増加するとそれだけ留保財源は増加するからである。

もう1つ、自治体の財源を支出の自由度から区分した一般財源と特定財源について触れておこう。一般財源とは、地方税、地方交付金など、使途を特定されない財源であるのに対して、特定財源は国庫支出金、地方債など、使途を特定された財源を指す。特定財源はいわゆる「ひも付き」で、他の目的に使えないから、行政がさまざまなニーズに対応した事業を独自に行うためには、一般財源が確実に確保されていることが大切になる。

2-3　自治体の財政健全度

さて、上のような自治体の財政構造を理解したうえで、自治体財政の健全度を見ることにしよう。財政の健全度を見る最も代表的な指標は財政力指数として知られ、以下の計算式で求められる。

　　　財政力指数 ＝ 標準財政収入額 ÷ 標準財政需要額

先にも見たとおり、財政収入額が財政需要額を下回ると地方交付税が支給されるが、その判断基準のなるのがこの財政力指数で、通常は過去3年間の平均値で示される。この値が1未満であれば地方交付税の支給対象団体となる。都道府県単位でみた財政力指数の分布は**図表4-8**の通りである[5]。

東京都は別枠で集計されているが、都道府県で財政力指数が1を超えているのは東京都だけであり、都道府県の平均は年度によって異なるが、ほぼ0.5程度である。平均すると、自治体の税収は、必要な財政需要の半分程度ということになる。

これを市町村単位で見ると、様子はかなり違ってくる。最も財政力指数が高いのは愛知県飛島村で、全国で唯一2.0を超えている。泊町（北海道）、六ケ所村（青森県）、広野町（福島県）、大熊町（福島県）、東海村（茨城県）、刈羽村（新潟県）、玄海町（佐賀県）など、原子力発電所関連都市の多くは1を超えている。その他、浦安市（千葉県）、豊田市（愛知県）、箱根町（神奈川県）、山中湖町（山梨県）、軽

図表4-8　都道府県の財政力指数（2015～2017年度の平均）

財政力指数	都道府県
B1グループ 0.7以上1.0未満	愛知県、神奈川県、千葉県、埼玉県、大阪府、静岡県
B2グループ 0.5以上0.7未満	茨城県、栃木県、兵庫県、福岡県、群馬県、宮城県、広島県、三重県、京都府、滋賀県、岐阜県、福島県、岡山県
Cグループ 0.4以上0.5未満	長野県、石川県、香川県、富山県、新潟県、山口県、北海道、奈良県、愛媛県
Dグループ 0.3以上0.4未満	熊本県、山梨県、福井県、大分県、山形県、岩手県、青森県、佐賀県、鹿児島県、宮崎県、徳島県、和歌山県、長崎県、沖縄県
Eグループ 0.3未満	秋田県、鳥取県、高知県、島根県
Fグループ（1、0超）	東京都

出所：総務省HPによる。

図表4-9 自治体の財政力指数分布

財政力指数	0.3未満	0.3以上 0.4未満	0.4以上 0.5未満	0.5以上 0.7未満	0.7以上 1.0未満	1.0以上
自治体数	521	237	216	323	379	65

出所：総務省HPより集計。

井沢町（長野県）などの個性的な都市や、東京都の立川市、武蔵野市、三鷹市、府中市、調布市、小金井市、多摩市なども1を超えている。

　いま、2015年における市町村の財政力指数の分布を示すと、**図表4-9**の通りである[6]。

　年による多少の変動はあるものの、財政力指数が1を超える自治体は70程度であり、半数以上の自治体が0.5を下回っている。この指数は総務省のホームページで公開されているので、それぞれの都市について、ぜひ確認して欲しい。

　この財政力指数とよく似た指標でしばしば用いられるのが「自主財源比率」である。自治体の収入は、これまで見てきた地方税の他に、使用料、寄付金、手数料など、自ら調達するものがあり、これらを総称して「自主財源」と呼んでいる。それに対して、国から交付される地方交付税や地方譲与税、国庫支出金など、他の公共団体から受け入れる財源を依存財源と呼び、その合計が財政収入となる。自主財源比率は以下の計算式で求められる。

　　　　自主財源比率 ＝ 自主財源による収入 ÷ 財政収入総額

　この自主財源比率は財政運営の自主性を表す指標である。日本ではかつて「三割自治」という言葉があった。これは自治体が財政面でも権限面でも自立性が弱く、ほぼ3割程度の自主性を持っていないという実態を比喩的に表現した言葉であった。そうした状態の下では、自治体は事業を行うためには国からの交付金等に依存せざるを得ず、そのために行う陳情が国の権限をさらに強めるという方向に作用していた。2002（平成14）年以降に進められた地方分権化の流れの中で、財政面でも多少の改善がなされてきたが、最も重要な改革であった税源移譲はあまり進まず、多くの地方都市では自主財源比率は50％強程度となっている。2012（平成24）年度の都道府県の自主財源比率は**図表4-10**の通りである。これを上の財政力指数と比較すれば、東京都が突出して高いことも含め、両者の相関度はかなり高いことがわかるだろう。

図表4-10 都道府県の自主財源比率（2012年）

全国平均：54.39%

自主財源比率	都　道　府　県
80%以上	東京都
60%以上70%未満	愛知県、神奈川県、千葉県、大阪府、埼玉県、静岡県、
50%以上60%未満	栃木県、兵庫県、茨城県、京都府、滋賀県、福岡県、岐阜県、香川県、三重県
40%以上50%未満	広島県、岡山県、富山県、長野県、新潟県、山口県、山梨県、福井県、石川県、愛媛県、徳島県、福島県、奈良県、山形県、北海道、和歌山県、秋田県、佐賀県、熊本県
30%以上40%未満	大分県、宮崎県、宮城県、青森県、長崎県、鳥取県、岩手県、沖縄県、島根県、鹿児島県、高知県

出所：「都道府県別統計とランキングで見る県民性」による[7]。

　自治体財政に特に注目が集まったのは2007（平成19）年に北海道夕張市が財政再建団体に転落し、実質的に破綻してからである。それを受けて、自治体財政の正確な実態把握および早期の問題発見と健全化を促すため、同年に「地方公共団体の財政の健全化に関する法律」が公布され、翌2008（平成20）年から施行された。それに基づいて、健全化判断比率（実質赤字比率、連結実質赤字比率、実質公債費比率（3ヵ年平均）、将来負担比率）と資金不足比率の公表が義務づけられると共に、情報開示の徹底と基準以上となった自治体に財政健全化計画の作成を義務づけるものとなっている。やや専門的となるのでここでは詳述しないが、その詳細は財務省のホームページで確認できるし、自治体のデータは自治体のホームページで確認して欲しい。

3　都市の目指すべき方向を考える

3-1　SWOT分析

　都市の客観的なデータを確認し、自治体の財政状態も確認できたとして、それで都市が目指すべき方向が自動的に見えてくるわけではない。客観的なデータや財政状態は、目指すべき方向の制約条件とはなるが、それだけでは方向は定まらない。それを決めるのは、まちづくりに取り組もうとするその都市の人びとである。

では、どのようにしてその方向を決めればよいのだろうか。これにも決定的な方法があるわけではないが、ここではその最も有力な方法としてSWOT分析を紹介しておこう。　SWOT分析とは、この分析の中心となる4つのキーワード、強み（Strengths）、弱み（Weaknesses）、機会（Opportunities）、脅威（Threats-Threats）の頭文字をとったもので、もともとは経営学的分野において企業の戦略立案を行う際で使われてきた手法であるが、そのまま都市の活性化のための診断にも応用できる。都市の取り巻く環境とその変化の方向を分析し、それに都市の現状を照らし合わせながら、今後の方向を導き出そうとするものである。

　SWOT分析は、都市の外的環境を機会と脅威に分類することから始まる。外部環境要因として、その都市が目的を達成するうえで影響を受ける可能性のあるマクロ的な要因とミクロ的な要因がある。マクロ的要因は、経済成長度や人口動態、社会情勢や技術、法的規制など日本の国全体の動向が、そしてミクロ的要因は例えば産業などの市場規模・成長性、都市への訪問客の価値観、サービスの傾向、競合都市など、その都市に固有の事情が該当する。

　本章の第1節で取り上げたデータはほとんどこうした外部要因の分析のために必要な基礎的データである。その中には、今の都市にとっては逆風となりそうなものもあれば、順風となりそうなものもある。前者が脅威で後者が機会である。まず、これらを冷静に分析することから始まる。

　外部環境を整理したうえで、その都市の内部要因を、強みと弱みに分けて確認・評価する。内部要因とは、その都市の有形・無形の資源、例えば伝統・文化、交通体系、広報宣伝力、技術力、ブランド、行政の財務状況、人材、意思決定力などで、前節の財政分析もそれにあたるが、第5章で見るまち（都市）の資源の多くもこれに該当する。変化する外部要因への適応に積極的に貢献できるのが強みであり、むしろマイナスに作用するのが弱みである。ここでも思いつきや思い込みによることなく、できるだけ客観的なデータに基づいて冷静に判断する必要がある。

　これをさらに進めてクロスSWOT分析を行うと、進むべき方向はより明確に導き出すことができる。クロスSWOT分析とは、**図表4-11**に示す通り、4つの要因をクロスさせることによって、具体的な方向を探ろうとするものである。

図表4-11 都市のクロスSWOT分析

	機 会	脅 威
強み	強みを生かして、機会をつかむための方法は？	強みを生かして、脅威を機会に変える方法は？
弱み	弱みをカバーして、強みに変える方法は？	弱みからの最悪のシナリオを避けるための方法は？

　ここまでくれば、都市の目指す方向もかなり明確にすることができるはずである。

　ただ、注意したいのは、SWOT分析においては、その外的環境（機会と脅威）、内部要因（強みと弱み）を分析する際に、特に統一的な基準があるわけではないという点である。恣意的にならないために、できるだけ多面的にデータを収集する必要はあるが、あまりにも範囲を広げ過ぎると焦点が定まらなくなってしまうおそれもある。それを回避するためには、いま問題にしようとしている課題を明確にしておくことが大切である。

　4つの要因を抽出し、クロスするにあたって、思い込みを避けるためにはできるだけ多方面から都市を観察し、分析する必要がある。そのため、SWOT分析はワークショップ形式で行われることが多い。計画づくりを行政やコンサルタントに任せるのではなく、参加者が主体的に議論し、計画づくりに参画していくという姿勢も盛り込まれていることになる。これは、まちづくりにおいて、極めて重要な視点となる。

3-2　事業におけるリスク管理

　第2節では自治体の財政状態の確認方法を見た。特にまちづくりに多額の投資が必要な場合、自治体にどれだけの財政的余力があるかを見極めることは重要だからである。しかし、それと同じほど重要なのは、各事業のリスクである。投資額が小さい場合には、リスクはそれほど意識されないが、投資額が大きくなればなるほど、慎重な判断が求められるようになる。そのこと自身は、自治体が関連する事業であろうと、民間の事業であろうと変わりはない。投資額は現在の時点で確定するが、その回収に必要な収益は将来の不確実性の中にある。事業が当初のもくろみ通りの成果をあげ、回収資金を確保できればよいが、それが滞るようになると、最悪の場合には事業主体の破綻にまで至ることになる。

　そうならないためには、事前に慎重な計画を立てておく必要がある。大きなハード事業となれば、回収期間は30年にも上ることがある。かつての高度成長期には、

将来の成長の中で事業費の回収を期待できたが、今では状況が大きく変わっている。もはや長期にわたる成長を見込むことはできなくなったし、社会変化も加速化して予測そのものが困難となりつつある。回収期間が長くなればなるほど、事業のリスクは大きくなる。

　こうした状況の下では、事業内容を精査し、初期投資額を抑制することが大切であるが、同時に事業手法そのものを見直して、一気に大規模な開発事業を行うよりも、小規模な事業に分解して連鎖的に事業を展開することによって、初期投資額を弾力化する工夫も必要となるかもしれない。そうすることによって、リスクの総額を抑制することができる。

　ただし、ここで事業のリスクと事業者のリスクは同じではないことに注意しておこう。例えば、大規模な商業施設を開発した場合、開発事業者はその施設を第三者に販売することによって資金を回収し、リスクから解放される。施設を購入する第三者は、その施設で営業する商業者であるかもしれないし、外国企業を含む投資ファンド等であるかもしれない。開発業者がリスクから解放されたといっても、リスクはこの第三者に移転されただけで、その施設が集客力を維持し続けなければ、施設の購入者が損失を負担しなければならない事態は起こり得る。しかも、まちづくりの観点からいえば、それが不採算施設となって空き店舗が増加したり、閉鎖されるようなことがあれば、商業の配置そのものが大きく変化するばかりではなく、施設そのものが不良資産となり、負の資産となる可能性もある。その意味で、事業に関連するリスクは、開発事業者のリスク問題ではなく、事業そのもののリスクとしてとらえなければならないことを確認しておこう。

3-3　先進事例にどう学ぶか

　都市の進むべき方向を考えるにあたって、しばしば参照されるのが先進事例である。新たな取り組みをして成功した都市を観察し、その中から成功の秘訣を導こうというのである。国も先進事例の水平展開の重要性を強調し、成功事例集を編集して啓発に取り組むことがしばしばある。

　確かに、成功事例から学べることは多い。今まで取り組まれたことのない事業に取り組んで成功する。その背後には、事業手法に始まって制度の利用や、事業実施上のちょっとした工夫のなど、多くの新しい試みが盛り込まれているのが普通である。最初に取り組んだ都市ではその開発に苦労も多いが、いったんそれがわかってしまえば、それを模倣することは最初の開発よりもずっと容易であるはずである。

しかし、実際には成功事例に学ぶことはそれほど容易なことではない。水平展開の重要性が強調される割には、それが成功した事例は少ない。なぜなのだろうか。

　理由は大きく言って2つある。第1に、都市の事情が先進都市と自都市ではかなり違う場合が多いという点である。都市が抱えている問題はよく似ているのか。あるいは都市の規模や性格は似ているのか。都市の財政的な体力は似ているのか。それらを無視して、事業手法だけを取り出して移植しようとしてもほとんど無理であるに違いない。というよりも、都市の実情に合わない事業となりかねず、十分な成果をあげられないことも少なくない。第1節で類似都市の考え方を示したが、それ以上に直面している課題やそれに立ち向かおうとする行政、民間団体、市民のかかわり方などの面での類似性に注意を払う必要がある。

　第2は先進地から何を学ぼうとするかにかかわる。先進事例集は多くの場合、ごく簡単に要点だけが取りまとめられており、具体的な経緯や詳細な工夫はそこからは読み取れないことが多い。基本はもちろん大切であるが、事業は基本だけでは成功しない。成功するためには細部にわたる計画づくりや実行段階での心配りが欠かせない。先進地へ行ってヒアリングをすれば、その点はかなりの程度まで補うことはできるが、事業進行の経緯や細部にわたる工夫を引き出すことはかなり難しい。その細部を自分たちの都市の事情に合わせて理解して組み立てなければ、単なる「真似事」になってしまいかねない。

　それでも、成功事例から学べることは多いはずである。大切なことは、事業手法を簡単に移植しようとしてもほとんど意味がないという点である。仮に新たな事業手法が発見できたとしても、それが今直面している問題に適用できるのか、この都市でそれを実行していくだけの体力はあるのかといった問題が、丁寧に検証されなければならない。その意味で、本章で見てきた都市の客観的なデータに基づく分析は、先進事例に学ぶ際にも決定的に重要になる。

　そのうえで、先進都市の事例はできるだけ細かく観察し、それを自都市の問題に当てはめながら、どのようにすれば自都市のどの問題を解決するのに役立つか、あるいは自都市での事業を展開するうえでの事業の組み立て方に役立てることができるかを考える必要がある。先進都市を観察すれば解決策が見出せるわけではない。先進事例は、自都市を分析する場合の1つの視点ないしヒントと位置づけておくことが大切である。

（石原武政、足立基浩）

注

1　E-Statの「分類別一覧」はhttp://www.stat.go.jp/data/guide/1.htm。
2　足立基浩『シャッター通り再生計画』ミネルヴァ書房、2009年は、こうした客観的データに基づく都市の分析（Survey）と、次節で述べる都市の財政上のリスク管理（Security）、次章で述べる愛着等の非経済的価値（Sentimental Value）を、「3つのS」として、都市を分析する際の基本的視点として整理している。
3　以下、税の内訳については、総務省『地方税制白書　平成25年度決算』2015年による。http://www.soumu.go.jp/menu_seisaku/hakusyo/chihou/27data/2015data/27czb01-03.html
4　総務省　HP、http://www.soumu.go.jp/main_content/000415647.pdf。
5　総務省　HP、http://www.soumu.go.jp/main_content/000479710.pdf#page=1。
6　総務省　HP、http://www.soumu.go.jp/iken/zaisei/H27_chiho.html。
7　http://todo-ran.com/t/kiji/18660。

第 5 章

まちの資源を確認する

1 まちの資源を見つめ直す

1-1　まちの資源の価値

　まちづくりに取り組むためには、まちの客観的な現実を冷静な目で見つめることから始めなければならない。しかし、客観的なデータですべてがとらえられるわけでなければ、それによってまちの今後の方向が自動的に浮き上がってくるわけでもない。本章では、データでは十分にとらえることのできないまちの姿をそのまちの資源と考えることにしよう。

　ここでいう資源には、そのまちがもつ歴史的景観や、伝統的な建造物に加え、一般インフラである道路や公園などさまざまなものが含まれる。また、無形のもの、例えば、お祭りや文化などもこの資源としてとらえることができる。まちづくりは「面」と直接的につながっているが、こうした資源の面的な広がりを活用してさまざまな取り組みが可能となる。

　資源はそのまちにおける先人たちの時間をかけた取り組みの堆積である。その意味では、前章のデータ分析がまちの現時点における横断面であるのに対して、本章は歴史的な時間の流れを現時点において確認することだということもできる。

　都市の資源は歴史の積み重ねの中で形成されてきたものである。何世代にもわたるその都市の人びとの営みが凝縮され、形となって現在の私たちに何かを語りかけてくる。しかし、その歴史の堆積としての資源は、現状において十分に利用されているとは限らない。ここでは現状で利用されている価値を「利用価値」、利用されていない価値を「非利用価値」と呼ぶことにしよう。利用価値は市場で評価される

経済価値であるのに対して、非利用価値はそれを評価する市場が現時点では存在せず、したがってその価値を現在の価格で把握することはできない。

　こうした経済的な評価価値に対して、非経済的な評価価値がある。長年の親しみが生み出す土地や建物などに対する愛着やまちのシンボルへの思い入れなどがそれで、それらは「情緒的価値」と呼ばれる。情緒的価値には個人が私的に感じる価値もあれば、そのまちの人びとの多くが共通して感じる価値もある。例えば、歴史的建造物がまちの文化財として、公的に保存・維持・管理されることがあるが、それはそのまちの人びとがその建造物に対してほぼ共通して情緒的価値を抱いていることの反映である。あるいは、城壁や神社仏閣の改修工事などに際して、多くの市民や企業から寄付が寄せられるのも、それらに対して多くの人が情緒的価値を見出しているからに他ならない。

　情緒的価値は、このように積極的な価値として働く場合もあるが、逆に積極的な利用の障害となる場合もある。例えば、耕作放棄地となっていながら、先祖代々の土地という理由から土地を手放せない農家や、中心商店街の中にある空き店舗を長年にわたって商売を続けたという思い出のために売却したり、賃貸に出すことをためらう商店主は、そこに情緒的価値を見出していると考えることができる。

　まちづくりの観点からすれば、現在利用されている資源をいっそう活用して、人びとの情緒的価値にまで高めること、非利用資源の利用を図ること、積極的な利用につながっていない情緒的価値の活用の道を探ることなどが課題となってくる。

1-2　ハードな資源

　先にも指摘したように、都市の資源は歴史の積み重ねの中で形成されてくるものである。都市の中心部こそは、その都市の中でも歴史的な営みが最も長く、最も分厚く重ねられていることが多い。それだけに、他のエリアに比べて豊かな資源を持っている。これらのまちでは、その資源をいかに活用していくかが課題となる。

　歴史の積み重ねを最も典型的に表現するのは建築物であろう。数百年も前に建てられた巨大な神社仏閣は、長い間そのまちの人びとの信仰の場であり、精神的なよりどころとなってきた。城下町であれば、天守閣や城壁はそのまちの人びとの誇りであり、人びとのまとまりのシンボルともなった。これらは観光の拠点となることも多く、まちづくりに際しては無視することのできない貴重な資源となる。

　資源となる建築物は、そうした巨大な単体の建築物であるとは限らない。例えば、城下町に残る武家屋敷や街道筋に連続して残る商家などは、今もそのまちの昔を偲

ばせるたたずまいとなっている。単体では大きなインパクトはなくても、それが連担することによって独特の雰囲気のある街並みが形成される。特に外部からその街を訪れる人びとには安らぎを与えることも多い。

　こうした歴史のある建造物をどのように評価するかは難しい問題を含んでいる。かつての高度経済成長期においては、古い建物や街並みをほとんど評価しない開発がすすめられ、多くの歴史的建物や文化的景観が失われた。これらは一度失うと二度と取り戻すことができないという意味で、非可逆的である。その多くを失った反省から、1975年に文化財保護法と建築基準法が改正され、「伝統的建造物群保存地区」制度が設立された。1976年に最初の7件が指定されたが、2017（平成29）年2月現在、94市町村の114地区が選定されるまでに定着してきた。

　このことからも窺えるように、歴史的建造物に価値を認めるかどうかは人により、時代によって判断が分かれてくる。それでも、特に学術的価値や文化的価値が高いと評価された建造物は、上のような国の法律によって保護されるが、そうでなければその判断は所有者に委ねられることが多い。しかし、それらの多くは施設の老朽化が進む一方で、今日的な基準からすれば使い勝手の悪いことも多く、それを維持することは所有者に多大の負担を強いることがしばしばある。それを放置すれば歴史的建造物の解体につながるため、それを未然に防ぐべく、自治体や企業、その他の各種団体などがその保存活用の支援に乗り出す事例も少なくない[1]。

　歴史的建造物は建造物自身に価値があるだけではない。長い歴史の営みの中で、それらは周りの自然環境とも調和して、独特の景観を作り出すことが多い。経済成長を優先した高度成長期には多くの景観もまた破壊され、地方都市の個性が失われていった。これに対する反省の下、景観保護に本格的な取り組みが行われるようになるのはようやく2003（平成15）年の「美しい国づくり大綱」からであり、それを受けて2004（平成16）年に景観法が成立した（施行は2005年6月）。2016（平成28）年3月現在で、同法に基づく景観行政団体（自治体）は673団体で、景観計画は523都市で認定されている[2]。

　まちの景観は建造物と自然の調和によってのみ形成されるのではない。むしろ、それに悪影響を及ぼす要因としてしばしば指摘されるのが広告物と電柱である。景観法の景観行政団体となることで「屋外広告法」に基づく屋外広告物の規制も可能になるが、2015年9月現在で68団体がこの条例を制定している。

　国土交通省によれば、無電柱化はロンドン、パリ、香港ではすでに100％と、都市から電柱が完全に撤去され、シンガポールや台北でも90％を超えているのに

対して、2013年時点で東京は7％、大阪は5％と、日本の都市では大きく後れており、その取り組みはようやく始まったばかりという現状である。

さらに、2008（平成20）年には「地域における歴史的風致の維持及び向上に関する法律（歴史まちづくり法）」が制定され、2017（平成29）年3月末現在、金沢市、高山市、彦根市、萩市をはじめ62都市で「歴史的風致維持向上計画」が認定されている。その他、岡山県倉敷市では古い街並みの残る一帯を「美観地区」として保存し、育てていこうとしているし、福岡県門司市では官民が一体となって「門司レトロ倶楽部」を結成して昭和の街並みを生かしたまちづくりに取り組むなど、各地で独自の取り組みも多く行われるようになっている。

1-3　ソフトな資源

建築物やそれらによって形成される景観は、具体的な姿・形があり、目に見えるため、資源として意識しやすいが、まちの資源はこうした有形のものに限られるわけではない。先人の営みの蓄積という点からすれば、祭りや伝統行事に代表される地域の文化もまた重要な資源であると考えられる。

京都市の祇園祭り、大阪市の天神祭り、東京都の神田祭りは日本三大祭りとされることが多いが、その他にも全国各地に伝統的な祭りは多くある。祭りのルーツはいうまでもなく地元の神社にまつわる神事である。仏教に由来する盆踊りでも、秋田県の西馬音内(にしもない)盆踊り、岐阜県の郡上(ぐじょう)踊り、徳島県の阿波踊りが日本三大盆踊りとされるが、盆踊りもまた全国各地にたくさん残っている。

祭りにしろ、盆踊りにしろ、元々は人びとの豊かな宗教心の中から生まれ、引き継がれてきたものである。毎年、決まった時期に開催されるものもあれば、数年に1度の間隔で開催されるものもある。特に戦後、宗教心が稀薄化する中でも、これらの祭りや踊りは、神事や仏事としての形を維持しつつ、今日まで世代を超えて伝えられてきた。それはまちの人びとのまとまりのシンボルであり、世代を超えた交流の場であった。祭りや盆踊りの準備に始まり本番、反省会、次年度の準備を含めると、年間のほとんどの時期がそれを中心に回っているというまちも少なくない。

これらの祭りや踊りを支えてきたのは町衆(まちしゅう)と呼ばれる地域の人びとであり、その中心にいたのはまちの裕福な商工業者であった。今日では全国に事業展開する企業が多くなり、地元に根を張った商工業者の数は圧倒的に減少し、町衆のイメージも大きく変わってきた。それでも、地元の企業などに支えられて継続してきたし、全国的企業もこれらの大きなイベントには特別の協力をして地元に溶け込もうとして

いる。

　まちの資源は、こうした何百年も継続するイベントに限られるわけではない。こうした資源が先人の営みの堆積であるとすれば、現在の私たちの活動もまた将来に向けての資源形成の一翼を担っているともいえる。その意味では、もっと新しい時代の変化の中で生まれるイベントもまた資源としてとらえることができる。それらはほとんど宗教色を持たない、純粋なイベントとして展開されるようである。

　例えば、長野県飯田市で1979（昭和54）年から毎年開催されている「いいだ人形劇フェスタ」は、すでに40年近い歴史をもつ国内最大級の人形劇フェスタとして定着している。人形浄瑠璃は江戸時代に伝わって以来、飯田市の伝統芸能として定着してきた。当初は飯田市主催の「人形劇カーニバル」として開催されたが、1998（平成10）年の第20回をもって打ち切られることとなり、それを惜しむ市民や地元企業などが中心となって「いいだ人形劇フェスタ実行委員会」を組織し、このイベントを引き継いだ[3]。

　また、兵庫県明石市では３月に、春の名物として知られるイカナゴのシンコ漁の解禁に合わせたイベントが、「春旬祭（しゅんしゅんさい）」と銘打って開催されている。シンコは「新子」で、生後数ヵ月、体長３〜４cmの当歳魚で、この時期には数えきれないほどの漁船が狭い明石海峡を埋め尽くし、この地域の風物詩として知られていた。早朝から水揚げされたシンコは「くぎ煮」にして、広く全国に出荷されている。それを地域の資源として、さらに盛り上げようと、2003年に始まったのが春旬祭である。明石市は瀬戸内海に面した温暖な気候と鯛や蛸をはじめとする豊富な海産物で知られるまちであり、「魚を楽しむまち明石」をキャッチコピーとしているが、その明石の春を告げるイベントとして、同市の中心商店街である「魚（うお）の棚商店街」「明石銀座商店街」をはじめとする駅周辺の中心部で、イカナゴを中心に、さまざまな食イベントが繰り広げられる。回を重ねる中で市民にも定着すると共に、多くの観光客を引き付けることになり、今や同市のなくてはならない地域イベントとして定着している。

　2009（平成21）年に大分県別府市で始まった市民主導の国際芸術祭「別府現代芸術フェスティバル『混浴温泉世界』」は「いたるところに不思議が顔をのぞかせる魔術的な港町」をうたい文句に、２ヵ月前後の期間にわたって開催されている。また2010（平成22）年に第１回が開催された「瀬戸内国際芸術祭」は、春、夏、秋と会期を３回に分けながら、あわせて100日強もの期間、瀬戸内の島々を現代アートで結びつけている。いずれもトリエンナーレ形式で３年に一度の開催である

が、すでに3回の実績を通して地元に定着したイベントとなっている。

　これらはいずれも地域の歴史や自然・地理的な特性を生かした新たな取り組みであり、地元への定着も早いが、中にはそれらにこだわらない新たな取り組みも始まっている。ローカルフェスと呼ばれる野外音楽フェスティバルはその典型といえるだろう。日本では1969（昭和44）年に岐阜県で開催された「中津川フォークジャンボリー」が最初とされ、以後、岐阜県や長野県の山間部で開催されることが多かったようだが、近年では全国に拡がり、冬場を除けばほとんど毎週、全国の複数のまちで開催されている。中には30万人近くの若者を集めるフェスもあり、その経済効果も大きくなっている[4]。

　近年、各地で展開されるようになった食べ歩きイベント「バル」（第8章参照）の場合も、その実施内容に地域の特性は出るものの、イベント自身としては地域特性があるわけではない。それでも、繰り返し行われる中で定着し、まちの人びとに受け入れられるようになっている。その意味では、ローカルフェスの場合も、そこに集まるのは必ずしも地元の若者であるとは限らないが、それでもそれらが定着する中で地元の人びとに広く受け入れられるようになれば、情緒的価値として受け入れられる日が来るかもしれない。これらも将来の資源形成につながる活動ととらえることもできる。

1-4　資源の再発見 ── 暗黙の価値 ──

　資源がそのまちの歴史の堆積で、多くの人びとに情緒的価値として受け入れられているのだとすれば、それは誰の目にも明らかであるように見える。しかし、実際はそうではない。風光明媚な景観は外部からの訪問者にとっては感嘆すべき景色であっても、そこに住む人びとにとっては日常的に見慣れた光景の1つに過ぎない。城や神社仏閣にしても、敬虔な信仰心のある人でもなければ、日常的にそれを意識することはほとんどないだろう。高度成長期に多くの景観や歴史的建物が失われ、事後になって取り返しがつかないことに気づいたのは、情緒的価値は多くの人びとに意識されるのでなければ、価値としての力を発揮できないことを意味している。

　それでも、巨大な建築物は確実に人びとの目に入り、意識の中に位置づけられている。しかし、地域の風土や慣習のようなものとなれば、もっと見えにくく、人びとの意識の中に定着していないかもしれない。それでも、それがそのまちの特徴を表現する場合がある。

　例えば、和歌山県田辺市では2009（平成21）年にまち歩きマップ事業に取り

組んだ。地元の人たちが実際にまちの中を歩きながら、まちの個性を表現できるマップを作ろうというのであった。その指導のために外部から田辺を訪れた講師は、田辺のまちには他の都市に比べて和菓子店が多いことに気づいた。それは田辺の人びとにとっては見慣れた当たり前の光景であったが、外からの目で指摘されて初めて「そうだったんだ」と思い直した。田辺の特産、夏みかんと和菓子を組み合わせて作成されたのが「甘☆夏map2009」であった。地元の人びとが気づかなかった個性が外部の目から発掘され、磨き上げられて、まちの資源としての位置づけを得たといってもよい。田辺市ではその後も、同マップの2010年版、2011年版を作成するほか、美味しい麺類を提供する店舗を紹介する「イケ☆メンmap」（2010年、2014年、2015年）を作成するなど、新たな資源の発掘に取り組んでいる[5]。

　この田辺市の事例が示すように、資源はまちの人びとの意識や行動から独立して、客観的に存在するものとは限らない。資源としての可能性を秘めながら、ほとんど気づかれることなく見過ごされてきた価値があるかもしれない。それを丁寧に探し出し、まちの人びとが共有し、磨き上げ、そしてそれを外に向かって発信していく。それは第11章でみる観光のまちづくりにも通じる進め方である。

2 負の資源とその活用

2-1　商業地の空き店舗

　以上、建築物、街並み、景観、祭り、イベントなど、優良な資源について考えてきた。しかし、資源が歴史的な堆積であるとすれば、ネガティブなイメージのある資源も存在する。商業との関連でいえば、商店街の空き店舗などはその典型であるとみなされる。1990年代初頭の規制緩和以降、商店街の空き店舗は急速に増加し、「シャッター通り商店街」などと揶揄されることもある。以下、この空き店舗問題について考えていくことにしよう。

　『商店街実態調査報告書（平成27年度）』によると、2006（平成18）年に8.98％であった商店街の空き店舗率は、2009（平成21）年には10.82％と初めて２桁台に達し、その後も2012（平成24）年には14.62％、2015（平成27）年には13.17％と高水準を維持したままとなっている。空き店舗のない商店街は20.4％に過ぎず、「空き店舗率が１％から10％」が全体の約31.8％、「11から

20％」が18.8％で、20％超が19.7％であった。経験則で、空き店舗率が10％を超えると商店街の衰退感が強まるといわれるだけに、事態の深刻さが窺える。しかも、今後、空き店舗の動向について、「増加する」とする商店街が42.6％であるのに対し、「減少する」商店街は11.6％に過ぎない。

空き店舗が埋まらない理由としては、貸し手側の要因として、「所有者に貸す意思がない」（39.0％）、「店舗の老朽化」（34.6％）、「家賃の折り合いがつかない」（29.2％）があげられ、また、借り手側の要因として、「家賃の折り合いがつかない」（33.8％）、「商店街に活気・魅力がない」（33.6％）、「店舗の老朽化」（26.9％）があげられている。

同様に、日本商工会議所が全国の商工会議所地区の中心市街地を対象に2015（平成27）年に実施した全国調査では、約85％の回答者が中心市街地の空き店舗が「問題である」と回答している[6]。都市の人口規模別にみると、「空き店舗が問題である」と回答したのは20万人以上の都市では約80％だったのに対し、人口が5万人未満の都市では約90％に達している。都市規模と関係なく、ほとんどの都市で中心市街地における空き店舗が問題となっていることがわかるが、問題は地方都市でより深刻になっている。

さらに、日本商工会議所は、空き店舗の利活用が進まない理由として、「土地権利調整の煩雑さ、土地所有者の不在・不明等」「土地建物の取得額・賃料、固定資産税、解体・改修費用等」「中心市街地のニーズの低下、利活用希望者とのミスマッチ等」をあげ、その対策として、「税制によるコントロール」「建物等の解体・改修費用への支援」等を紹介している。

空き店舗の発生理由、あるいはそれが解消されない理由はそれほど簡単ではない。しかし、上の調査で地権者（土地・建物の所有者）に貸す意思がなかったり、権利関係の複雑さや地権者の不在・不明などが上位を占めていることからもわかるように、貸す側の非経済的理由も大きな要因を占めている。中には将来の利用可能性を見越しているものがあるとしても、典型的には「親の代から引き継いだ財産」に対する情緒的価値が負の方向に作用したものと考えることもできる。

空き店舗が発生する理由はさまざまである。個別的にみれば、経営者の高齢化や後継者難があげられるかもしれない。しかし、ある経営者が退店しても、その後に新たな出店があれば空き店舗は発生しないし、実際、商店街はそうして新陳代謝を繰り返しながら新たな環境に適応してきたはずである。こうしたややマクロ的視点からすれば、空き店舗が発生するのは、地域の供給構造と需要構造との間にギャッ

プが生じているからだということになる。例えば、大型店の出店などによって地域の供給構造は大きく変わるし、人口や消費構造の変化によって需要構造も変わる。その結果、供給過剰となった業種や業態では退店が発生し、その補充も容易には進まなくなる。

　この問題を解決するためには、地域の供給構造と需要構造を分析したうえで、供給構造を需要構造に合わせて組み替える作業が必要になる。しかし、ショッピングセンターのような計画的に設計された商業集積では当たり前のこの手法は、資源が別々に所有され、経営も個別に行われる商店街では極めて困難な手法でもある。それでも、その困難な課題に挑戦してきたのが、大分市のテナントミックス事業である。

　大分市では、まちづくり会社「大分まちなか倶楽部」が中心となって、2008（平成20）年10月に「まちなか出店サポートセンター」を設置した。その後、2015（平成27）年3月までの間で出店に関する相談を1,451件受け、その中で164店が開業することとなった。対象地域内の商業団体に加入する店は614店あり、この間に新陳代謝した店の割合は26.7％に上る。注目に値するのは、その間に商店街の店舗構成が大きく変化したことである。すなわち、2008（平成20）年は物販店が42％を占めていたが、2015（平成27）年には33％に減少したのに対して、飲食店は22％から28％へ、サービス店は28％から29％へと増加している。供給過剰となった物販店の出店を抑制し、供給不足とみられる飲食店を積極的に導入してきた結果である。空き店舗率は8％から10％へと上昇しているが、これは、こうした構造変化の中での一コマと考えることができる。

　いずれにしても、商店街の空き店舗は店舗が活用されないまま相当長期にわたって維持されるという意味で、負の要因として理解されることが多い。空き店舗の恒常化は商店街全体の賑わい感を阻害することは確かであるが、しかし上のような問題点が解決されさえすれば、新たな利活用の方法が生まれてくる可能性はある。その意味では、風俗営業店など、商店街に似つかわしくない業種が進出するよりもまだ救いがあるといえなくもない。新たな利活用の方法を見出すことができれば、それまで「負の資源」と思われていたものが実は「正の資源」に変わることにもなる。そうした流れからいえば、現在の空き店舗は「将来の最適利用」のための、懐妊期間的状態と位置づけることもできるはずである。しかし、そのためには実際に空き店舗をどのように利用するかについて、地元での徹底した研究と取り組みが必要になる。以下では、そうした困難に挑戦した事例を見てみよう。

2-2　リノベーションによる空き店舗の活用

　空き店舗の借り手が見つからず、そのまま長期間、放置されると、建物本体の傷みが進んでいく。そうなれば、空き店舗はますます負の資源とみなされるようになる。負の資源となった空き店舗は、解体して更地にする、駐車場として利用する、新しい店舗を建築する、隣地と統合してミニ再開発するといった手法が考えられがちであった。しかし、更地や駐車場では商店街の店舗密度が低下するし、新店舗の建築やミニ再開発には多額の費用が必要となる。

　何より、築後相当の年数を経過したとはいえ、まだ利用できる店舗を解体するのは、経済的にも合理的だとはいえない。第1章でも指摘したように、人口減少と高齢化が進み、社会資本を含むハード施設への投資に限界が予想される中で、既存の地域の資源を可能な限り有効に活用しようという取り組みが始まる。それがリノベーション（店舗改修）である。

　空き店舗となった店舗をそのままの状態で新たに利用しようとしても、利用者は容易には見つからない。空き店舗を活用しながら、地域のニーズに向き合う人材を見つけ、それにふさわしい店舗となるよう改装することによって、空き店舗を解体せずに生かして活用しようというのがリノベーションである。店舗（物件）と新たな事業者（人材）と地域ニーズを結びつけることができれば、空き店舗を正の資源として活用することができる。これがリノベーションの基本的な考え方である。

　もともと、リノベーションは商店街の中で経営者が交替する際には必ず行われてきたのであり、それがうまくいかないからこそ空き店舗として残ることになったはずである。なぜうまくいかなかったのか。物件と人材とニーズの結びつけを、従来は完全に地権者に委ねてきたからであるとして、それを専門的なチームを編成することによって解決しようというのが「現代版家守制度」である。特に、空き店舗が深刻化したエリアでは家賃は大きく低下するはずであり、逆にそこから新たな事業化の可能性が生まれると考える。

　家守とは、江戸時代に不在地主・家主に代わって家屋の維持管理を行った人達であるが、それを現代風に蘇らせようとするもので、既存の空き店舗に改修を施し、付加価値を付した形で仲介する新しいタイプのまちづくりの組織である。つまり、この組織は建物を借りたい顧客の希望・意見などを考慮しつつ、新しい空間を創造し、貸し手の側（不動産のオーナー）にリノベーションを求める。もはや借り手がつかないと思われた物件でも、新たに確実な借り手が現れれば、所有者はそれなり

の投資を進んで引き受ける。したがって、このやり方では補助金は基本的には不要である。民間主導のこの小さなリノベーションの連続が、まちを大きく変えていく。

　この現代版家守制度の提唱者である清水義次（2014）は、家守プロジェクトの実行手順を、①志のある不動産オーナーを見つける、②家守チームをつくる、③リノベーションプランをつくる、④事業オーナー（テナント）を見つける、⑤リノベーション工事に着手する、⑥運営管理を継続する、と整理している[7]。

　この家守制度の先駆けとなったのは、北九州市小倉地区の魚町商店街であった。北九州市は人口が減少傾向にあり、1979（昭和54）年には約107万人を有した人口が2005（平成17）年には99万人、そして2014（平成26）年時点では96万人となった。オフィスの空室率も北九州は約16％で、東京（8％）、大阪（10％）、福岡（11％）と比べても、高い水準となっている。こうしたなか、かつての産業（主に製造業）からの脱却とサービス産業の再生を目標に「北九州家守構想検討委員会」と呼ばれる会議体が2010（平成22）年7月より開催された（メンバーは商店街組合、まちづくり関係者、学識経験者）。

　2012（平成24）年に北九州市内の遊休不動産を活用したエリアマネジメントを行う組織としての「北九州家守舎」が設立された[8]。当初、資本金460万円であった会社も、今では1,580万円にまで成長し、遊休不動産を活用したまちづくりに取り組んでいる。一般ビルの場合には、1フロアーが区画ごとに分かれているのが普通であるが、リノベーションによって壁を撤去して広々とした雰囲気を創出したり、逆に広すぎる空間を細かく区切ったりすることもできる。その意味で、ニーズに合った新たな商業空間を創出できるのもリノベーションの利点である。

　こうした個別の事業に加え、北九州家守舎は2011（平成23）年8月以来、半年に一度の割合でリノベーションスクールを開催している[9]。全国から集まった受講生は、小倉魚町に存在する実際の空き物件を対象に、10人程度でユニットを組み、4日間かけてリノベーションの事業プランを練り、最終日に不動産オーナーに提案する。それを通して、受講生は都市の背景から、事業内容、修繕の具体的な方法、収支分析など、実際にリノベーションを手掛ける場合に必要な知識と技能を実践的に習得することを目指している。

　この事業を実施してから、商店街には確実に効果が表れている。具体的には、歩行者交通量が事業実施後に増えた、雇用が385人に達した（2015年12月時点）、等の効果が確認されている。特に歩行者交通量はリノベーション物件の多い魚町では2009年から2013年までで約3,000人増加している（ほかのリノベーションを

行っていない通りでは歩行者が減少）。さらに、その影響は市内のほかの地区の中心部である若松中川町や門司港地区などにも波及している。

　同様の手法は、宮崎県日南市でも採用された。日南市はかねてより、飫肥杉の産地として知られているが、人口は約5万4,000人、人口密度は1km^{2}当たり100人程度とごくありふれた地方都市である。かつては油津港を中心に、パルプの産地として栄えたが、近年は人口減少と高齢化率の上昇が顕著で、中心市街地の商店街も衰退が指摘されていた。

　そんな日南市が、2013（平成25）年度に思い切った中心市街地活性化策を講じた。中心市街地の油津商店街において「空き店舗だった物件を4年以内に20店舗を開業させる」ことを条件に、月額90万円の給料を出すという待遇で人材公募を行ったのである。50年前は80店舗ほどあった商店も、2012（平成24）年には28店舗にまで減少していた。2013年度から新たな「まちおこし」がスタートしたが、採用されたタウンマネージャーは日南市に居を移して住み着くと共に、人脈作りから始め、徹底的な情報収集と地元の商店主、地域住民を交えた会議を重ねた。また行政との連絡役も務めた。

　事業面では、店舗の改装を借り手、貸し手の意見交換・情報を密にする中でリノベーションに取り組んだ。この結果、2014年度には2店舗、15年度には12店舗、さらに16年度は4店舗が開業に成功した。また「空き地を農地に」という発想で、地元の子供たちが育てる菜園を商店街内に（一時的に）誘致した。その結果、地元の子供や保護者が頻繁に来るようになり、盛り上がりを見せた（その後、再開発対象地となった）。「銀天街」と呼ばれる商店街エリアは2年前と比べて2.5倍から3倍の歩行者交通量を記録するに至り、全国でも最も注目される商店街の1つとなっている。

　ここでも、ニーズに対応できなかったため「負の資源」となってしまった空き店舗をリノベーションし、新しい「正の資源」に変えることに成功している。同じく「負の資源」となっていた空き地は農地（菜園）に転換されたが、それは子供たちの教育上の価値をも有しており、将来的には「利用価値」として評価され、子供たちの体験を通して情緒的価値にまで高まる可能性をも有している。

2-3　都市における空き空間の活用

　商店街を舞台として考えれば、空き地・空き店舗が問題となるが、都市全体に目を向ければ利活用したい空間はさらに広がる。通常は公共空間と考えられている公

園や道路はその典型である。これらの公共空間は不特定多数の人びとの利用のために開かれた空間であり、特定の人びとの私的な占有は認められてはいない。一時的にもせよ、私的に占有する場合には使用許可を得る必要がある。

道路は本来、人や車の通行用に整備されたものであるが、それを商空間として利用している典型が各地に残る朝市である。千葉県勝浦市、石川県輪島市、岐阜県高山市、佐賀県唐津市、高知県高知市の日曜朝市などは特に有名である。高知市の日曜朝市の場合、毎週日曜日に高知城下の追手筋沿いに、全長1,300メートルにわたって約420店舗の店が建ち並び、1日に1万7,000人程度もの人びとが訪れるという。地元に根づいた生活市（いち）であるが、訪問客のおよそ半分が観光客とされ、観光客には高知城への回遊導線ともなっている。

まちなかでいえば、近年、各地で路面を利用したオープンカフェなども増えてきている。人口が減少すると共に、脱クルマの流れが強まる中で道路空間にゆとりが生まれ、公共空間の利用のあり方を柔軟に見直そうとする動きともいえる。公共空間をまちの資源としてみた場合、こうした発想は今後とも広がっていくことが期待される。

もう1つ、未利用農地を活用した事例を紹介しておこう。福岡県遠賀郡岡垣町に位置するブドウ農園「ぶどうの樹（法人名はグラノ24（グラノはスペイン語で種・実の意味））」は、もともと米作や畑作などの一般的な農地に対して、新しい価値を見出して「付加価値化」することに成功している[10]。かつては、コメ作や小麦栽培が中心であり、周辺にはあまり耕作もなされない未利用地が存在する地区もあった。その土地を上記「グラノ24」が改良し、2万m²ほどのブドウ農園に用途変換し、その農園の雰囲気を活かしつつ、屋外レストラン、結婚式場、お土産広場など「農業（＝ぶどう）」を中心に施設型産業へと展開することに成功したのである。複合施設、「ぶどうの樹」は1984（昭和59）年に営業がスタートしたが、先述のように、ブドウ農園を味わいつつ屋外型のレストラン施設、また結婚式場、そして最近では地元の住民を巻き込んだ「ほっこり農園」の経営など幅広い展開を行っている。同社の理念は「地産地消」であり、地元のものを地元の人たちが食べることを重要視し、「地元重視」の経営がなされている。

3 未来につながる資源

　本章では、都市を資源の観点から考えてきた。資源とは歴史のなかでの積み重ねであり、私たちは多くの場合、その恩恵に浴しながら生活している。しかし、資源の中には現に有効に活用されている利用価値もあれば、活用されていない非利用価値もある。資源の面から見た場合、まちづくりは利用価値をより有効に利用し、非利用価値を利用価値に変えていくことだといい換えてもよい。

　資源は建物のような物的なものだけではなく、文化や祭りのような非物的なものも含まれる。いずれの場合も、私たちはその中に先人たちがつないできた思い入れや伝統を感じ、それに共感することが多い。そのとき資源は情緒的価値となる。情緒的価値として共有された資源は、まちづくりの中でも特に重要な役割を果たす。その都市になくてはならない価値、共感のシンボルを発見することは、まちづくりの第一歩となる。しかし、歴史や伝統は、その都市の人びとにとってはあまりにも日常化されたものとし、具体的な意識に上らないことがしばしばある。それらを掘り起こし、確認し合う中で磨き上げていくこともまた、まちづくりにとって重要なステップとなる。

　しかし、資源は時に「負の遺産」として現れることもある。本章では空き地や空き店舗をその典型として理解した。しかし、それらは先人たちの遺産を私たちが有効に活かせていないことの表れにほかならない。時代の流れが変わり、以前のままの姿では利用を続けることが難しく、かといって新たな活用方法が見当たらない。そのため、それらは時に私たちの前に重荷となって現れる。所有者の壁が大きく立ちはだかることはあるが、それらは工夫次第では、従来とは異なる新たな活用に道を開くことも不可能ではない。その時、負の資源は息を吹き返して正の資源として蘇る。そのためにはさまざまな仕掛けや工夫が必要となることはいうまでもない。

　資源は歴史の堆積であることを強調したが、翻って見れば、現在の私たちの営みはその長く続く歴史の一コマであり、先人の思いを受け継ぎながら、時にはそれを変更しながら、新しい要素を追加して未来に向かってつないでいく活動である。その意味で、まちづくりは未来に向かっての資源づくりを担っていると考えることが重要である。

（足立基浩、石原武政）

注

1 例えば、『「自治体の文化財保護行政における市民団体との協働に関する調査について」報告書』特定非営利活動法人文化財夢工房、2010年を参照（http://www.npo-bunkazai.org/pdf/news/houkoku100913.pdf）。
2 以下、データは国土交通省のホームページによる。
3 http://iida-puppet.com/archive/index.html
4 2017年の開催状況についてはhttp://www.earth-garden.jp/feature/fes_calendar/参照。
5 http://www.nanki-mirai.jp/mapsougoupage.html参照。
6 日本商工会議所『空き地・空き店舗の利活用促進に関する研究会報告書』～地方創生の基盤となる「まち」の活性化に向けて～』（2015年12月）。http://www.jcci.or.jp/ryutsu/151224honbun.pdf
7 清水義次『リノベーションまちづくり－不動産所業でまちを再生する方法－』学芸出版社、2014年参照。清水はリノベーションまちづくりの提唱者で、https://www.machigenki.go.jp/44/k-110、http://www.nikkeibp.co.jp/article/tk/20150213/435451/　も参考になる。
8 http://www.yamorisha.com/outline
9 http://kitakyu.renovationschool.net/app/wp-content/uploads/2013/10/renovation_report_01-04.pdf。またhttp://www.yamorisha.com/project/946も参照。
10 2015年3月8－9日に行った現地取材による。

第6章

まちづくりの主体と事業を支える仕組み

商業地のまちづくりにおける主体の法人化

1-1　商店街組織の法人化と会社の設立

　戦後、日本の中小企業政策や流通政策は、商店街の近代化、共同経済事業など経済的地位の向上を強く推進できるように組織の法人化を促した。この目的となる共同経済事業とは、セールなど集客目的のイベントや、来街客の調査、スタンプシールやポイントカードなど顧客のロイヤルティを高める取り組みが一般的である。商店街組織の法人化は1949（昭和24）年に施行された中小企業等協同組合法に始まる。この法律は主として同業種の中小企業者の共同事業を想定したものであったが、商店街でもこの法律の下で協同組合が設立された。

　さらに、1959（昭和34）年に発生した伊勢湾台風をきっかけに、1962（昭和37）年に商店街振興組合法[1]が施行され、商店街振興組合や商店街振興組合連合会が設立されるようになった。協同組合が中小業者による共同事業の組合であるのに対して、振興組合は基本的には地域組織であり、一定の条件の下で大企業や非事業者をも含むことができる。商店街振興組合は市区に限定されるが、共同経済事業に加えてアーケード、カラー舗装、街路灯、駐車場、休憩施設など環境整備事業を行うものとされた。2015（平成27）年時点の商店街組織数はおよそ１万4,000あるとされ、そのうち事業協同組合1,081、商店街振興組合2,303で、法人格を持たない任意団体約１万であるとされている[2]。なお、この中にはショッピングセンターや総合スーパーのテナント会も含まれるが、日本ショッピングセンター協会に加盟する団体が約3,200であることから、路面に展開する商店街は

1万強程度と考えることができる。

　加えて、日本の流通政策は伝統的に商店街組織によるまちづくりの支援を打ち出してきた。第1章でも見たように、1984（昭和59）年の『80年代の流通産業ビジョン』は、中小零細店を地域でまとめ商店街組織として機能させ、商店街振興組合への移行を促すと共に、中小小売業者の自主的なまちづくりを支援する「コミュニティ・マート構想」を掲げ、商店街を地域住民が集い交流する「暮らしの広場」とすることを提唱した。例えば、コミュニティ・ホール、ポケットパークの設置、まちづくりの視野をもつリーダーの育成などである。商店街は買い物の場であるだけでなく、通学路、祭りの会場としても用いられ、地域の生活と密着しているからであった。このように、商店街は行政と共に都市商業政策におけるまちづくりの主体として期待されてきたのである。

　そして、1989（平成元）年の『90年代の流通ビジョン』では、まちづくりの担い手として「街づくり会社」構想を打ち出し、コミュニティ・マート構想のいっそうの実現を目指した。まちづくり会社を設立することは、商店街組織がそれまでの活動の枠組みを超え、さまざまな組織を仲介する機能を果たすなど、地域のまちづくりに取り組めるきっかけとなった。まちづくり会社の設立は、市区町村など地方公共団体と商店街組織等が出資（または拠出、出捐）して設立した公益法人、または株式会社（第三セクター、1990年以降）を想定していた。法人格をもったまちづくり会社は、地域が一体となって商店街の公共的共同施設等の整備を進める主体になると共に、費用の助成や融資といった支援の受け皿機関となることができる。また、まちづくり会社は公共性を持つ第三者機関として、空き店舗に出店の希望者を斡旋するなど、商店街の新陳代謝を促すことも期待された。ただし、まちづくり会社が期待通りの成果をあげるためには、いうまでもなく、魅力ある商店街づくりを運営できる人材、行政機関等との連携の緊密化を図れる人材が必要であった。

　まちづくり会社は第三セクターが一般的ではあるが、同様の機能を担う機関は商店街組織やそのメンバーが出資する純粋な民間法人として設立される場合もある。商店街組織になじまない収益事業を行う場合や、商店街活動の範囲を超える社会活動、広告代理店のような本格的なイベントなどに取り組むためである。例えば、1990（平成2）年に東京都足立区の東和銀座商店街振興組合の組合員が設立した株式会社アモールトワは、都立の地域拠点病院の売店とレストラン事業に参入したのを手始めに、地元住民のニーズに応える給食サービスや学童保育、よろず相談などを行っている。大阪府堺市の堺まちクリエイト株式会社（前身：特定非営利

活動法人商業まちづくりネット）は、街の美化活動（清掃活動）や南海・堺東駅前の3つの商店街（堺銀座南商店街、堺東駅前商店街協同組合、堺東商店街商業協同組合）が主催するフリーマーケット、バル街などのイベント事務局を担っている。さらに、大阪市の一般社団法人京橋地域活性化機構は、古民家再生の「がもよんにぎわいプロジェクト」の影響を受け、京橋駅周辺の商店街の若手が中心となって、「京橋しゃべり場！」、「こどもカレー食堂（京橋、都島）」、音楽ライブなど多彩なイベントを運営している。また、事業収入、協賛、募金、広告収入を得て収支が赤字にならない工夫をしている。

1-2　まちづくり会社の増加と第三セクターの活用

　1990年代初頭に始まったまちづくり会社は、民間組織も含めて、その後急速に普及し、今日ではごく一般的な組織となっている[3]。まちづくり会社はなぜそこまで増加してきたのだろうか。その理由について考えていこう。

　まず、まちづくり会社の多くが採用している第三セクターについて、簡単に確認しておこう。第三セクターは中央政府の公式文書では、1973（昭和48）年の「経済社会基本計画」の中で初めて登場し、「目標達成のための政策体系」として地方都市の整備、公害防除投資の促進、社会資本の充実、民間による住宅供給の促進、財政効率化について、その導入・活用が提言された[4]。行政のもつ情報力、資金力、信用力と、民間企業のもつ効率的な組織運営と意思決定を統合した組織として期待がかけられたのである。特に、1987（昭和62）年以降の国鉄民営化による赤字路線の廃止にともなって、第三セクターによる地元の鉄道会社が設立されて事業を引き継いだことが普及を加速させたといわれる。

　こうした流れは、「民活法（民間事業者の能力の活用による特定施設の整備促進に関する臨時措置法、1986年施行）」や「リゾート法（総合保養地域整備法、1987年）」などの国の法律が後押しした。開発の一部に補助金、低利融資や無利子融資、税制減免措置の助成が設けられることで、第三セクターの活用がいっそう進められたのである。小売業の分野でも、「特定商業集積整備法（1991年施行）」で商業施設と商業基盤施設（コミュニティ・ホール、イベント広場、駐車場など）と公共施設（道路、公園など）の複合型ショッピングセンターの開発と運営の主体に第三セクターが活用された[5]。

　ただし、第三セクターは必ずしも当初の期待通りには進まなかった。例えば、宮崎市（リゾート法第1号認定：シーガイア）、大阪市（港町開発センター、アジア

太平洋トレードセンター、ワールドトレードセンター）など、この当時に設立された第三セクターの経営破たんで行政や銀行の責任が問われることになった。ここまで大規模ではなくても、第三セクターへの投資によって後に財政を悪化させた自治体は数多い。財政再建団体（夕張市）、財政健全化団体（大鰐町、泉佐野市）も多くの負債を抱えて社会問題化した。その結果、「三セク・アレルギー」とも言われるほどの警戒心を生み出したことも否定できない。投資金額が大きくなればなるほど、組織も事業も、いっそう慎重な判断が求められることになる。

　さて、まちづくりの分野でいえば、中心市街地活性化法（1998年施行）は、市町村が策定した中心市街地活性化基本計画に従って事業を行う組織としTMO（Town Management Organization）を位置づけた。TMOは中小小売商業高度化事業構想の主体でもあり、TMOになろうとする組織は「TMO構想」を策定して国の認定を受けることとなるが、2005（平成17）年末までに認定された団体の内訳は、商工会議所・商工会281、株式会社115、財団法人2、特定非営利活動法人1であり、商工会議所・商工会による設置が最も多かった。株式会社の115法人はすべて第三セクターで設立されており、商店街関係者だけでなく、行政、商工会議所、民間企業、個人なども幅広く出資するまちづくり会社となっていた。例えば、2004（平成16）年時点で、103法人のうち54法人で出資者が50人以上となっており、これまでの第三セクターと比較して出資者数が圧倒的に多い[6]。

　第三セクターのまちづくり会社の中でも当初から特に注目を浴びたのは、滋賀県長浜市の株式会社黒壁であった。㈱黒壁は民間企業が中心となった第三セクターで、中心市街地の空き家・空き店舗をリノベーションやコンバージョンして主にガラスの販売で出店し、加えて商店街の観光地化への誘導、外部からテナントの誘致を行う不動産事業も手掛けるなど、タウンマネジメント機能を果たして注目を浴びた組織である。中心市街地活性化法が制定される以前の1988（昭和63）年に設立されており、TMOのモデルとされ、2000年前後には年間300団体ほどの視察を受け入れていた。

　㈱黒壁がまちづくり会社として注目された理由は、第三セクターでありながらも、中小企業の経営者達が自ら出資して役員として経営に携わり、黒字経営を実現した点にある。また、㈱黒壁は、行政からの財務的な支援や出向等を最小限に止め、商店街組織の活動からも完全に独立していた。そして最も特筆すべきは、㈱黒壁が出資や協力して新たなまちづくり会社を設立して活動を広げた点である。㈱黒壁が中心的出資者である株式会社新長浜計画は、商店街の有志が運営していた中心市街地

の空きビルと駐車場の管理を代行し、プラチナプラザの運営を強力にサポートし、商店街の空き家・空き店舗も借り受けてテナントリーシングやホテル経営も手掛けている。特定非営利活動法人まちづくり役場は、㈱黒壁が視察対応や黒壁グループ協議会の運営などの業務を委嘱して設立に協力した組織であり、イベント「北近江秀吉博覧会」で使用した事務所を利用している。その他にも、ラジオ放送や観光マップの制作を主な収益源とし、長浜市外からの行政職員等の研修出向受け入れや大学との連携なども手掛けている。また、黒壁グループ協議会は、イベントや黒壁スクエア散策マップの制作を行う任意団体であり、㈱黒壁のコンセプトに共感した中心市街地の店舗も加盟している。つまり、㈱黒壁はこれまでにないサービスを提供すべく、まちづくり会社を次々と設立するなど、長浜市中心市街地のタウンマネジメント体制の核となってきたのである。

　もう一度、現在までのまちづくり会社の話に戻すと、2006（平成18）年に中心市街地活性化法が改正後、特に中心市街地活性化協議会で「都市機能の増進を担う組織」を設置する時にまちづくり会社が設立されるようになった。この中で、まちづくり会社は既存のTMOが担うケースや、新たに第三セクターとして設立するだけでなく、中心市街地活性化機構（社団法人、財団法人、特定非営利活動法人）で設立されるケースが増えている[7]。

2 まちづくり会社の人材とタウンマネージャー

2-1　TMOのタウンマネージャーとスタッフ

　まちづくり会社が適切に機能するためには、会社を運営する適切な人材が確保されると共に、運営に必要な資金が確保され、事業が適切に計画され、管理されなければならない。以下では、人材面（スタッフ、タウンマネージャー）、事業面（実施計画策定、運営）、資金面（事業収入、補助金）について順にみていくことにしよう。

　タウンマネージャーは、商店街の範囲を超えたまち全体（中心市街地活性化）をマネジメント（管理・運営）する者としてTMOと共に誕生した。現在、想定されるタウンマネージャーとは、まちづくりを実践する重要人物であり（1人とは限らない）、TMO以外にも複数の組織にかかわる者で、事務職のプロから資格を持った

専門家までさまざまなタイプに分かれる。行政職員や商店街の商業者がタウンマネージャーを兼ねることもある。ただし、特定の資格ではないためにアドバイザーのような別の呼称が用いられる場合もある。

　国においても、タウンマネージャーの重要性を認め、1998（平成10）年に商店街活性化登録指導員の制度をTMO向けに修正して、「タウンマネージャー養成・派遣制度」が創設された。独立行政法人中小企業基盤整備機構（当時、中小企業総合事業団）が窓口になり、専門家とTMOを橋渡しする仕組みである。この当時、タウンマネージャーとは都市計画や商業活性化等に関する知見を活かし、TMO等に対して指導・助言を行う者や、TMOで実際の業務を行う者の総称であった。タウンマネージャーは前職に行政、商工会・商工会議所、流通企業、民間企業、コンサルタント（建築士や中小企業診断士）、大学関係者など実に多様なバックグラウンドを持つ専門家であった。ただし、当初はタウンマネージャーの派遣日数に制限があったため、制度の利用実績が少なく、利用した団体の過半数は利用日数が年間30日以下であった[8]。

　さらに、TMOは厳しい予算制約のもとで運営するケースも多く、タウンマネージャーどころかスタッフを揃えられない地域も多数あった。例えば、第三セクター・公益法人のTMOでは、常勤職員数3人以下が半数以上であり、0人のまちづくり会社も18.2%存在していた。

　このように、TMOは一部の地域を除いて運営上に多くの課題を抱えていた。そのため、多くの地域では行政職員や商工会・商工会議所職員がTMOのスタッフを務め、中にはタウンマネージャーを兼任する場合もあった。

　山形県新庄市の新庄TCM株式会社は、市の出資比率3％強で出資者（団体、市民）が200以上と多く、事務局職員を行政と商工会議所からの出向で担っていた。当初は市庁舎を含む大規模な再開発を計画したが行政の財政悪化によって断念したため、商工会議所の職員がタウンマネージャーを務め、専門家の知恵を借りつつ、空き店舗対策や高校生の出店体験、2006（平成18）年から岡崎市の「得する街のゼミナール」の仕組みに倣って「新庄まちなか楽校」を導入した。富山県富山市の株式会社まちづくりとやまは、緊急雇用や任期制のタウンマネージャー（まちなかコーディネーター）を雇用しているものの、プロパーの職員を置かない方針をとっていたため（2014年迄）、現在でも10人以上いる事務局スタッフのほとんどを富山市と富山商工会議所、民間企業からの出向でまかなっている。ただし、施設運営には臨時嘱託社員やパート社員を採用している。

また、コンサルタント会社に業務委託してスタッフが駐在する地域もある。兵庫県丹波市の株式会社まちづくり柏原では、当初駅前の廃屋を公園と商業施設として整備し、古民家をレストランに改装して直営する事業を行っており、その際にまちづくり会社の事務局スタッフをコンサルタント会社が派遣していた。

2-2　まちづくり会社におけるタウンマネージャーの役割

次に、まちづくり会社がタウンマネージャーを雇用している状況を確認しよう。「タウンマネージャーに関する調査・研究事業報告書（2010年）」では、1,798市区町村のまちづくり会社254法人にタウンマネージャーについてアンケートを行っている。タウンマネージャーは59法人が配置している。その勤務形態は、常勤の比率が44.8％（N＝58：非常勤39.7％、その他10.3％、未回答5.2％）であり、勤務日数も月6日以上が68.2％となっている。報酬原資は、約2/3の団体が行政や企業等からの補助でまかなっている（**図表6-1**参照）。

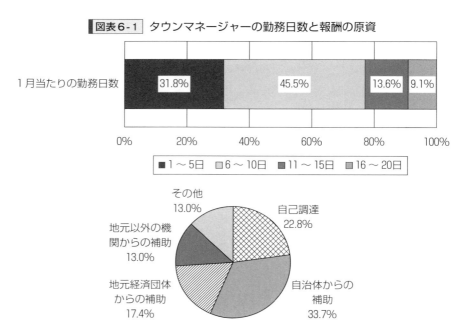

図表6-1　タウンマネージャーの勤務日数と報酬の原資

出所：経済産業省商務流通グループ中心市街地活性化室（2010）「タウンマネージャーに関する調査・研究事業報告書」
(http://www.meti.go.jp/policy/sme_chiiki/town_planning/downloadfiles/h21_houkokusyo_townmanager.pdf)

まちづくり会社では、タウンマネージャーを任期制で採用するか、コンサルタント会社へ委託するケースが多い。それは、まちづくり会社が中心市街地活性化基本計画と同様に5年間の時限的な事業展開を前提にするために、長期的な見通しが立たないからであろう。

　タウンマネージャーの業務は、関連団体の意見調整、空き店舗・空き地対策、販促・イベント、広報・情報発信、駐車場整備・運営など多岐にわたる。また、タウンマネージャーには、まちづくり会社の日常業務だけでなく、中心市街地活性化協議会や行政が策定する計画への参画、商店街や青年会議所等との連携など、コミュニケーションが豊かな幅広い活動が求められている。そこで、タウンマネージャーの活動について具体的に紹介しよう[9]。

　滋賀県守山市の株式会社みらいもりやま21に所属するタウンマネージャーは、中心市街地活性化事業を担当しており、守山市の主要な業務である古民家をギャラリー・カフェ・レストランに改装した「うの家」、地域交流プラザ「あまが池プラザ」の指定管理など、飲食やサービス施設の運営を日常業務として行っている。それに加え、商店街内外の若手経営者と密に接触して活動に巻き込み、「100円商店街」、「バル街」、「まちゼミ」[10]などの新たなイベントを次々と導入した。例えば、バル街は伊丹市からノウハウを吸収し、NPO法人と行政で主催していたホタル観賞のイベント「守山ほたるパーク＆ウォーク」に飲食店探しの要素を加えて始まった。また、宇都宮市で始まった街コンを関西で初めて導入し、情報交流会などを通じて他の地域に広める役割も果たした。タウンマネージャーが短期間にこれほどの役割を果たせたのは、地元出身者ではなく、しがらみのない自由な発想を持って地域に入ることができたこと、そして地域の有力者がそれを理解し、支持したからであった。

　和歌山県田辺市の南紀みらい株式会社では、当初商工会議所の職員がタウンマネージャーとして活動していた。職員は商工会議所からの出向でまちづくり会社の事務局を務めており、複合商業施設「ぽぽら銀座」の開設、古民家を改装した宿泊施設、田辺市駐車場の管理運営など、行政と連携して補助金を活用した業務を期待されていた。大きな転機は、行政職員が国庫助成の人材育成支援メニューを用意したのをきっかけに、若手グループ「あがら☆たなべぇ調査隊」を設立したことにあった。若手グループが、会議を重ねる中で、職員達は裏方となって研修や交流会を通じて得たノウハウや情報を提供し、マップの制作、和歌山県で初となるバル街の開催、100円商店街、朝市など、新たなイベントを次々と生み出していった。

タウンマネージャーを一般市民が担ったケースもある。兵庫県伊丹市のタウンマネージャーは行政や元団体職員など複数存在するが、特定非営利活動（NPO）法人いたみタウンセンターで実質的にタウンマネージャーの役割を果たした女性は、市内のさまざまなイベントにボランティアとして参加していた一般市民であった。転機となったのは第1回の伊丹まちなかバルの企画時にボランティアとして参加し、人一倍の行動力でイベント実行委員会の意識を変えさせてからである。彼女は参加に難色を示していた飲食店に、客として訪問しながら説得を行った。その数は50店以上にも及び、それを見た他のメンバーも彼女と行動を共にし始めたのである。当初、行政は20～30店程の参加店を想定していたが、予定を大幅に上回る50店で開催することになった。その後、彼女は同NPO法人の副理事長、最終的には理事長に就任し、行政と商店街との関係調整までも担ってきた。（なお、後述のとおり、いたみタウンセンターは2016（平成28）年4月から伊丹都市開発株式会社に統合され、その事業部となっている。）

　まちづくり会社が活発に活動し、成果をあげるところには決まって優れたタウンマネージャーや彼らを支えるスタッフがいる。となれば、そのタウンマネージャーを育成することが重要な政策課題となり、経済産業省の中心市街地活性化室では2004（平成16）年度から「街元気プロジェクト」として人材養成講座、現地研修、情報交流会などの取り組みを続けている。また、独立行政法人中小企業基盤整備機構でも同様に「中心市街地活性化ネットワーク研究会」を立ち上げ、地域の実践内容を報告しあってタンマネージャー同士の情報交流の場をつくっており、それによってイベントのノウハウ等も提供されて急速な広がりをみせてきた。

3　まちづくり会社の役割と資金

3-1　まちづくり会社の役割と事業

　まちづくり会社の主な事業は、ソフト事業（イベント、広報、防災、防犯など）とハード事業（施設整備、施設管理運営など）に分けられる[11]。ただし、まちづくり会社の取り組みは、中心市街地活性化基本計画などの事業を連携しながら遂行するものなので、必然的に行政の計画と結びついている。そこで、まちづくり会社を行政主導の事例、行政と商業者の連携の事例、ボトムアップの運動体の事例に分け

て説明していく。

　まず、行政主導の事例について述べていこう。株式会社まちづくりとやまは、富山市が50％出資する法人であり、その取り組みにも富山市の意向が強く反映している。例えば、市街地再開発事業[12]で完成したイベント広場「グランドプラザ（百貨店を含む複合商業施設「総曲輪FERIO」と立体駐車場と商業の複合施設「総曲輪CUBY」の間）」の指定管理者となっている。また、その他の事業内容をみても、サロンの運営、買い物駐車券、コミュニティバス、チャレンジショップ、大学との連携などソフト事業など、いずれも事業単位で行政からの補助金を受けている。つまり、行政による公的なサービスに近い事業だといって過言ではない。

　富山市の中心市街地活性化基本計画は、公共交通を整備して人口集積地を結ぶ「串と団子型」を目指しており、その中核となるLRTの導入（北陸新幹線の開通を契機に一部のJR路線や路面電車を切り替え）でも行政主導の第三セクターである富山ライトレール株式会社が運営している。また、行政は中心市街地の住居人口を増やすべく居住者を支援する助成金を設けて、商店街で高層マンションの建設が次々と進む誘因をつくるなど、基本計画全体が行政主導のものとなっており、まちづくり会社の事業もその姿勢を反映したものとなっている。

　次に、行政と商業者の連携の事例である。長野県飯田市の株式会社飯田まちづくりカンパニーは、市街地再開発事業を手掛けるために設立されたTMOであり、住宅・商業・公益の複合施設「トップヒルズ本町」、「トップヒルズ第二」、「銀座堀端ビル」のディベロッパーとして分譲住宅販売とテナントや駐車場管理の業務を担っている。「トップヒルズ本町」は、1階に商業施設、2・3階に業務施設と公共施設（行政の出張所）、4階以上に分譲マンション、さらに市営駐車場も隣接している。「トップヒルズ第二」は、AからD棟まで商業施設、住居、オフィス、行政の美術館や市民プラザを組み合わせた複合型のビル群である。「銀座堀端ビル」は再開発手法ではないが、商業施設、デイサービス、ケア付き高齢者賃貸住宅（特別養護老人ホームとケアハウスの中間）、分譲住宅の複合ビルである。これらはいずれも隣接して整備されており、このエリア内および周辺を中心に「三連蔵（サンレングラ）」や駐車場整備などのミニ再開発を行うほか、朝市やフリーマーケットなどのイベントも実施している。

　飯田市はもともと大規模な再開発を計画していたが、バブル崩壊後の市況悪化に合わせるために地権者が全員同意できたところから順に再開発を連鎖的に行う方法に改めた。そして、再開発事業の目的として地域経済への波及効果を考えて、でき

るだけ地元企業で再開発を行えるようにしたという。まちづくり会社もテナントリーシングでは地元出身者にこだわり、優良企業や優秀な若手経営者を募った。また、まちづくり会社は地元のNPOなどでまちづくりに対する新企画を持った組織を支援しており、次々と新しい組織を生み出してきた。特に、多くの組織がりんご並木という高い理想を持った資源を中心に据え、それに磨きをかけて地域全体の価値を高めるような取り組みが増えている。

　北海道富良野市のふらのまちづくり株式会社は、市民が掲げた「ルーバンふらの」構想を基に、中心市街地の病院跡地（富良野市所有）に2010（平成22）年に地元食材を生かした観光集客施設「フラノマルシェ」を開設して管理している[13]。2006（平成18）年に増資を募った際にも、行政と商工会議所には追加出資を要請せず、民間企業と個人で資金を調達した。さらに、病院跡地周辺では、商業施設「フラノマルシェ２（管理運営：コミュニティマネジメント株式会社）」、集合住宅、交流施設、福祉施設を整備する市街地再開発事業「ネーブルタウン」を同時並行で進めて2015（平成27）年に開設した。その他、富良野市から駅前再開発事業で開設された健康増進施設「ふらっと」の指定管理を委任されている。

　富良野市は、駅前再開発の失敗によって活気を失い、病院の移転後の跡地利用も定まらない中で、中心市街地のさらなる空洞化に陥ろうとしていた。そこで、民間企業の経営者を中心としたチームが、行政所有の病院跡地を利用した計画を策定し、まちづくり会社の運営をはじめて成功した。行政からの支援は、安い賃料で病院跡地を借りることや、計画の策定や補助金の申請で書類を作成してもらうことだったという。

　最後に、ボトムアップで行政に新たな提案を行う運動体の事例を紹介していこう。愛知県岡崎市の株式会社まちづくり岡崎は、商店街の関係者が出資して設立した民間企業であるが、コミュニティスペースの管理をはじめイベントを多数企画している。それは市民活動センターさながらの機能である。また、同メンバーは、岡崎まちゼミの会を運営して全国にまちゼミの仕組みを伝え、特定非営利活動法人岡崎都心再生協議会でバル街も開催している。

　大阪府豊中市の有限会社豊中駅前まちづくり会社は、商店街の有志が豊中市のサポートを受けて協議会を運営しながら地区計画を構想し、その計画を実施する段階へ移行するために設立した民間企業である。当初の計画では、幹線道路の導線を改良し、商店街の車道を歩行者天国にし、バスなど公共交通の利便性を高める目的であったが、現在まで実現されてはいない。行政と協力して交通社会実験の実施や

フォーラムを開催していたが、独自の事業として企画旅行、落語寄席などの他、研究会、独自のフォーラム、新聞折り込みのフリーペーパーの発行など、まちづくり研究所としての機能も担っている。

3-2 まちづくり会社の資金繰り

これまでも繰り返し述べてきたように、まちづくり会社の事業は決して収益性の高い事業ではない。まちづくり会社は、事業の収益性を二の次にしてでもミッションの達成を求められるので、厳しい財務状況に陥った場合に行政等からの支援がなければ資金繰りに行き詰まってしまう。そこで、まちづくり会社の資金繰りに関する課題とその対応について述べていこう。

まず、まちづくり会社が大規模な投資を行った場合についてであるが、大規模な投資は多額の債務を返済する必要があるため、資金繰りが急速に悪化することも少なくない。特にまちづくり会社が第三セクターである場合、会社がもともと公共性を有しているうえに行政も出資していることから、追加補助金や増資、行政施設の管理委託などを通して支援を行うケースも増えている。

愛知県豊田市の豊田まちづくり株式会社は、豊田市（60％以上）・豊田商工会議所（10％以上）の出資で、豊田市駅西口市街地再開発ビルのテナント管理業務を担っている。その他の業務は、商業ビル内のイベントに加え、中心市街地全体に及び、周辺地域へフリーパーキングの導入、チャレンジショップ、レンタルサイクルなど幅広く多彩である。もともと、まちづくり会社は倒産したそごうから不動産を購入するのを目的に2001年に設立されており、行政と金融機関から多額の借入金を行った。この時に、核テナントのフロア減少部分は、専門店街「T－FACE」の管理フロアの増床でまかなっている。しかし、買い取ったビルの運営だけでは採算が合わず、行政もまちづくり会社を支援しようと豊田都市開発株式会社（第三セクター）と統合させ、ビルの一体管理と市営駐車場の運営を任せるなど財務面のテコ入れを図ってきた。その後も、まちづくり会社は計画的に返済する必要があるため、テナントリーシングから直営店舗の出店まで手掛けて収益事業を強化している。

青森県青森市の青森駅前再開発ビル株式会社は、青森市が60％以上出資し、市街地再開発事業によって図書館など公的施設と生鮮市場および商業施設の複合施設「アウガ」を管理運営している。商業部分の保留床は取得済でテナントリーシングし、市が取得した保留床の指定管理者となった。アウガは2001（平成13）年の開業以来、商業保留床の採算性が厳しかったため、青森市も経営改善プランを作成

して貸付や増資など支援を続けており、2018（平成30）年に青森市が公有化して庁舎を移転する予定である。

次に、開発による借金を抱えたわけではないが、維持費をねん出するために法人を事業統合した例もある。特定非営利活動法人いたみタウンセンターは、商工会議所に代わるTMOとして設立され、行政から補助を受けながら、中心市街地活性化協議会や「伊丹まちなかバル」をはじめ、「イタミ朝マルシェ」などさまざまなイベントの事務局を担ってきた。中心市街地活性化協議会やイベント事務局として必要不可欠な存在であるため、行政も事業収入を増やして自立できないか模索してきたが、同法人は2016（平成28）年4月から第三セクター伊丹都市開発株式会社と統合され、その事業部となっている。伊丹都市開発株式会社は伊丹市が70％以上を出資する第三セクターであり、市街地再開発事業による保留床の運用や市営駐車場の管理を主な事業としている。

4 高松丸亀町商店街振興組合によるタウンマネジメント

4-1　商店街組織の計画とまちづくり会社という手段

次に、香川県高松市の高松丸亀町商店街振興組合（以下、振興組合）の事例を基にタウンマネジメントのプロセスを紹介しよう。同振興組合は、瀬戸大橋の開通に伴うモータリゼーションの進展や大規模小売店舗法改正に対する備えとして[14]、大規模な再開発計画を商店街で実現する手段としてまちづくり会社を用いてきた[15]。

高松丸亀町商店街は、470mの直線に約150の店舗が連なる商店街であり、百貨店と隣接してブティックの揃う人通りの多い繁華街にある。振興組合は、会員数107、専従職員12人の大規模な商店街組織である。販促、カード事業管理、バス運行管理などソフト事業と、アーケード、カラー舗装、イベントホール整備などハード事業を実施している。その中で最も特徴的なのが駐車場整備である。1972（昭和47）年に振興組合が丸亀町不動産株式会社を設立し、これまでに1,200台分（2017年2月時点）の駐車場を整備してきた。この駐車場整備は高度化資金による実質的な無利子融資に加え、県や市の補助金も活用している。そして、この駐車場収入は、商店街の再開発計画を策定するための財源としても用いられてきた。

振興組合が独自に作成した再開発計画は、居住人口を増やす「医食住」の街の実

現であった。長期計画を策定するにあたって、1980年代後半に、丸亀町では青年会メンバーを中心に、全国の失敗事例をつぶさに見学し、そこから多くのことを学んだ。その中には次のような点が含まれていた。①物販に特化しすぎた丸亀町が今後100年間、市民の支持を受け続けることは絶対にできない。②丸亀町には、物販以外の機能強化が必要であり、導入すべき機能としては、市民広場、都市公園、イベントホール、駐輪場、駐車場、休憩施設、公衆トイレ、レストラン等の飲食機能、生鮮市場または食品スーパー、ホームセンター等の生活雑貨店、マンション等の居住施設、（電車は無理なので）バスターミナル等である。③丸亀町を「モノを買うだけの街」から「消費時間型の街」に作り変えることが、丸亀町が今後存続するための必要条件である。④まちの事業はリスクを背負う商業者が中心となって意思決定する必要がある。⑤再開発事業における最大の資金は土地の取得費であり、リスクを小さくするためには地代を前面に出さない仕組みが必要で、そのためには地権者の土地所有権の制限がどうしても必要になる。

　この方針を基に商店街が作成した計画は、その過程で多くの専門家の意見を反映させた。そのため、1980年代後半から計画作成の会議（東京委員会[16]）は、30人程のメンバーが入れ替わりながら東京で定期的に開催してきた。例えば、中小企業庁を訪問してコンサルタントや学識経験者の紹介を受け、事業の障壁となった規制に対して「まちづくり会社」や「定期借地権」など、時には制度をつくるようなアイディアも取り入れて課題を乗り越えたのである。

　高松丸亀町まちづくり株式会社（以下、まちづくり会社）は、振興組合が高松市に協力を依頼し、1999（平成11）年に第三セクターとして設立された（出資は商店街1,000万円、市500万円）。まちづくり会社の目的は「①市街地再開発に関する計画案並びに設計業務、②商業施設の開発に関する調査、分析、企画設計、管理及びコンサルティング、③建物内外の運営・警備・清掃業務、④催事の企画・運営、⑤広告・宣伝に関する業務、⑥企業経営の商業に関する研修会の開催、⑦商店街情報誌の発行及び販売、⑧情報処理サービス及び情報提供サービス業務、⑨前各号に付帯関連する一切の業務」である。

　振興組合が行政に働きかけてまちづくり会社を設立したのは、上記の事業の推進には行政との連携が必要不可欠だったからである。この時、市の出資金は最低水準に抑えると共に、まちづくり会社の運営は商店街側が行うことも確認している。行政の出資は、（当時は）公的な支援を受ける際の条件であり、さらに公的な信用力で事業の障壁も取り除いた。そして、振興組合の計画は高松市の中心市街地活性化

法基本計画（1999年）で主要な事業に位置づけられた。また、まちづくり会社は2006（平成18）年に1億円に増資（高松市は維持）し、新中心市街地活性化法（2006年改正）の都市機能の増進を担う主体に位置づけられた。その結果、国土交通省や経済産業省の補助金、一般財団法人民間都市開発推進機構や独立行政法人中小企業基盤整備機構の無利子融資などの支援が受けやすくなった。

　まちづくり株式会社は、市街地再開発事業の促進を図り、施設の管理運営の業務を担っている。特に、管理運営の業務は10人程の専門家を広告、施設管理、テナントリーシング、会計などに配しているが、不動産の価値を高めることを徹底させるため、すべて1年契約としている。

4-2　再開発事業の特徴

　商店街の再開発計画（第1期A街区、第一種市街地再開発事業）の過程を確認すると、振興組合総会で再開発事業の調査・研究開始の承認を受け（1990年）、再開発準備組合の設置（1993年）、A街区事業計画を策定（1996年）した。着工までの経過は都市計画決定（2001年）、市街地再開発組合設立（2002年）、権利変換認可および着工（2004年）で、調査の開始から実に17年の歳月を経て2006（平成18）年12月に、住宅戸数47戸、商業施設、コミュニティ施設、駐車場、自動駐輪場などから構成されるA街区（延べ1万6,600m^2）が竣工した。

　計画の特徴は、①商店街組織が住民同意のもと計画を策定し、土地の所有と建物の利用を分離し、テナントの入れ替えを行うタウンマネジメントを構築した点、②商店街が独自の計画を策定して商店街をA〜Gまでの7つのブロック（街区）に分け、強力な自主規制のルールを策定し、同意できた街区から順番に開発を進めた点にある。

　まず、最大の特徴は定期借地権による不動産（土地、建物）の所有と利用の分離であった。すなわち、再開発に際して土地の権利変換を行うことなく、不動産の所有者が地代・賃料を得て60年の定期借地権を利用者（保留床取得者）に与える工夫である。ただし、不動産の所有者達は高松丸亀町壱番株式会社を設立し、自ら複合ビルの保留床（商業、駐車場、駐輪場など）を取得した。この会社は、定期借地権と相殺するように保留床を取得し、その維持管理をまちづくり会社に委託している。委託料は一定だが、テナント料は売上金額に変動するため、高松丸亀町壱番株式会社が受け取る収入（不動産の所有者への配当）[17]も変動する。すなわち、不動産所有者は定期借地権を売却することによって保留床を取得するが、自ら営業する

よりも有力なテナントを誘致したほうが保留床の価値が高まる場合にはそうすることが可能となった。これによって、経営効率の悪い経営者（不動産所有者）の退出がスムーズに行われるようになった。

　次に、商店街をA街区からG街区までの7つのブロックに分けるゾーニング手法を用いた点である。商店街全域を一斉に再開発するのではなく、土地の利用方法を街区ごとに工夫し、A・G街区以外では同意できた地区から小規模で連鎖的な再開発事業（2005年以降）を行う計画である。第1期は商店街の表玄関にあたるA街区を事業全体のモデルに位置づけて完成させた。それによって、街全体に再開発の機運が高まったようである。2009（平成21）年にB街区（面積1,000m^2、建物2,850m^2）・C街区（面積2,700m^2、建物1万3,600m^2）では、飲食店と医療福祉と住宅の複合施設やアーケードが完成し、名称もそれぞれ弐番街・参番街となった。2012（平成24）年にG街区の複合ビル「丸亀町グリーン（面積1万2,000m^2、建物4万4,700m^2）」も完成し、商業施設に加えて街路の拡幅や広場の設置、住宅96戸、ホテル、地下駐車場402台、駐輪場600台等も整備した。このG街区は森ビル都市企画とコンサルティング契約して再開発と管理業務を進めている。

4-3　まちづくりの成果

　再開発の自主規制として、各店舗は1.5mセットバックして道路（街路）を広げ、建物の高さ制限等に加え、ファサードなど外観を統一させるデザインコードを定めた。それらの一部は地区計画にも組み込まれている。また、商店街は自動車の通行を全面禁止とし、荷捌き所も商店街に面しない場所に設けている。2012（平成24）年からは自転車も全面走行禁止（押し歩き）にし、無料駐輪場を設置している。さらに、当初想定しなかった成果としては、C街区でアーケードを支柱の代わりに左右の建築物の上に載せる施工、A・G街区で街路をまたぐ空中通路、街路上に固定されたベンチや植栽も配置などがある。これらの取り組みは、自主規制を高松市の条例や地区計画で裏づけ、国の都市再生緊急整備地域の指定を受けて実現させてきた。つまり、行政との連携によって想定を超えた計画を実施できたのである。

　その結果、中心市街地活性化基本計画の目標を概ね達成することができた。上述の街並み整備の成果や自主規制等の効果もあり、振興組合の再開発計画は中心市街地活性化のモデルとなった。中心市街地活性化法改正後の中心市街地活性化基本計画第1期は、2007（平成19）年から5年間で、「テナントミックス等による商

業・サービスの魅力強化と効果の波及（空き店舗の減少、小売業年間商品販売額の増加）」、「来街者の回遊促進（通行量の増加）」、「魅力的な住宅供給による居住促進（中心市街地内の定住人口の増加）」の数値目標に掲げていた。小売業の販売額は減少して目標値を下回ったものの、通行量の増加、定住人口の増加により2つの目標は基準値よりも改善した[18]。また、振興組合は投資効果としての税収増を強調する。特に、A街区とG街区の固定資産税は約9倍になり、国・県・市のさまざまな税収を含めると年間10億円程の税収増が見込めると計算している。

4-4　持続的なタウンマネジメントへの課題

　本章では、商店街の枠を超えて活動するまちづくり組織について取り上げ、まちづくり会社の特徴について人材面、事業面、資金面から、現状と課題を見てきた。まちづくりは長期にわたる取り組みであり、持続的なまちづくりが行われるためには、これらが長期にわたって、きちんと回っていく仕組みが必要となる。各地でそのためのさまざまな工夫が凝らされているが、高松丸亀町の場合には、大規模な再開発を行い、すべての面で突出しているともいえる。しかし、それでもなお課題がないわけではない。

　丸亀町商店街を含む高松中央商店街振興組合連合会は1,100以上の店舗用フロアがある。空き店舗率はピーク時から減少傾向だが、丸亀町の開発の効果が比較的狭い範囲に限られており、南部地区では今も空き店舗が多く、賑わいを取り戻しているとは言い難い。それらの商店街が単独で大規模な計画を作成するのは困難であり、行政や商工会議所と連携して計画を策定する必要がある。中心市街地全体の運営は、新たな連携の模索が不可欠であり、それぞれの商店街にふさわしいまちづくりと組織を成す人材が必要となるといった課題が今後に残されている。

　丸亀町内部についても、今後の課題は再開発を持続的なまちづくりとして継続できるかという課題は残る。特に、商店街でまちづくりをはじめた中心メンバーは定期借地権が切れる60年後まで最前線にいないだろう。その代わりになるタウンマネージャーとしての資質を持った人材を確保する必要がある。また、新しい仕組みであるがゆえに、建て替えや再々開発までリスクを管理できる者も必要になるだろう。

（角谷嘉則、石原武政）

第6章　まちづくりの主体と事業を支える仕組み

注

1　商店街振興組合法は、商店街が形成されている地域において小売商業又はサービス業に属する事業その他の事業を営む者等が協同して経済事業を行うと共に当該地域の環境の整備改善を図るための事業を行うのに必要な組織等について定めることにより、これらの事業者の事業の健全な発展に寄与し、あわせて公共の福祉の増進に資することを目的とする。総務省「商店街振興組合法」参照。http://law.e‒gov.go.jp/htmldata/S37/S37HO141.html

2　中小企業庁（2016）『平成27年度商店街実態調査報告書』を参照。http://www.chusho.meti.go.jp/shogyo/shogyo/2016/160322shoutengai.htm

3　全国エリアマネジメントネットワーク、エリア・イノベーション・アライアンスなど、まちづくり会社の連絡協議会も存在している。http://areamanagementnetwork.jp/member/　http://areaia.jp/company.php#company

4　今村都南雄（1991）「第三セクターの概念と国会審議」『「第三セクター」の研究』中央法規。ただし、第三セクターは、第一セクター（100％公的出資）や第二セクター（100％民間出資）以外の第三の部門・領域（セクター）に属する事業主体、すなわち官民共同の出資によって設立された事業主体を漠然とさす俗称であり、学問的あるいは法律的な概念ではない。三辺夏雄（1990）「第三セクター論」『ジュリスト増刊　行政法の争点（新版）』有斐閣。

5　特定商業集積整備法は、高度商業集積型14、中心市街地活性化型1、地域商業活性化型38の認定を受けており、その多くが第三セクターを設立した。渡辺達朗（2014）『商業まちづくり政策』有斐閣。新島裕基・濱満久・渡邉孝一郎・松田温郎（2015）「特定商業集積整備法を活用した商業集積の開発および運営の実態：「ア・ミュー」、「アスカ」、「フォンジェ」、「コモタウン」」山口大学経済学会DISCUSSION PAPER SERIES No.31。

6　角谷嘉則（2009）『株式会社黒壁の起源とまちづくりの精神』創成社。内訳は、出資者100人以上が27、50人以上100人未満が27、30人以上50人未満が21であった。

7　中心市街地活性化協議会を設立した特定非営利活動法人（2011年1月時点）は14団体あり、大規模な開発を行うケースがなく、ハード事業も歴史的環境保全を目的としていた。また、ハード事業を行う場合は、収入に占める行政への依存度が82％以上と高かった。間舘祐太・岡崎篤行・梅宮路子（2001）「中心市街地活性化協議会におけるタウンマネジメントの実態と課題－中心市街地整備推進機構として認定されたNPO法人に着目して－」『都市計画論文集』Vol.46.No 3

8　日本商工会議所流通・地域振興部（2003）「平成14年度　街づくりの推進に関する総合調査」を参照。http://www.jcci.or.jp/machi/h030131tyousa.html

9　石原武政編著（2013）『タウンマネージャー「まちの経営」を支える人と仕事』学芸出版社。

10　100円商店街は、商店街全体を100円ショップに見立て100円の商品を販売するイベントであり、2004（平成16）年に山形県新庄市で始まった。バル街は、はしご酒のように飲み歩き食べ歩きするイベントであり、2004（平成16）年に北海道函館市で始まった。得する街のゼミナール（まちゼミ）は、店主が講師となって商品やサービスのノウハウを体験するイベントであり、2003（平成15）年に愛知県岡崎市で始まった。

11　国土交通省都市局まちづくり推進課によると、団体数261（複数回答）の主な事業分類の内訳は次の通りであった。施設整備事業5（1.9％）、公共公益施設の活用・管理運営事業76（29.1％）、民間施設の管理運営事業84（32.2％）、地域交通サービス関連事業9（3.4％）、店舗運営事業（直営）64（24.5％）、イベント企画・運営事業83（31.8％）、情報発信・提供・広告事業57（21.8％）、人材育成・中間支援事業27（10.3％）、地域まちづくり・まちづくり関連事業44（16.9％）、その他事業6（2.3％）http://www.mlit.go.jp/crd/index/case/pdf/120405ninaite_jireishuh.pdf

12　市街地再開発事業は、都市計画決定を受ける必要があるため市や都道府県が必ず介入する。第一種市街地再開発事業は商店街などで民間が行う事業であり、第二種市街地再開発事

業は駅前再開発などで行政が用地を所有して行う事業である。
13　西本伸顕（2013）『フラノマルシェの奇跡：小さな街に200万人を呼び込んだ商店街オヤジたち』学芸出版社。湯浅篤（2013）「病院跡地に民間主導で年70万人を呼ぶ商業施設を開発」石原武政編著、前掲書。石原武政・加藤司・風谷昌彦・島田尚往（2017）『フラノマルシェはまちをどう変えたか「まちの滞留拠点」が高める地域内経済循環』学芸出版社。西本氏（企業経営者）、湯浅氏（商業者）、大玉氏（当時：行政職員）の３人で夜な夜な集まって企画を練ったという。彼らは自らを責任世代と称して、ちょっと便利でおしゃれな田舎をイメージした「ルーバン」のキャッチコピーをつくり、地元の食にこだわった施設を展開するべく、商工会議所会頭と共に民間だけでの増資を実施した。
14　1990年代から高松市郊外にはショッピングセンターや専門店など多くの大規模小売店舗が出店している。イオン高松東店（1995年出店、当初：東高松ショッピングセンター、売場面積：３万4,946m^2、敷地面積：３万8,000m^2）、ゆめタウン高松（1998年出店、店舗面積：５万4,600m^2、敷地面積：６万8,938m^2、延床面積：11万7,000m^2）、イオンモール高松（当初：イオン高松ショッピングセンター、2007年出店、総賃貸面積４万7,000m^2、敷地面積11万1,000m^2、延床面積10万7,000m^2）の他、専門店も多い。なお、面積は2017年時点の数字である。
15　古川康造氏（高松丸亀町商店街振興組合理事長）へのインタビュー（2006年12月、2011年12月、2017年２月の３回）を基に記述している。古川康造（2014）「高松丸亀町まちづくり戦略　まちづくりのための事業戦略・事業計画論」参照。https://www.machigenki.go.jp/images/stories/top/h26_lecture_document_furukawa.pdf
16　東京委員会とは、高松丸亀町商店街振興組合の再開発の会議を東京で行うことから名づけられた。多くの専門家が参加したことによって、定期借地権の活用、不動産の所有権と施設運営の分離、デザインなどの骨格が作られた。
17　合意形成にはさまざまなアイディアを用いている。全員が納得して利益を分配できるように土地所有者の配当金の比率を個々に決める「按分率」を用いた。また、土地所有者への配当は、「配当最劣後」として事業の責任を明確にした。
18　高松市（2013）「認定中心市街地活性化基本計画の最終フォローアップに関する報告」参照。https://www.city.takamatsu.kagawa.jp/file/21209_L15_H24saisyuuforo.pdf

第 III 部

まちづくりの現場から

第7章

安全・安心のまちづくり

1 社会課題としての安全・安心

　ここでは、商業者を主体にしたまちづくりと安全・安心とのかかわりについてみていく。なお、安全とは人とその共同体への損傷、ならびに人、組織、公共の所有物（無形のものを含む）に損害がないと客観的に判断されることをさし、安心とは、個人の主観的な判断に大きく依存するもので、例えば、人が知識・経験を通じて予測している状況と大きく異なる状況にならないと信じていることを指す。そして、人びとが安心を得る前提として、安全の確保にかかわる組織と人びととの間に信頼を醸成することが必要とされる[1]。

　まちづくりと安全・安心とのかかわりで、近年、主要な課題となっているのは災害への対応、すなわち防災・減災と、犯罪の予防、すなわち防犯の2つの領域である。もう半世紀近く前のことになるが、かつて「日本人は水と安全はタダだと思っている」と論評する本が、ベストセラーになったことがあるが[2]、現在、この両者をタダだと思っている日本人はほとんどいないであろう。それは、この間、日本社会が大きく変化してきたことを反映してのことといえよう。

　防災・減災をまちづくりの課題として（再）認識させる大きなきっかけとなったのは、いうまでもなく1995（平成7）年1月17日の阪神淡路大震災、および2011（平成23）年3月11日の東日本大震災とその後の原子力発電所の事故である。また、両大震災の間の時期には2004（平成16）年10月に中越地震、2007（平成19）年7月に中越沖地震が発生し、近年では2016（平成28）年4月に熊本地震などが発生している。これらは、首都直下型や東海・東海沖・南海をはじめとする巨大地震と津波、あるいは原発（再）稼働などに対する現実的な危

機感を高めている。

　さらに、二酸化炭素など温室効果ガスに起因する気候変動、すなわち地球温暖化に伴って、巨大な台風等が頻繁に来襲し、過去に類をみない規模や程度の土砂災害や河川氾濫による水害を引き起こしていることや、毎年のように発生している豪雪被害も人びとに防災・減災をまちづくりの課題として考えさせる要因となっている。なお、豪雪は温暖化と逆方向の気候変動のようにみえるが、実は大雪をもたらす冬の爆弾低気圧も、日本近海における海水温の上昇が関係しており、地球温暖化と無縁ではないと指摘されている[3]。例えば、近年だけでも、2012（平成24）年7月および2016（平成28）年6月の熊本豪雨による土砂崩れ・洪水、2014（平成26）年8月の広島市における土砂災害、2015（平成27）年9月の常総市を中心とする鬼怒川氾濫、2016（平成28）年8月～9月の北海道における4連続の台風上陸による水害、2014（平成26）年2月、2015（平成27）年1月、2016（平成28）年1月の豪雪被害、2017（平成29）年7月の九州北部豪雨（福岡県朝倉市、大分県日田市）などが、地球温暖化の影響と関連するものと考えられている。

　また、自然災害以外にも、2016（平成28）年12月22日、糸魚川市の中心商店街を含む市街地で発生した大火（焼失棟数144棟、焼失面積約4万m^2）のようなケースもあげられる[4]。第2次世界大戦前や戦中期に日本の多くの都市は、木造建築が密集していたことから、たびたび大火に見舞われてきたが、戦後、1952（昭和27）年5月施行の耐火建築促進法以降、防火建築帯の整備が全国的に進むことによって、都市大火は減少した。それでも、地震を原因とするものを除くいわゆる「平常時の大火」として、1947（昭和22）年の飯田大火、1952（昭和27）年の鳥取大火、1955（昭和30）年の新潟大火、1956（昭和31）年の魚津大火、1976（昭和51）年の酒田大火などが発生してきたのも事実である。糸魚川大火は、酒田大火以来、40年ぶりの都市大火であり、もともとの出火の原因は人災であるにしても、都市や建築物の構造的問題が被害の広域化や甚大化をもたらすことをあらためて認識させると共に、防火もまた商業者・商店街によるまちづくりの課題の1つであることを再確認させたといえよう。

　他方、防犯の側面についてはどうであろうか。日本における刑法犯の認知件数は、統計数字でみると、図表7-1に示すように2000年代前半のピーク時に比して減少傾向にある一方、1990年代後半に下落した刑法犯検挙率は、その後やや上昇している。しかし、1990年代初頭のバブル崩壊、2008（平成20）年のリーマ

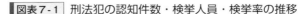

図表7-1 刑法犯の認知件数・検挙人員・検挙率の推移

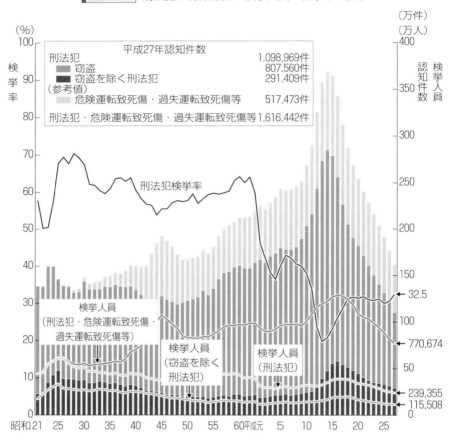

注：1）警察庁の統計による。
　　2）昭和30年以前は、14歳未満の少年による触法行為を含む。
　　3）昭和40年以前の「刑法犯」は、業過を含まない。
　　4）危険運転致死傷は、平成14年から26年までは「刑法犯」に、27年以降は「危険運転致死傷・過失運転致死傷等」に計上している。
出所：法務省（2016）『平成28年版　犯罪白書』による。

ンショックなどによる長引く景気低迷や貧富の格差拡大を背景にしつつ、日本経済のグローバル化に伴う国際的な犯罪組織の侵入、インターネットの普及による新たな形態の犯罪の増加、薬物犯罪の広がりなどから、市民感覚では犯罪増加の印象をもち、生活に不安を覚える人が少なくないといえよう。

このように、防災・減災や防犯が社会課題として重要視されてくるにつれて、商業者・商店街によるまちづくりの場面でも、これらを課題としてとらえ、さまざまな取り組みを行うケースが増えている。つまり、地域社会との関係を生かして、そうした社会課題に取り組むことによって、地域社会との関係をより密接なものとする一方で、それを通して自らの商売上のチャンスを拡大したり活性化につなげようというのである。以下では、まず防災・減災の側面からみていこう。

2　防災・減災とまちづくり

2-1　防災と減災

　ここで防災と減災という２つの概念について確認しておこう。防災は災害による被害を出さないことを中心的な目的とする取り組みであるのに対して、減災はあらかじめ災害の発生を想定したうえで、被害を最小限にすることを目的に災害前、災害時、災害後のそれぞれにおいて適切に取り組むことをさす[5]。減災という考え方は、1995（平成7）年1月17日の阪神淡路大震災の被災体験に基づいて生まれたといわれる。減災の取り組みにおいては、行政による「公助」だけでなく、自分の身は自分で守る「自助」、地域や身近にいる人同士が助け合う「共助」が大きな力になる[6]。なお最近では、被害をできるだけ小さくするだけでなく、できるだけ早く回復する「回復力」（Resilience）を重視する「縮災」という考え方が提起されているが、ここでは省略する[7]。

　また、阪神淡路大震災は、三宮や長田をはじめとする地域の代表的な商業地区で大きな被害が出たこともあって、防災や減災を商業者・商店街によるまちづくりの課題の1つとして位置づける契機となったという点でも記憶に留めておく必要がある。

　さて、防災という観点からのまちづくりは、狭義には、建築物や街路等のハード面から災害の発生を防ぐ取り組みとして行われることがある。自治体の施策というレベルでいえば、例えば、東京都では「防災都市づくり推進計画」を策定し（最新版は2016年3月30日改訂）として、「燃えない」「倒れない」震災に強い安全・安心な都市の実現を目的に、木造住宅密集地域の改善などに取り組んでいる。とりわけ、木造住宅密集地域のうち、特に甚大な被害が想定される地域（28地域・約6,900ha）を整備地域とし、整備地域における防災生活道路の整備による不燃化・

耐震化の加速、および整備地域以外の市街地における、木造住宅密集地域の改善または拡大の未然防止を図ることを重視している。

また、横浜市では、2014（平成26）年4月、地震火災対策を全庁的に推進するために、防災まちづくり推進課を設置し、同年12月に横浜市不燃化推進地域における建築物の不燃化の推進に関する条例（不燃化推進条例）を制定すると共に、まちの防災施設整備や木造2階建の準耐火建築物の設計・施工の普及等を図っている。

こうした狭義の防災まちづくりと並行して、近年の取り組みは、ソフト面を含めて災害の発生の予防だけでなく、被害の最小化を図る取り組みとして行われることが少なくない[8]。つまり、実質的な意味として、防災と減災はほぼ同じ意味で用いられるようになっている。そこで以下では、それらを減災まちづくりの取り組みとして一括りにして紹介することとする。

2-2　地域の事業者全般による取り組み

商業者や商店街が主体となる減災まちづくりの取り組みが始まるのは、上述のように1995（平成7）年の阪神淡路大震災以降のことである。取り組みは、商業者を含む地域の事業者全般が共同して広域的に実施するタイプと、商店街組織を中心に実施するタイプに分けられる。

まず前者からみていこう。その先駆的な事例の1つとしてあげられるのが、神戸市の高層ビルが林立する業務中心地の一部である元町地区の旧居留地における取り組みである[9]。旧居留地では、地域の事業者の連絡・協力と魅力向上を目的に、さまざまな業種で構成される事業所108社によって旧居留地連絡協議会が結成されていた。その連絡協議会の傘下組織として、1996（平成8）年10月、非常時の企業の相互支援や来訪者支援（一時避難、救命活動、情報提供）等に自主的に取り組む防災委員会（現在は防災・防犯委員会）を新たに設置した（毎月17日に定例会を開催）。

防災委員会の活動として、防災マニュアルの整備が進んでいない中小事業所を対象にした簡便な「事業所のための『防災マニュアル』作成の手引き」を作成した（1998年）。そして、「自分（自社）の命と財産は、自分（自社）で守る」という原則を前提とし、それでも不足する事柄については相互支援策を準備すると共に、1万人規模の来訪者の人命維持のため、帰宅困難者に対して最低限の生活支援（待避スペースとトイレの提供）を行うなど、行政機関の救護体制が整うまで支援の手を差し伸べるという2つの視点から、「神戸旧居留地・地域防災計画」を2008

(平成20)年に策定した(**図表7-2**)。また、連絡協議会のメンバー企業を対象に神戸市の「市民救命士」の資格取得講座を実施したり、火災発生時の非常時対応のために、旧居留地の地区内各ビルに事業所内の危険情報をまとめ、消防隊に情報提供するためのFDカード(Fire Defenseカード)の仕組みを導入するなどしている。

これに対して、首都圏における商業者を含む事業者全般での取り組みの事例とし

図表7-2 神戸旧居留地・地域防災計画の概要

基本的な考え方	(1) 非常時における旧居留地内企業の相互支援をスムーズにする。 ・各社における人命と財産は、自社で守る。 ・不足する事柄について、相互支援を準備する。 (2) 非常時における来訪者を助ける。 ・人命を助ける。 ・一刻も早い帰宅/帰社を助ける。 ・帰宅困難者に対し、行政の体制が整うまでの間、待避環境を提供する。 (3) 日頃から防災意識を育み訓練を怠らない。
非常時の相互支援	災害に見舞われたとき、「自分・自社の命と財産は自分(自社)で守る」が原則だが、日常から相互支援のシステムを構築しておくことで、被害を少しでも防ぐことができる。 (1) 安全・安心ネットワーク(インターネットの活用) 　旧居留地連絡協議会オフィシャルサイトに「緊急災害情報」を設けており、災害情報を携帯電話へ転送し、最新の情報をキャッチすることも可能。 (2) 居留地隣組 ・電話回線が使えないほどの事態に陥った場合に備え、直接伝達できる連絡網を決めておく。 ・連絡網は、旧居留地を4つのブロックに分けた上で、グループ(隣組)を組織する。 ・隣組は5〜10棟程度のビルで構成する。 ・ブロックや隣組にはリーダーを選んでおくが、非常時の連絡は、必要を感じたビルが情報発信源となる。
備蓄	備蓄品目は、人命の救助・維持という観点から必要と考えられる物品を優先し、順次、より充実させていく。備蓄品は年に1回の定期点検を実施する。備蓄場所は、大丸カーポート2階および大神ビル地下1階の2カ所。
非常時の来訪者支援	旧居留地はビジネス街であると共に、観光スポットでもあり、平日でも来訪者は1万人近くにのぼり、旧居留地にオフィスを構える事業者、従業員にとっては、地域をあげての来訪者支援が求められる。 (1) 救護コーナーの開設 (2) 情報提供コーナーの開設
普段の備え	・市民救命士の育成 ・市民防災リーダーの確保 ・旧居留地連絡協議会ホームページサイトにおける防災関連情報の掲載

出所:神戸旧居留地連絡協議会防災・防犯委員会資料による。

て、東京都千代田区における帰宅困難者対策地域協力会をあげることができる[10]。千代田区では「昼間区民」対策として、以前から区内事業所に対して、事業継続のために従業員・顧客に対する3日分程度の食料等の備蓄を推奨していた（東京都震災対策条例第9条に基づく）。しかし、区部直下型の震災が発生した場合、一時的な訪問客を含め50万5,000人を超える帰宅困難者の発生が予測されることから、さらなる企業の自助努力の促進と、区として独自の対応策が求められることがわかった。そのため、区では帰宅困難者支援場所を指定すると共に、ターミナル駅周辺地区に「帰宅困難者対策地域協力会」の設置を順次進め、その活動を支援している。なお、地域協力会の結成と帰宅困難者の支援は、千代田区災害対策基本条例第14条で区民等の努力義務とされている。

　すでに区内で、東京駅・有楽町駅周辺地区（2003年度）、富士見・飯田橋駅周辺地区（2005年度）、四ツ谷駅周辺地区（2006年度）、秋葉原駅周辺地区（2009年度）の4カ所で地域協力会が設置されている（**図表7-3**）。そのうち四

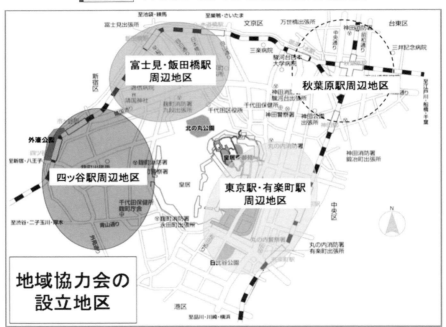

図表7-3 千代田区における帰宅困難者対策地域協力会

出所：千代田区総合災害対策室防災課資料による。

ツ谷駅周辺地区の代表企業はセブン＆アイ・ホールディングス、秋葉原駅周辺地区の代表企業は家電量販店のオノデンと小売企業が務めている（東京駅・有楽町駅周辺地区の代表企業は都市防災研究所、四ツ谷駅周辺地区は日建設計）。2003（平成15）年以降、毎年1回、大規模な帰宅困難者対策訓練が実施されており、東日本大震災発生の際には大きな混乱を回避し有効に機能したとされる。2015（平成27）年度の訓練（2016年2月8日）は、東京都と千代田区の合同で実施され、約5,200人が参加したという[11]。

2-3　商店街組織を中心とする取り組み

　それでは、商店街組織による取り組みについてみていこう。その先駆的事例として、東京都新宿区の早稲田商店会をあげることができる。早稲田商店会は、1990年代後半から、容器リサイクルなど環境問題にいち早く取り組んだことで取り上げられることが多いが、減災の分野についても、首都直下等の震災に備えて2000（平成12）年頃から取り組みを開始している。

　まず、地元の子供たちを対象に、まちを歩きながら災害時に危険な場所をみつける企画や、小学校の体育館で宿泊し炊き出しを経験する等の避難所生活体験、地元消防署や消防団の協力による消火器、放水、応急救護などの防災体験等を通じて、災害に対する意識と地域への興味を高めることを目的とする「防災キャンプ」を早稲田大学の学生の協力を得るなどして、2001（平成13）年から年1回およそ10年間実施した[12]。2002（平成14）年には、早稲田商店会と損害保険会社が共同で、大規模災害時に一定期間、災害が起きていない地方のホテル等で避難生活を送れる保険商品「震災疎開パッケージ」を発売した（現在の商品名は「震災あんぜんパック」で発売元はNPO法人全国商店街まちづくり実行委員会）[13]。また同年、情報通信技術を活用して首都圏のさまざまな地域の防災団体とネットワークを結び、大震災に備えて防災活動を展開することを目的としたNPO法人東京いのちのポータルサイトを設立している。

　次に、熊本市東部地区の中心に位置する地域密着型の商店街である健軍商店街振興組合を取り上げよう。健軍商店街は、2016（平成28）年4月の熊本地震の震源地に近く、アーケードの支柱の一部が大きく傾くなど深刻な被害を受けたが、本震後、いち早く復興委員会を立ち上げて復旧に臨む体制を整えると共に、商店の営業再開に尽力するなどした[14]。こうした迅速な対応が可能になったのは、2000年代末以来の同商店街の取り組みの蓄積があったからといえる。

すなわち、健軍商店街では、地域住民等と連携してまちづくり推進協議会を組織（2003年）すると共に、「少子高齢化に対応した商店街づくり」や「医商連携のまちづくり」に取り組んできており、地域住民等だけでなく、医師会・看護師会等とも密接なつながりを築いてきた（第9章参照）。そうした活動実績に基づいて、健軍商店街では、2010（平成22）年度から地元の泉ケ丘、若葉両校区の自治協議会や消防団などと協力して商店街一帯の商店や飲食店、銀行、医療機関など約80施設にアンケートを実施し、各店舗や周辺の病院などが災害時に提供できる非常食や薬、避難場所をまとめ、炊き出しや応急救護、買い物客の一時避難場所確保などに役立てることを目的とした「地域協力マップ（商店街防災マップ）」（内閣府「地域連携型防災活動育成促進モデル事業」による）を2011（平成23）年度末に作成し、周辺世帯に配布した[15]。

　なお、商店街等が地域のさまざまな団体等と連携して防災マップを作成する取り組みは、全国各地に広がっている。例えば、東京都板橋区商店街連合会第5支部の志村地区8商店街では、地域の防災拠点として、災害時一時避難所をはじめAED設置場所、警察・消防、救急病院を網羅した「防災マップ」を2007（平成19）年に作成した。同マップは、紙媒体で地域住民に配布したのに加えて、ウェブサイト上で公開し、8商店街それぞれが随時掲載内容の更新を図っている[16]。

　東京都世田谷区祖師谷のウルトラマン商店街（祖師谷昇進会商店街振興組合、祖師谷商店街振興組合、祖師谷みなみ商店街振興組合の3商店街で構成）では、ウェブサイト上で避難所、広域避難所、給水拠点、AED、災害時臨時離着陸場候補地、東京都災害拠点病院、医療救護所、区立小中学校を写真をまじえて紹介する防災マップをテキストスタイルと画像イメージスタイルで掲載している[17]。

　東京都立川市商店街連合会（市内26商店街、約1,300店舗が加盟）では、2012（平成24）年度に、避難場所、公衆電話、井戸などを掲載し、家族で相談したことを書き込めるメモ欄や余白を多くとった防災マップ付き「地震対応マニュアル」をベテラン商店主と若手商店主が協力して作成した。防災マップは、買い物客や住民が生活圏として把握しやすいように、行政上の境界にとらわれずに、商店街単位でエリアを分けたという[18]。

　また、静岡市の御幸町発展会と伝馬町発展会は、2015（平成27）年度に、「学生とともに考える防災」をテーマに地元の常葉大学法学部地域法政策研究・実践センターと共同で、防災マップを作成した。この防災マップは、両発展会の役員や学生が、災害が起きた場合の対策についてワークショップで議論したことを踏まえ、

商店街を歩いて確認した危険箇所や避難所、AED設置場所などを盛り込んだもので、加盟店で買い物客向けに配布した。また、加盟店向けに避難誘導の方法などを記したマニュアルと避難所を表すシールも作成した[19]。

同様に、川崎市多摩区の区役所通り登栄会商店街振興組合（小田急線向ケ丘遊園駅北口）では、2015（平成27）年度に、地元の専修大学の学生と連携して作成した加盟店の魅力発掘マップの裏面を防災マップとした。第1弾では実地調査によってAED、災害時トイレ貸し出しOKの店舗、子供110番の店舗を掲載し、第2弾では高齢者擬似体験セットを身につけて、商店街周辺エリアの危険箇所調査を行った結果をまとめた危険箇所マップとした[20]。

2-4　震災対応に焦点を合わせた商店街の取り組み

東日本大震災を契機にして、震災対応に焦点を合わせて安全・安心のまちづくりに大きく舵を切った商店街は少なくない。ここではその代表として、川崎市中原区のモトスミ・オズ通り商店街（東急東横線元住吉駅の東側）を取り上げる。同商店街では、東日本大震災に際して、各商店が、鉄道が一時的に不通となり、帰宅困難者として街に残された多数の人びとに、炊き出しでおにぎりを配るといったことを自発的に行った。この経験を教訓として踏まえ、首都直下型地震や東海沖地震に対する現実的脅威を背景にして、次のような取り組みを開始した[21]。

第1に、川崎市消防局中原消防署の協力を得て、商店主向け普通救命士講座を開催している。商店街の来街者が安心して買い物できるよう、有事の際の対応として心肺蘇生法、AED使用法、大出血時の止血法などを学んでいる。

第2は、近隣の慶應義塾大学の学生と協力して実施している「まちなか安全教室」である。これは、授業時間を使って、近隣の小学4年生約50人が数グループに分かれ、大学生の引率で小学校から商店街、元住吉駅までを歩き、途中で大学生が「地震の影響で交差点の信号が消えていたらどうするか？」、「この道路を歩くとき倒れてくる危険があるものはなに？」といった問題を出して小学生に答えてもらったり、倒れている人を助ける練習をしたり、商店に駆け込んで助けを求めることなどで、まちなかでの非常時の行動を学ぶと共に、各商店の防災対策の話を聴くことなどからなる。

第3は、実際に震災等が発生した際に、商店が安全確保を行い、来街者の避難誘導等を行えるようにすることを目的した同商店街主催の防災訓練の実施である。訓練では、商店街から避難場所までの避難訓練を行い、避難場所で消火訓練などの防

災訓練を実施した。訓練中には、商店街Twitter、商店街ゆるキャラ「おずっちょ」Twitter、商店街メールマガジンを活用し、避難情報等をリアルタイムで発信し、地域住民に向けた情報提供が試みられた。

　第4に、以上の活動を含め、同商店街の安全・安心のまちづくりの取り組みをまとめた「モトスミ・オズ通り商店街の安全ぶっく」を慶應義塾大学生の協力を得て過去3回発刊してきた。誌面づくりには、地域住民が市民記者として参加し、普通救命士講座を受講した商店、AEDやろうそく、懐中電灯などを置いている商店を明示した商店街マップを掲載したり、各商店による安全・安心のまちづくりの工夫を「一店一安心運動」として紹介するなどしている。

　以上と並行して、東日本大震災の被災地から神奈川県内に避難している児童の支援や、復興支援の商店街キャラクターのデザイン、東北の食材を使ったメニューの児童による考案なども行っている。

　こうした商店街あげての安全・安心のまちづくりの取り組みが評価され、2016（平成28）年3月には防災について優れた工夫やアイディアを実践している団体に贈られる「防災まちづくり大賞」（消防庁）の「総務大臣賞（大賞）」を、全国の商店街として初めて受賞した。

2-5　防火に焦点を合わせた商店街の取り組み

　さらに、防火を意識したまちづくりの例としては、横浜市神奈川区の六角橋商店街地区（東急東横線白楽駅から六角橋交差点を結ぶ区間にある4つの商店街からなる六角橋商店街連合会を中心とする地区）の取り組みがあげられる[22]。

　同地区では、2011（平成23）年8月に発生した火災を契機に、連合会として罹災地域の再建と災害に強い魅力あるまちづくりに向けた検討を行政と共に進め、2013（平成25）年4月、罹災地域を対象としたまちづくり全般に関するルールや建築物の建設、アーケード等の工作物の設置等に関する基準を定めた「六角橋商店街地区　まちづくりルール（1-11区域）」が地域まちづくりルールとして市から認定を受けた。そして、2014（平成26）年4月には、対象区域を同地区全体に拡大した「六角橋商店街地区　まちづくりルール（全体区域）」が市から変更認定を受け、2015（平成27）年5月には、より総合的なまちづくりとして、地域の課題の改善や魅力向上を実現していくために、「六角橋商店街地区　安心・安全なまちの環境整備計画」が地域まちづくりプランとして市から認定を受けた。同地区では、この計画に基づいて、①まちなみの維持と改善、②災害に強いまちづくり、

③街路空間の魅力と安全の向上、④コミュニケーションの活性化といった活動に取り組んでいる。

　ところで、近年の特徴として、過去に被災した商店街が新たに被災した商店街に自らの経験や教訓を語り継ぐことによって、復旧・復興に生かそうという商業者・商店街やその支援者のネットワークの広がりが指摘できる。例えば、阪神淡路大震災で最も被害が大きかった地区の1つである新長田の商業者やその支援者が、東日本大震災で大きな被害を受けた南三陸や宮古等の商店街に継続的に入って、被災当事者ならでは支援活動を展開したり、熊本地震で被災した商店街関係者と交流するなどがあげられる[23]。このように被災当事者同士がつながり、防災・減災まちづくりについて相互に学び合うことによって、その全般的なレベルアップが図られることが期待される。

3 防犯とまちづくり

　1970年代後半からの急激な都市化と、それによる従来型コミュニティの衰退の影響を受けて、刑法犯認知件数が上昇した（図表7-1）。そのため、1990年代末から建設省（当時）や警察庁等を中心に防犯とまちづくりに関する調査研究が行われるようになった[24]。

　そうした成果を受けて、内閣府に設置された都市再生本部が、2003（平成15）年度の「全国都市再生のための緊急措置」のテーマの1つとして「安全・安心なまちづくり」を掲げ、その中で「防災まちづくり（密集市街地、都市水害、震災時の帰宅困難者対策等）」と並んで、「防犯まちづくり（公園、学校周辺等の日常生活の防犯対策等）」が提起された[25]。これを受けて、都市再生本部事務局、警察庁、文部科学省、国土交通省の4省庁を含む防犯まちづくり関係省庁協議会において、6つのモデル地区を選定し、防犯まちづくりのケーススタディを行い、その考え方等についてリーフレットにとりまとめた[26]。

　そこでは、防犯まちづくりの重要な視点として、関係者の連携、地域特性の尊重、長期的な視点の3点を指摘すると共に、基本的な手法として、①人の目の確保（監視性の確保）、②犯罪企図者の接近の防止（接近の制御）、③地域の共同意識の向上（領域性の強化）を指摘したうえで、5つの市街地類型を示し、それぞれについて犯罪発生との関係からみたまちづくりの特性と、それに対応する防犯まちづくりの

進め方を明らかにしている。5つの類型は、まちなかの商住混在地区、密集市街地、都市開発事業が予定されている地区、郊外住宅地区、大規模住宅団地を含む地区からなる。

　これらのうち、商業者・商店街とのかかわりが最も深いまちなかの商住混在地区における防犯まちづくりのポイントについてみると、①駅前整備や商店街の活性化等の各種事業の機会を活かす、②商店会や自治会等が連携して住民への働きかけや、コミュニティ活動の活性化を進める、③駐輪・駐車場等において、「人の目」を確保すると共に、防犯カメラの活用等の対策を講じる、④暗がりを解消すると共に、安心して歩ける歩道を確保することが指摘されている。

　以上によって、商業者・商店街が防犯まちづくりにいかに取り組むかの方向が示されたわけだが、商店街等による防犯まちづくりの取り組み拡大に影響した要因の1つとして、2013（平成25）年補正予算で計上された商店街まちづくり事業（まちづくり補助金）があげられる（所管は経済産業省・中小企業庁）。この事業は、商店街が地域の行政機関などからの要請に基づいて、防犯のための街路灯や防犯カメラの設置や危険なアーケードの撤去・改修をはじめとして、地域の生活者の安心・安全な生活環境を守るための各種事業に対するものであり、補助金総額200億円（補助額上限1億5,000万円、補助率2／3以内）にのぼった。これと並行して、商店街のイベント等に対する地域商店街活性化事業（にぎわい補助金）として総額100億円（補助額上限400万円、100％補助）の予算が計上されたこともあって（同上所管）、政府による商店街に対する「ばらまき」との批判があったが、商店街の街路灯のLED化や防犯カメラ導入を全国的に促進し、防犯まちづくりを加速した面があることも事実である。

 ## 大手小売企業の取り組み

4-1　代表的な取り組み事例

　商業者による地域の安全・安心のための取り組みは、商店街等だけでなく、大手小売企業によっても行われている。

　その嚆矢といえるのが、阪神淡路大震災発生時のダイエーが、故・中内㓛社長（当時）の陣頭指揮の下で採った迅速な対応である。中内氏が発災直後に生活必需

品供給のために被災地の全店オープンを命じると共に、船やトラックを駆使して飲食料品などの救援物資を神戸に運び込むなどの対応を行ったことは現在でも語り継がれている。

　こうした緊急対応がベースになって、その後の事前準備を含む制度が形成された。その代表的な事例としてあげられるのは、セブン＆アイ・ホールディングスとイオンである。経済産業省と内閣府は、両者を災害対策基本法に基づく「指定公共機関」に指定し（2017年4月）、震災などの大規模災害時に飲食料品などの緊急物資を備蓄して配給する拠点とした[27]。指定公共機関とは、大災害などの緊急事態に際して、行政と連携して国民を保護するための措置を最優先に実施する機関のことをさす。これまでは日本赤十字社や日本放送協会、道路・鉄道・電信電話・電力・ガス・石油・輸送といった公益性の高い事業者やインフラ系の事業者が指定されており、今回はじめて全国展開するチェーン小売企業が指定された。

　指定公共機関として指定されると、災害時の対応を整理した「防災業務計画」を策定し、行政と一体で対策にあたることになる。例えば、日本通運の防災業務計画をみると、計画の基本構想として、①防災活動体制及び防災業務施設並びに設備を整備する、②防災業務が全国組織を通じて有機的に実施できるよう防災対策に必要な教育訓練を実施する、③災害応急対策及び災害復旧対策に必要な措置並びに機動力を確保する、④この計画の実施にあたり指定行政機関、（中略）との間に協力体制を確立することを明らかにしたうえで、各論として具体策が述べられている[28]。

　セブン＆アイとイオンでは防災業務計画を策定し、全国チェーンとしての店舗網を活用して、被災地に緊急物資を供給する体制を整備する。これによって、従来、農林水産省や経済産業省、厚生労働省などの省庁が所管する物資ごとに業界団体を通じて手配してきた仕組みの効率化が図られると期待されている。

　両者が指定公共機関となった背景には、それまでに全国の自治体と連携協定を締結してきた実績の蓄積がある。

　セブン＆アイでは、「地産地消や子育て・高齢者支援、観光振興、防災、環境保全などの活動を地域社会とともに推進するために」、全国の自治体（2016年5月末現在で41道府県21市）と地域包括連携協定を締結している。この協定をベースにしつつ、37都道府県11市（2016年3月末現在）の店舗を「災害時帰宅支援ステーション」として登録、災害時の支援協定を結ぶ34都道府県と27市と物資供給の協定を締結、東京23区内の店舗に災害用電話機を設置（無料で安否確認などが可能）、災害時における店舗内無線LANサービスの一般開放などに取り組ん

でいる[29]。

　また、イオンでは、「全国各地の地域行政と協働し、防災・福祉・環境保全の推進や、『ご当地WAON』などを活用した商業・観光の振興など、さまざまな分野で双方がもつ資源を有効に活用する」ために、全国の自治体（2016年2月末現在で1道2府41県15政令市）と包括提携協定を締結している。防災協力協定の側面では、災害時の救援物資の供給、避難場所として駐車場の提供、防災訓練の共同実施など、地域の防災活動に協力すると共に、地震などの際の被災者の避難スペースとして利用できる緊急避難用大型テント「バルーンシェルター」の配備を全国のショッピングセンターを中心に進めている（2016年2月末現在で29カ所）。

4-2　業界団体による取り組み

　小売企業は業界団体としても、地域の安全・安心の取り組みを行っている。日本を代表する一定規模以上のチェーンストアの業界団体である日本チェーンストア協会では、2006（平成18）年6月に策定した「地域商業者との連携・協働のためのガイドライン」の中で、地域の防犯・防災等への対応を掲げている。

　このガイドラインは、次の項目からなる。すなわち、①地域経済団体等の活動への積極的な協力及び参画、②地域経済団体等の活動に対する助言、大型店として有する経験・知識・人脈などに関する情報の提供、③地域のタウン・マネジメント活動等「まちづくり」への協力、④地域のイベント、地域の美観・景観等生活環境推進への協力及び参画、⑤地域の防犯・防災、未成年者非行防止、環境保全等への対応、⑥地元商工会議所、商工会等への加入についての協力、⑦地域商業活動からの撤退（退店）に係る早期情報開示等である。

　日本チェーンストア協会では、ガイドラインに沿った会員企業の取り組みについて、定期的にフォローアップしており、さまざまな取り組みが展開されていることを確認しているという。例えば、防災の側面では、災害時の支援協定の締結、防災訓練の実施、災害時に備えた商品供給体制の整備などに、防犯の側面では、「こども110番」や「駆け込み110番」の設置などを行っているという。

　また、百貨店の業界団体である日本百貨店協会では、従来、企業の社会的責任にかかわる業界方針について、それぞれの分野ごとに策定していたが、2017（平成29）年1月17日、新たに「百貨店のCSR方針」および「百貨店の企業行動指針」を策定し、その下に企業行動、環境保全、商品調達などの方針等を制定し配置した。その1つに地域の安全・安心にかかわる「百貨店の社会貢献活動基本方針」

がある。その内容は、次のとおりである。①すべてのステークホルダーに信頼され、地域社会の一員として持続可能な社会の実現に取り組む。②企業活動を通じ、社会・文化貢献活動に取り組み、地域の伝統文化・芸術の継承、地域産業の発展に取り組む。③地域社会、国際社会の一員として地域・社会貢献活動に積極的に参画し、活動の輪を広げると共に、従業員の自主的な参加を支援・協力する。④事業特性を生かした災害支援を行う[30]。

　百貨店は都市百貨店と地方百貨店に分けられ、従来、地方百貨店は地方都市のまちづくりや、災害支援等の安全・安心の取り組みで大きな存在感を示してきていた。しかし、地方経済の衰退と共に地方百貨店の再編・淘汰が進んだことから、その存在感は残念ながら薄れつつあるが、それでも地域社会と向き合う姿勢を継続しているところもある。

　さらに、コンビニエンスストアなどが加盟する日本フランチャイズチェーン協会では、2013（平成25）年3月、「まちづくりへの連携・協力のガイドライン」を策定している。その内容は、次のように防災対策をふくむものである。①行政、地域経済団体、消費者等の活動に協力する。②地域振興・支援に協力する。③安全・安心なまちづくりに協力する。④災害時の地域支援に協力する。⑤環境保全活動に協力する[31]。

　また、防犯対策の面では、警視庁と連携・協力して、犯罪に強い店舗を構築し、地域住民の安全・安心の拠点とする「まちの安全・安心ステーション東京」計画に取り組むことを宣言すると共に、強盗事件の防止および発生後の迅速対応のために東京都内でチェーンの垣根を越えたコンビニエンスストア合同防犯訓練を実施している[32]。

　商業者による安全・安心のまちづくりのいっそうの推進のためには、こうした大手小売企業の取り組みと、商店街等の取り組みとが、地域の現場において有機的に協力・連携して展開されることが重要といえよう。

（渡辺達朗）

注

1　以上は「安全・安心な社会の構築に資する科学技術政策に関する懇談会報告書」文部科学省、2004年4月による。
2　イザヤ・ベンダサン（1970）『日本人とユダヤ人』山本書店（著者は評論家・山本七平氏のペンネーム）による。

3 例えば、NHKクローズアップ現代「増える豪雪被害～温暖化の新たな脅威～」2015年1月28日放送（http://www.nhk.or.jp/gendai/articles/3607/1.html）などを参照。
4 『消防白書』では焼失した面積が3万3,000m²（1万坪）を超える火災を「大火」としている。
5 例えば、河田惠昭（2010）『津波災害－減災社会を築く』岩波新書を参照。
6 内閣府（防災担当）「減災のてびき～今すぐできる7つの備え～」（http://www.bousai.go.jp/kyoiku/keigen/gensai/pdf/tebiki.pdf）による。
7 例えば、関西大学社会安全学部編（2016）『東日本大震災 復興5年目の検証：復興の実態と防災・減災・縮災の展望』ミネルヴァ書房を参照。
8 石原武政氏はソフト面のまちづくりをかねてから「内科的なまちづくり」ないし「漢方的なまちづくり」と表現している（第1章参照）。
9 国土交通省「自助・共助による防災まちづくりの参考事例集」に商店会による取り組みとして紹介されている（http://www.mlit.go.jp/crd/city/sigaiti/tobou/sankou3.pdf）。
10 以下は、国土交通省「自助・共助による防災まちづくりの参考事例集」および千代田区総合災害対策室防災課資料による。
11 千代田区ウェブサイトによる（http://www.city.chiyoda.lg.jp/koho/kurashi/bosai/kitaku/index.html）。
12 東日本大震災の経験から、文部科学省では2012年から「防災キャンプ」を全国の学校等で実施できるよう予算化した。
13 NPO法人全国商店街まちづくり実行委員会ウェブサイト http://m-shoutengai.com/shinsai/index.htmlによる。
14 詳細は、全国商店街支援センターのウェブサイト http://www.syoutengai-shien.com/case/report/article/2016autumntopic01.htmlを参照されたい。
15 「熊本日日新聞」2012年05月11日による。
16 東京都商店街ホームページ（商店街ニュース平成22年9月号掲載）http://www.toshinren.or.jp/jirei/jirei_125.htmlによる。
17 ウルトラマン商店街のウェブサイト（うるしょう.COM）http://www.ulsho.com/Disaster-prevention-map.htmlを参照。
18 全国商店街支援センターのウェブサイト http://www.syoutengai-shien.com/case/report/article/2016autumntopic11.htmlを参照。
19 しずおか御幸町発展会ウェブサイト http://miyukicho-shizuoka.com/info/安全・安心のために行動しています！/による。
20 区役所通り登栄会商店街振興組合Facebookページ https://www.facebook.com/toeikai/を参照。
21 以下は、モトスミ・オズ通り商店街ウェブサイト http://www.oz-doori.com/aboutus/activity_detail.php?id=1、および全国商店街支援センターウェブサイトhttp://www.syoutengai-shien.com/news/201612/08-01.htmlによる。
22 以下は、第32回横浜市地域まちづくり推進委員会資料 http://www.city.yokohama.lg.jp/toshi/chiikimachi/iinkai/suishiniinkai/32-siryou-3.pdf、および横浜市記者発表資料（2015年5月15日）http://www.city.yokohama.jp/ne/news/press/201505/images/phpK6tvrT.pdfによる。
23 例えば、「日本経済新聞」2017年1月11日を参照。
24 例えば、建設省と警察庁が1997年度から2ヵ年にわたる「安全・安心まちづくり手法」の検討を踏まえて「安全・安心まちづくりハンドブック」を公刊したことなどがあげられる。
25 沼尻恵子（2003）「研究報告 防犯に配慮した安心・安全まちづくりに関する研究」『JICE REPORT』（財団法人 国土技術研究センター）vol.5による。
26 防犯まちづくり関係省庁協議会（2003）「全国都市再生のための緊急措置 安全で安心な

まちづくり～防犯まちづくりの推進～」https://www.mlit.go.jp/common/001051008.pdfを参照。
27 「日本経済新聞」2017年3月5日による。
28 詳しくは、日本通運「防災業務計画」1998年3月23日改正 http://www.nittsu.co.jp/about/pdf/protection_plan01.pdfを参照。
29 以上は、セブン&アイのウェブサイト http://www.sej.co.jp/csr/community/society.htmlによる。
30 以上は、日本百貨店協会ウェブサイト http://www.depart.or.jp/common_depart_csr/listによる。
31 以上は、日本フランチャイズチェーン協会ウェブサイト http://www.jfa-fc.or.jp/particle/49.htmlによる。
32 以上は、同上http://www.jfa-fc.or.jp/particle/1886.htmlによる。

第8章

地域ニーズに応える商店街

1 「商いの場」と「公共の場」の両面性

　1990年代以降、商店街の役割は、集積として小売りやサービスを提供するという側面だけでなく、地域特性に応じたニーズに対応し、地域社会（コミュニティ）の課題や問題を解決するという側面が重視されるようになってきた。地域社会の課題や問題は、人口減少、少子化、高齢化、防犯、防災、文化継承、街並みの保全、環境問題など、現代の日本社会が抱える問題や課題の縮図として提起されている。もともと、商店街は都市の中で比較的便利な場所に立地しており、祭りやイベントなどの行事の会場となることも多い。また、通勤や通学路として用いられている場合には、夜でも街灯で照らし、アーケードによって雨や雪を避けられることも少なくない。このように、商店街は商業者が「商いを行う場」というだけでなく、社会的な役割を果たしていることから、「公共の場」としての側面も有しているということができる。

　2009（平成21）年に施行された地域商店街活性化法は、こうした商店街の両面性に注目するものであり、具体的な支援対象として、高齢者・子育て支援施設の設置や運営、宅配・買物支援サービスの実施、防犯施設の設置や防犯パトロールの実施、アーケード・広場・街路整備などの地域住民の利便性に寄与する取り組み、あるいは地域資源を活かしたイベント、販売施設、ブランド開発など地域の魅力を発信する取り組みなどが想定されている。つまり、これらの事業が地域住民のニーズを踏まえ（アンケート調査等で実証する）、かつ、当該商店街の活性化が見込まれる（具体的な指標で定量的な効果を予測し、事後的に計測する）と共に、他の商店街にとって新規性や協働といった点で参考となることなどの条件を満たす場合、

国の支援が行われるものとされているのである[1]。

　以上は、商店街が果たす公共的役割に対して国が支援することを意味しているのであるが、そうすることは当然のことながら商店街の「義務」であるわけではない。商店街は地域の人びとを顧客として商活動を行うことから、地域の人びとに理解され、支持されなければ商活動そのものが成り立たない。その延長線上で、商店街が自ら進んで地域に目を向け、公共的な役割をも果たそうとしてきたのは自然なことであった。商店街にとって、商活動と地域コミュニティに対する公共的活動は「車の両輪」ということができ、後者の役割を果たすことによって前者の商業的な活性化につながる好循環をもたらす可能性があるのである。

　経済主体が本来の事業活動以外の公共的な役割を果たすというのは、何も商店街に限ったことではない。製造業を含む一般の企業（大企業にしろ中小企業にしろ）におけるCSR（Corporate Social Responsibility：企業の社会的責任）やメセナ（企業の芸術文化支援）はまさにこうした社会貢献活動の典型であった。社会貢献活動には大きな波があり、かつては、企業が高収益を上げる好況期には盛り上がるが、景気が減速すると活動自身が停滞すると指摘されていた。しかし、今日ではステークホルダー（従業員、投資家、消費者等を含む）の意向に注目し、企業戦略の中核に積極的に位置づけ、競争上の優位を築く重要な要素として位置づけられるようになっている[2]。

2　地域のニーズに対応して変化する商店街

2-1　地域の生活者ニーズへの対応

　大規模小売店舗法の改正と廃止は、1990年代から2000年代初頭にかけて商店街の活動に大きな影響を与えた。郊外の大型店、ショッピングセンターなどとの競争が激化する中、香川県高松市の丸亀町商店街振興組合のように、駐車場を整備し、有名ブランドショップを含めたワンストップショッピングが可能な業種・業態構成、飲食やエンターテイメントなどのサービスを集積させた商店街もないではなかったが、極めて例外的であった。むしろ、多くの商店街は大型店と真っ向から競争するのではなく、地域の人びとのいっそうの理解と支持を求める方向に進み、その中でコミュニティ機能にいっそう力を入れるようになってきた。

その傾向は、2008（平成20）年のリーマンショックや2011（平成23）年の東日本大震災が景気を後退させ、さらにネットショッピングの拡大が実店舗での購買そのものも減少させる中で、いっそう強まってきた。商店街は価格や品揃えではない優位性を地域コミュニティでの活動や地域の課題解決に求め、商店街組織の理念にそれらを据えて活動するようになってきたのである。それは、商店主が生活者から意見を聞いて自らの商いに反映させる、もしくは、商店街組織として地域の生活者のニーズに応じた新たなサービスをつくり出そうとする取り組みである。

以下では、商業的な活性化とコミュニティの担い手としての公共的な活動の両輪の相乗効果をうまく発揮させている事例について、地域のニーズへの対応、文化の発信、アーティストやデザイナーとのコラボレーションといった切り口で順にみていくことにする。なお、取り上げる事例は、がんばる商店街77（2006年）、新がんばる商店街77（2009年）、がんばる商店街30（2014年）、がんばる商店街30（2015年）、はばたく商店街30（2016年）、はばたく商店街30（2017年）に掲載されたものを中心にしているので、それぞれの詳細についてはWEB上で確認して欲しい[3]。

2-2　発寒北商店街振興組合の事例

代表事例としてまず、北海道札幌市西区の発寒北商店街振興組合（通称ハツキタ商店街）の取り組みを紹介しよう。ハツキタ商店街は、「40年後、札幌で一番住みやすい街」になることを目指し、地域の役に立てるように自らを変化させてきた商店街である。商店街の商圏内に大型店、ショッピングセンターなどがオープンしたのを契機にして、物販中心から地域コミュニティに根差したサービス中心の商店街へと転換させてきた。

まず2009（平成21）年に、環境活動の取り組みとして北海道で初めて地域通貨「アトム通貨」を導入した[4]。アトム通貨は、早稲田大学・商店街・手塚プロダクションが連携し、早稲田・高田馬場の商店街で始まったアニメキャラクター鉄腕アトムをあしらった通貨で、アトム通貨実行委員会（本部は東京都新宿区西早稲田）が発行主体となり、2017（平成29）年度で第14期となる。ハツキタ商店街には、同実行委員会の札幌支部が置かれている。その仕組みは、商店街がエコ活動やイベントでアトム通貨をお礼として配布し、加盟する店舗で通貨として利用できるというものである（単位は馬力で1馬力＝1円換算）[5]。ハツキタ商店街では、廃食油の回収、エコイベントでのボランティアや買い物、ハロウィンイベント、清

掃活動などエコ活動への参加へのお礼として配布している。アトム通貨導入の効果として、小中学生を中心に商店街の利用が増えているという[6]。

　2012（平成24）年から、JR発寒中央駅半径3km内を対象に、商店街の20店ほどが地域住民の暮らしにかかわる悩みに対応する「ハツキタくらし安心プロジェクト」をスタートさせた。地域の人びとは、家電製品の修理や水回り、リフォーム、不動産の相談、法律相談など、実にさまざまな問題に直面する。その時、誰に相談すればいいのか。そんな要望を察知して、「どんな悩みも解決できる相談窓口」を謳って商店街で対応窓口を一本化して事務局に設けた。実際に対応した店舗には、サービスの受注内容・料金・作業時間などについて定例会議で報告することが義務づけられており、手抜き工事等の防止や適正価格の設定などを担保できる仕組みになっている。物販店以外の多くのサービス業者が組合に加盟していることで可能となった事業であるが、2014（平成26）年には約1,600万円の売上を計上した。

　2013（平成25）年には、コミュニティカフェ＆レストラン、レンタルスペース、デイサービスで構成されるコミュニティ施設「にこぴあ」を開設した。この施設は、交流施設としての役割と講座等のイベントを開催するなど情報発信の役割も担っている。例えば、コミュニティカフェ＆レストランでは妊婦や子育て中の母親が食事をとりながら交流できるようになっている。また、子育て支援を目的に、託児要員が配置され、子どもが安心して遊べるスペースや、子育てに関する書籍や情報検索端末なども設置している。商店街組織がデイサービスセンターを運営しているのは、このハツキタ商店街だけである。

　これらの取り組みは、それまでに構築されてきていた小中学校や町内会との連携関係を基礎にして事業化されたものであり、一朝一夕に可能なものではない。例えば、ハツキタ商店街は中学校のトイレ清掃活動の実施、職業体験の受け入れなどの教育活動への取り組み、あるいは小学校のスノーキャンドル（雪灯籠）や、町内会の夏祭り、トランプ大会、ボウリング大会などのイベントの応援などにおいて連携関係を築いてきた。こうした関係がベースにあるからこそ、不動産オーナーと交渉して必要なテナントを誘致することも可能になったという。

2-3　岩村田本町商店街振興組合の事例

　もう1つの代表的事例として、長野県佐久市の岩村田本町商店街振興組合の活動を紹介する。岩村田本町商店街振興組合は、1970年代に防災建築街区造成事業と道路の拡幅を実施するなど（当時は本町商店街協同組合と中央ビル商店街）、か

つての中山道の宿場町から周辺地域の商業の中心として発展を遂げてきた。しかし、1990年代に佐久市内に新幹線駅（佐久平駅）や高速道路のインターチェンジが複数開設されることによって大型店、ショッピングセンターなどが集積し、買い物客の流出が顕著になってきた。

　そこで20年程前から、若手経営者や2世が集まる青年会が商店街の理事となり（平均年齢36.7歳）、シンボルマークも一新し、新たな取り組みとして1996（平成8）年から日本一長い草餅やロールケーキなどのイベントで集客しようと試みた。しかし、イベント当日はにぎわうものの、翌日からまた閑散としてしまうことの繰り返しであったため、抜本的な方向転換を模索した。そして、勉強会の末に「商店街は、地域のお客様のためにある」という理念を掲げ、「手作り、手仕事、技の街」をテーマに生活者目線のサービスを充実さる方向に舵を切った。

　その結果、2001（平成13）年度にカラー舗装とアーケードを整備した後、2002（平成14）年度に地域コミュニティ施設「おいでなん処」、2003（平成15）年度に地域密着型食料品店舗「本町おかず市場」、2004（平成16）年度にチャレンジショップ「本町手仕事村」を矢継ぎ早にオープンさせた。コミュニティ施設には年間6,000人の利用者がおり、おかず市場は地産地消の食材を用いた手作りで50種類以上の惣菜・弁当を提供し、黒字経営している。チャレンジショップは商店街の理念に沿うことを前提にテナントを募集しており、2.5坪の区画で1万5,000円/月と格安の条件が提示されている。これまで4店舗がチャレンジショップから独立して商店街の中に店舗を構えている。

　さらに、商店街の将来像を具現化するため、ゾーニングやビジョンづくりを自らの手で開始し、具体的な事業に落とし込んできた。具体的には、2006（平成18）年度に子育て世代を応援するため、イベント参加や店舗の会員特典がある「子育て村」をオープンし、2009（平成21）年度には商店街直営の学習塾「岩村田寺子屋塾」、2010（平成22）年度には交流サロンと短時間託児を兼ねた「岩村田子育てお助け村」、およびイオンモールと連携した「佐久っ子WAONカード」というように、次々と新たな施設やサービスを提供してきた。さらに、2013（平成25）年には経済産業省の補助金を活用して、「つどいの館　中山道岩村田宿　こてさんね」を開設した。地域の人びとが安心して集える場で、地元の伝統・文化を伝承しつつ、若手飲食事業者がチャレンジショップとして腕を競いあう多目的の商業施設である。

　地域の高等学校との連携にも力を入れており、通信制高校サポート校の開設、高

校との商学連携（就業体験・実務実践）による高校生チャレンジショップ「高校生商人甲子園」および「みんなの市場」にも取り組んでいる。

　これらの取り組みは、商店街の空き店舗を活用したものであり、最大15あった商店街の空き店舗は2017（平成29）年4月時点で2つにまで減少したという[7]。

2-4　その他の事例

　以上の他にも、次のような事例もあげられる。東京都武蔵村山市の村山団地中央商店会は、第9章で詳しく取り上げるが、買い物弱者対応として団地に住む地域住人（5,000世帯以上）を対象に自転車による無料の住民送迎サービスを開始し、月間200人以上が利用している。自転車は補助金を受けて導入し、ボランティアと商店主有志で運行している[8]。

　静岡県湖西市のあらい商工葬祭協同組合では地域の葬祭を担うことで、葬儀や法事の食材や飾りつけを組合員の小売店やサービス店に発注している。これまで2,800件程（2017年4月時点）の実績があるが、それは組合員が地域の伝統や風習を理解して住民の詳細な情報収集を行っている他、商品とサービスへのきめ細かいクレーム対応、商工会員などによる口コミ効果、組合員の自己資金で運営するため極力投資を控えたことなどによる[9]。

　また、大阪市中央区のアメリカ村で行われたビルや公園などの落書き消しには、自治会に加え、青年会議所と共に若手経営者が多いアメリカ村の会も主要なアクターとして参加している。これと同時に、テレビ局による放送や防犯カメラ等の設置、自治会の見回りが組み合わされたことで大きな効果をあげた。さらに、西心斎橋商店街事業協同組合では防犯カメラを設置し、久左衛門商店街事業協同組合では犯罪に遭いそうになった時に緊急通報できる自動販売機を設置するなど、地元自治会と共に安全・安心のまちづくり活動に取り組む事例は多い。

　東京都世田谷区の烏山駅前通り商店街振興組合（通称えるも〜る烏山）では、高齢者の見守りなどを通じて地域の安心・安全に貢献することが目指されている[10]。同商店街が導入している「ダイヤスタンプカード」では、買い物の際に付与されるポイントだけでなく、地域活動に貢献したときに次のような「コミュニティ・ポイント」が付与される点に特徴がある。具体的には、会員が、毎月の商店街の清掃活動に参加して路上の清掃や植え込みの手入れなどをすると貰える「ボランティアポイント」、商品の包装や袋を辞退すると貰える「ノー包装ポイント」などである。2015（平成27）年からは、新たに「高齢者見守りポイント」が追加されている。

これは、1人暮らしの65歳以上の高齢者が、ダイヤスタンプカードを加盟店に提示すると1日1回見守りポイントが付加され、一定期間に見守りポイントの付加がない場合、本人に連絡をとり、安否や健康状態を確認するというものであり、第9章で述べるモトスミ・ブレーメン通り商店街でも類似の仕組みが導入されている。

3 地域の人びとと共に文化を担う商店街

3-1 地域コミュニティの行事とのつながり

　まちの中心部にある商店街は、買い物や日常生活の場というだけではなく、祭りの会場として用いられることが少なくない。地域の伝統的な祭りや盆踊りは、ほとんど例外なくまちなかを練り歩き、商店街を通過する。第5章で例示したものだけではない。

　例えば、滋賀県長浜市の「曳山祭り」は、岐阜県高山市の「高山祭り」、京都市の「祇園祭り」と並ぶ、三大曳山(山車)祭りに数えられることが多く、その由来は戦国時代に当時の長浜城主だった羽柴(後の豊臣)秀吉と町民との関係にまでさかのぼるといわれている。祭りの見どころは、長浜天満宮と御旅所を結ぶ商店街を中心とする町内各所を曳山と子供歌舞伎が練り歩く行事であり、山組(山車を曳く組織)には多くの商店街の会員が参加している。青森市や弘前市を始めとする北東北各地の「ねぶた(ねぷた、ねふた)祭り」は、七夕祭りの灯篭流しなどに由来し、江戸時代中期(18世紀前半)から歴史的な記録に登場するといわれ(諸説ある)、いずれも商店街を中心とするまちなかを「ねぶた」を囲んで人びとが練り歩く行事であり、町内会・自治会や商店会の会員が主要な担い手となっている。第二次世界大戦後生まれの、高知市の「よさこい祭り」や、そこから派生的に発展した札幌市の「YOSAKOIソーラン祭り」なども、主要な舞台はまちなかの商店街である。

　いずれも、地域コミュニティの核となっている行事であるため、町内会・自治会とのつながりが強い。こうした伝統的な祭りや行事は、町衆と呼ばれる地域の人びとによって支えられてきたが、なかでも地域での滞在時間が長く、経済的にも比較的余裕のあった商店主は最も有力な町衆であった。その意味で商店街には、日常生活を超えて、地域の人びとと共に文化を担う役割を果たすという伝統があった。

3-2　天神橋筋商店連合会の事例

　地域コミュニティとのつながりは、こうした伝統的な行事やイベントを継承するだけではなく、商店街の側から新たに働きかけていくことでも生まれる。その代表的な例として、大阪市北区の天神橋筋商店連合会の取り組みを紹介していく。

　大阪市の天神橋筋商店街は1丁目から6丁目まで、全長2.6kmに及ぶ日本で一番長い商店街として知られるが、天神橋筋商店連合会はそのうち1丁目から3丁目までの連合会として1994（平成6）年に結成された。この商店街は、大阪天満宮に至る参道商店街であるが、周辺には寺院が多く集積し、寺町としても発展した地域である。連合会結成以前から、3丁目の組合ではイベントスペース「てんさんカルチャーセンター（1981〜96年）」を設置して文化発信を行ってきたが、その後、天神祭りや大阪天満宮にかかわる「天神天満花娘（1992年〜）」、「天神天満町街トラスト（1998年〜）」、「天満天神繁昌亭（2006年〜）」など、多くのハード事業やソフト事業に取り組んできた。

　そのきっかけとなった「てんさんカルチャーセンター」は、商店街の空き店舗を活用して、商店街から文化を発信することを目的として設立された[11]。1981（昭和56）年というから、一般的にはまだ商店街の文化活動の意義がほとんど認識されていない時期であった。具体的には、芸術品・写真・絵などの展覧会、落語の寄席、市民講座などのソフト事業を企画・実施してきたが、結婚式やファッションショー、お化け屋敷などが行われたこともあった。当時は「文化で商売ができるのか」という批判的な声も強く、合意形成のために毎晩のように話し合い、主要なメンバーは4〜5年のあいだ商売をそっちのけにして活動に没頭したという。その後、「天三おかげ館」でフリースペースの提供、商店街のアーケードに鳥居を模した飾りを設置するなど、特徴ある事業につなげていく。

　1998（平成10）年に天神橋筋商店連合会の取り組みから派生して、商店街有志が広く市民に呼び掛けて、商店街の売り出し企画だけでなく、伝統文化や芸能など幅広い地域文化の掘り起こしを目的とした「天神天満町街トラスト」が設立される（2002年に特定非営利活動法人）。この町街トラストが母体となって、商品の企画開発では、日本酒「百点満天百」、ガラス食器「天満切子」などが生み出され、さらに関西大学からのボランティアによる「街ガイド」、修学旅行生の丁稚体験「街あきんど体験」、天神祭の「天神天満花娘」、演歌歌手やストリートミュージシャンを集めたイベントなども次々と実施された。その中で、商店街と町街トラス

トは地域コミュニティや大阪天満宮とも連携を強めて、2014 (平成26) 年度から大阪地域創造ファンドの支援を受けながら、天満宮の境内からくみ出される「天神水」を活用した事業を開始した。

　また、天神橋筋商店連合会や天神天満町街トラストは、上方落語の定席小屋「天満天神繁昌亭」の設置に際しても中心的な役割を果たした。落語の定席小屋は上方落語協会の長年の悲願であるとされてきたが、2006 (平成18) 年に桂三枝 (現・桂文枝、社団法人上方落語協会会長) を中心に大阪天満宮・商工会議所などの関連団体と共に参加し、大阪天満宮から無償で土地を借り受ける相談、募金による資金集めなどに奔走した。繁昌亭の設置後1年間で116億3,000万円 (大阪府内直接需要額33億5,000万円) もの経済効果があった[12]。

　これらの取り組みを理解するには、リーダーであった故・土居年樹の考え方を知る必要がある。土居は1970年代後半から商店街の役員を務め、1980年代からは商店街の中心となって活動した。その中で土居は、地域をしきたり通りに守ろうとする人材は多いが、新しい試みを実践しようとする人材が不足しがちであること気づいた。そこで、自らはまちを守る側ではなく、まちを活かすために攻める側にまわろうと意識した。そして、彼には天満の商店街が生活者や観光客に支えられる上品なハレのまちの生活文化を取り戻し、復活させたいという願いがあった。そのため、商店街の活性化には、長い時間がかかってもまちの文化を追求し、それを磨き上げ、まちを残したいと思う心も後世に伝えようと主張し、商店街の活動に反映していった。「街商人(まちあきんど)」「まち活かし」はそんな土居の考え方を表す言葉である。

 ## アーティストやデザイナーと共存する商店街

4-1　商店街等のまちづくりとアート、デザインとのかかわり

　地域に根ざした活動は、直接的に生活支援をしたり、伝統・文化を継承していくだけではない。そうする過程で、必然的に広い意味でのアートとの結び付きが生まれる。商店街の活動も、アートと触れ合うことによって奥行きが広がり、地域の人びとの生活の質に大きな影響を与えるようになる。以下、まちを舞台にするアートやデザイン系の取り組みと、商店街等のまちづくりとのかかわりという切り口から、いくつか事例をみていこう。

この領域を代表する事例としては、千葉県柏市の柏駅周辺で、2006（平成18）年から開催されている「アートラインかしわ」があげられる。これは、商店街振興組合柏二番街商店会、柏駅前通り商店街振興組合や協栄商店会などで構成される「JOBANアートラインかしわ実行委員会」が主催する、アート作品の展示や音楽ライブ、パフォーマンス、ワークショップなどからなるアートフェスティバルである。ちなみに、「JOBANアートライン」の名称は、柏駅を通る主要な鉄道であるJR常磐線に引っ掛けたものであり、常磐線と沿線地域のイメージアップと活性化を図ることを目的に、同線沿線の4区4市（台東区・荒川区・足立区・葛飾区・松戸市・柏市・我孫子市・取手市）と東京藝術大学（台東区上野と取手市にキャンパスがある）、JR東日本東京支社が「JOBANアートライン協議会」を立ち上げたのを機に、このアートフェスティバルは開始されたのである[13]。
　具体的には、例えば柏二番街商店会で東京藝術大学の学生による本格的な音楽ライブや作品の掲出、柏にゆかりのあるアートコレクターの展覧会を中心とする「KASHIWA ART DAYLIGHT」が開催されている。アートラインかしわでは、アーティストに発表の場を提供することを通じて、まちのイメージアップを図ることで、商店街ひいてはまち全体の賑わい創出が目指されている。
　また、滋賀県長浜市では、芸術のわかる市民を育て作家を支えようという理念に基づいて、1987（昭和62）年から「芸術版楽市楽座アート・イン・ナガハマ（事務局：特定非営利活動法人ギャラリーシティ楽座）」が開催されている。絵画やクラフト作家が自ら作品を展示販売する2日間のイベントで、当初は「アート・イン・ザ・ホー」という名称で長浜城豊公園を会場にしていたが、1993（平成5）年から商店街の街路上に展示ブースを設置するなど、商店街をメイン会場とするようになっている。長浜市商店街連盟は有志でこのイベントの実行委員を担っており、会場の設営やイベントの運営に商店街をあげて参加している。イベント当日の作品の販売を「楽市」に見立て、作家との交流を深めた店舗が1年間、店内に常設ギャラリーを設置する契約を「楽座」に見立てた。中には作家の作品に合わせて店のコンセプトと品揃えを変更した商店もある。このようなギャラリーが設けられるかどうかは、アーティストやデザイナーにとって商店街や地域と共存しているかどうかの1つのサインとなっている。
　兵庫県伊丹市では「もっと自由に、もっと楽しく音楽を」をテーマに、2005（平成17）年に市内のカフェやバーで行われている音楽のライブ情報をまとめてアピールする「伊丹オトラク」が公益財団法人いたみ文化・スポーツ財団の企画で始

まった。当初は6カ所だった会場が半年で2倍となり、年間のライブ数も200回を超え、それ以降、ライブハウスを飛び出した「伊丹オトラク広場」へと発展していった。演奏環境をホールやライブハウスに近づけるのではなく、自然な環境の中でもっと自由に音楽を楽しもうという企画である。

　2009（平成21）年には第1回「伊丹まちなかバル」の開催に合わせて、「伊丹オトラクな一日」が開催された。まちなかバルとは、飲食店とまちの活性化を目指した食べ歩き、飲み歩きのイベントで、1冊5枚綴り等のチケットを購入し、バル参加店で1枚のチケットと引き換えにドリンク1杯と食事小皿1品を楽しめる。日本での発祥は2004（平成16）年の「函館西部地区バル街」であるが、近畿圏では2009（平成21）年の伊丹が初開催となり、それ以降、特に近畿地区におけるバルの拠点となり、チケット販売数や参加店舗数で、バル・イベントとして日本最大級の規模となっている。「オトラクな一日」は、100人程のミュージシャンが参加し、サポーター（ボランティアスタッフ）が付き添いながら、中心市街地の商店街のメイン会場、店内や街角などさまざまな場所で演奏を行うもので、第1回から現在まで同時開催され、「伊丹まちなかバル」にはなくてはならない存在となっている。その結果、オトラクに参加する店や協力者が増え、ミュージシャンとのつながりも深まると共に、出演交渉を担ってくれるプロデューサー的なミュージシャンも現れたため、商店街で開催されるイベントへの出演を依頼できるようにもなっている。

4-2　古民家等のリノベーションによるまちづくり

　アートやデザイナーとの協働は建築の分野にも表れる。新たな建築物の設計が関心を引く場合もあるが、近年注目を集めている商店街やその周辺にある古民家の改装（リノベーション、コンバージョン）もその1つである。これはまちづくりの方向として、大規模な開発・再開発とは対照的な特徴をもつもので、既存の地域のハード面、ソフト面の資源をできるだけ生かしながら、資金をあまりかけずにまちづくりを進めようするものといえる（第5章参照）。こうした場面では、不動産所有者の協力も欠かせないが、建築家やデザイナーの活躍が大いに期待されている。

　例えば、大阪市天王寺区の「からほり倶楽部」（空堀商店街界隈長屋再生プロジェクト）では、空堀通り商店街振興組合の周辺の長屋を改装した「惣（そう）」、町家と蔵を改装した「練（れん）」、昭和の民家兼工場を改装した「萌（ほう）」と、いずれも複合商業施設として再生し、主に若手経営者に飲食、物販、手工芸等のテナントとして入居し

てもらっている。また、直木三十五の記念館を整備し、チャレンジショップ、ギャラリーブースの貸し出しも行っている。この取り組みは、不動産業者が所有する物件について、建築家が店舗の改装や広報に携わり、多様なメンバーでイベントを企画して広域からも集客できるように再生したもので、その影響は当該改装物件にとどまらず、商店街とその界隈での若手経営者やデザイナーの出店を増加させるに及んだ。

　また、長野市の善光寺周辺の門前町では、2000年代前半から、建築家やアーティストを含む民間の小規模事業者が、自然発生的に蔵や古民家などの遊休不動産に価値を見出し、店舗やギャラリー、オフィス、住居、シェアハウス等へのリノベーションに取り組んできた。これと並行して、行政サイドでは、門前町を含む長野市中心部を対象として、1999（平成11）年に中心市街地活性化基本計画を策定、2012（平成24）年には第二期中心市街地活性化基本計画の認定を受けるなどによって支援策を展開すると共に、2001（平成13）年から善光寺周辺地区街並み環境整備事業を実施してきた。その成果の1つとして、門前町の一角にあたる大門町において、空き店舗となっていた伝統的建物の保存運動を地域住民が実施していた地区を、まちづくり長野（長野商工会議所を中心に長野市、地元商店街・企業等が出資して設立したまちづくり会社）が、蔵や楼閣など15棟（4棟は新築）から成る回遊型商業集積「ぱてぃお大門　蔵楽庭（くらにわ）」に再開発（2006年オープン）した事例があげられる。

　長野市が中心となって設立したながのシティプロモーションは、門前町のリノベーション事例を紹介するために「古き良き未来地図」を発行しているが、その初版（2012年）では30事例が、2015年改訂版では59件が取り上げられている。こうした10数年にわたる一連の活動によって、門前町にはリノベーション物件の高密度な集積が進展し、地域のまちづくりに大きく貢献したといえる[14]。

　地方の中小規模都市の事例では、兵庫県丹波市の柏原町（かいばら）が注目される。柏原は、もともと氷上郡に属する柏原町として独立した自治体であったが、2004（平成16）年に氷上郡6町が合併して丹波市となった。柏原では、合併前の1999（平成11）年に柏原町中心市街地活性化基本計画が策定され、2000（平成12）年にまちづくり柏原が町も出資する第三セクターとして設立された。そして合併後の2009（平成21）年には、丹波市中心市街地活性化基本計画の認定を受けた。まちづくり柏原が取り組んでいる中心事業は、行政のまちづくりのコンセプトに沿い、中心市街地が必要とする業種・業態の魅力的な店舗を増やすことを目的とするテナ

ントミックスであり、それを古民家等の歴史文化資源のリノベーションを通じて実現してきている。具体的には、取り壊される予定だった築100年の呉服店をリノベーションによって、まちづくり柏原直営のイタリアンレストランにした事例（2000年オープン）をリーディングプロジェクトとし、コミュニティ広場、ギャラリー、レストラン、洋菓子店などを2016（平成28）年までに9店舗を逐次オープンしてきている。また、これと並行して、地域のデザインコンセプトを明確にするために、2001（平成13）年から2004（平成16）年にかけて、車道に脱色アスファルト、歩道に自然石を使った街路美装化事業を実施している。

4-3 浜松ゆりの木通り商店街の事例

　ここまで紹介してきた、まちを舞台にするアート、デザイン系の取り組みや、歴史的建物のリノベーションを、まちづくりに総合的にとり入れている事例として、静岡県浜松市のゆりの木通り商店街（事業協同組合浜松ショッピングセンター、田町東部繁栄会、神明町繁栄会から成る）について、やや詳しく紹介していこう。この事例は、地域の需要に対応した取り組みという側面がある一方で、ゆりの木通り商店街には食品・日用品等の最寄り品小売店がほとんどなく、こだわりの雑貨店やスポーツ用品店、メンズ衣料品等を始めとする個性的な専門小売店が多く集積するという業種・業態構成の特徴から、地域の枠を超える広域からの集客も視野に入れた展開が目ざされているところに特徴がある。

　さて、ゆりの木通り商店街では「万年橋パークビル」、「カギヤビル」をはじめとする物件で、若手建築家、デザイナー、アーティストを巻き込んだリノベーションやコンバージョンがさかんに事業化されると共に、彼らが商店街内で店舗や事務所を独立開業することを応援してきている。このように、若手建築家やアーティスト等を積極的に受け入れることで、先駆的なリノベーション店舗（小売店、美容室、飲食店）が相次いでオープンし、それらがモデルとなって商店街にさらなる新規出店者を引き付ける一方で、それに魅了された来街者を広域から集めている。

　万年橋パークビルは、自走式の立体駐車場（2～8階）を核とする棟と商業棟を接続した10階建てで、商業テナントおよびオフィスが入居すると共に、8階は囲炉裏のある部屋を含むフリースペース「hachikai」、9～10階部分は集合住宅となっている。竣工は1986（昭和61）年で、当初は浜松市と「田町パークビル株式会社」との区分所有形式がとられていたが、2011（平成23）年に駐車場部分を田町パークビルが浜松市から賃借して運営する方式に転換し、さらに2014（平

成26）年、同社がビル全体を取得するにいたった。

　2011（平成23）年以降、駐車場の利用者を増やすべく、積極的に地域コミュニティに活用される場になろうと施設を作り変え、手作り品バザールや各種イベントを企画してきた。例えば、能を稽古するスペース「ゆりの木能舞台」を設けて無料で貸出したり、自動車の昇降通路を活用した自転車レース、さまざまな展示会や実演会などのイベントを頻繁に開催している。さらに、地域コミュニティとの接点を増やすべく、建築家やアーティストとのコラボレーションを意識的に増やしてきた。

　具体的には、次のような施設や企画があげられる。1階のセミナールーム「黒板とキッチン」は建築家とアーティストが共同経営する企業に運営を委託し、料理、手芸、語学、哲学など多様なジャンルの講座やワークショップが開催されている。例えば、料理講座であれば漫画飯（漫画にでてくるメニュー）を作ったり、外国人から故国の料理の作り方を習うなどである。また、談話や交流スペース、打ち合わせ等での使用の他、食材を持ち込みキッチンだけを借りて料理することもできる。8階のフリースペースは、駐車場を部分的に作り変えて、イベント等に貸出しているものであり、スケートボードの練習やバーベキューまで可能である。これらのデザインは若手建築家やデザイナーなどが協力している。

　さらに、2017（平成29）年には7階駐車場に移動式の店舗とアトリエを併設した「CUBESCAPE」を設置した[15]。駐車場に常設の店舗を設置することができないため、移動式の店舗として営業し、家賃は駐車料金で支払うということになる。この移動式の店舗も若手建築家に設計を委託している。このように、デザイナーやアーティストを活用しながら既存の商店街にはない商品やサービス、空間を作り出し、地域コミュニティに向かって発信すると共に、多様な関係者（企業経営者、建築事務所、特定非営利活動法人、大学、地域住民、行政担当者）とゆるやかなネットワークを形成しているのである。

　また「カギヤビル」は、2012（平成24）年に地元不動産会社が取得した築50年以上になる4階建て地下1階の建造物で、地下にライブハウスを備え、地上階に商業、飲食、ギャラリーのテナントが入り、17ほどの区画はいつもほとんど空きがない状態となっている。このビルは耐火建築促進法による共同建築物として建設されたため、この不動産会社が所有する部分だけを取り壊すことができない。そこで、不動産会社としては将来的に建て替えを検討しつつ、当面の間はリノベーションで不動産を有効活用しようとテナント運用を開始した。と言っても、不動

会社側では 5 万円／月程度で借りられるように区割りするために、壁で小分けして分電盤の工事をした程度の小規模な改修であった。

不動産の付加価値を高め、地元の若者を引き付けるという観点から、地元出身の気鋭の写真家にテナント入店を打診し、月 1 回店舗とギャラリーでイベントやワークショップを開催してもらっている。各区画内のリノベーションの費用は借り手が負担するが、改修工事の期間は家賃が無料になるなどの便宜も図っている。これによって、出店希望者も増加して順調に区画が埋まり、少数ではあるが東京等の遠方からも集客できようになった。

5　地域に根差したまちづくり

商店街は「商いの場」であると共に、「公共の場」としての役割も果たしている。そのため、地域に根差した商店街の取り組みは、地域住民に商品・サービスを提供するだけでなく、コミュニティが抱える課題の解決を図る活動としての側面も有する。

本章では、そうした取り組みの事例として、発寒北商店街や岩村田本町商店街などを取り上げてきた。このうち発寒北商店街の特徴は、「40年後、札幌で一番住みやすい街」になることを目指すと共に、物販中心から地域コミュニティ向けサービス中心の商店街への転換が図られていることにある。

また、岩村田本町商店街の特徴は、1990年代末以降「商店街は、地域のお客様のためにある」という理念を掲げ、「手作り、手仕事、技の街」をテーマに生活者目線のサービスを充実さる方向に舵を切ったところにある。

このように商店街が地域課題に正面から向き合い、日常の買い物から暮らし全般にかかわるサービスに対するニーズに対応すると共に、子育てや高齢者の生き甲斐、あるいは介護といったコミュニティとして求められる機能を共に担うことで、地域住民の「生活の質」（Quality of Life）を維持・向上させることに貢献しているということができる。

そうした役割の一方で、商店街には、日常生活を超えて、地域の伝統的な祭りをはじめとする文化を地域の人びとと共に担う役割もある。本章では、長浜の「曳山祭り」や青森などの「ねぶた（ねぷた、ねふた）祭り」に代表される伝統行事や、大阪の天神橋筋商店街における文化行事への取り組みといった事例を通じて、商店

街の役割について確認してきた。

　さらに、商店街の取り組みがアーティストやデザイナー等の活動と結び付くことによって、地域住民の「生活の質」をより高めることに貢献する場合がある。そうした事例として本章では、柏における「アートラインかしわ」や長浜の「芸術版楽市楽座」などのイベント事業、あるいは長野を始めとする古民家リノベーションのまちづくりへの活用、浜松におけるアーティスト、建築家等とのネットワークに基づく取り組みなどを取り上げた。

　少子高齢化・人口減少といった社会構造の大きな変化を背景にして、地域住民が必要とする商品・サービスの内容が大きく変わってきているなか、商店街は、日常生活面はもちろん、それを超えた文化・アートなどの領域も含めた地域住民の「生活の質」向上について役割を果たすことが期待されているといえる。ただし、そこには商店街の独力ではカバーし切れないことが含まれることから、さまざまな機関と連携しながら遂行することが求められる場合もある。この点は、第10章であらためて検討することにしよう。

（角谷嘉則、渡辺達朗、新島裕基）

注

1　以上は中小企業庁ホームページによる。閲覧日2017年4月1日　http://www.chusho.meti.go.jp/shogyo/shogyo/ShoutengaiLow.htm
2　公益社団法人経済同友会『日本企業のCSR自己評価レポート2014』にょる。閲覧日2017年4月1日　https://www.doyukai.or.jp/policyproposals/articles/2014/140514a.html。および、公益社団法人企業メセナ協議会『メセナ活動実態調査［報告書］』各年版による。
3　中小企業庁ホームページ、閲覧日2017年4月1日　http://www.chusho.meti.go.jp/keiei/sapoin/monozukuri300sha/index2017.htm
4　環境活動のためにアトム通貨を導入したのは、土屋日出夫（ハツキタ商店街理事長）が安井潤一郎（早稲田商店会長、アトム通貨実行委員会会長などを歴任）の講演を聞いたからという。
5　アトム通貨は、年度単位の4月から翌2月までの11か月間のみ流通し、毎年通貨を刷新するため、期間を過ぎれば使えなくなる。ただし、鉄腕アトムをあしらった通貨であることからコレクターが収集したり、ボランティアの記念品として保管されやすいという特徴がある。逆に、利用率が高まると、本部と支部とで換金される仕組みのため、仕組みを維持することが困難になる（石渡正人（2013）「アトム通貨で描く地域コミュニティ」西部忠編著『地域通貨　福祉＋a』ミネルヴァ書房）。環境活動のために地域通貨の導入を検討したのは土屋日出夫（商店街理事長）が安井潤一郎（当時：アトム通貨実行委員会会長）の講演を聞いたからであった。
6　当初、小中学生の洋菓子店やパン屋での利用をきっかけにして、保護者を巻き込んでの利用促進が期待されたが、そこまでには至っていないという（菅原浩信（2014）「発寒北商店

街におけるアトム通貨の活用」『北海学園大学経営論集』12巻2号）．
7 　岩村田ドットコム、閲覧日2017年4月1日　http://www.iwamurada.com/　経済産業省ホームページ、閲覧日2017年4月1日　http://www.meti.go.jp/committee/chuki/kihonseisaku/pdf/003_04_02.pdf
8 　国土交通省ホームページ、閲覧日2017年4月1日　http://www.mlit.go.jp/sogoseisaku/soukou/soukou-magazine/1411murayama.pdf
9 　静岡県ホームページ、閲覧日2017年4月1日　https://www.pref.shizuoka.jp/sangyou/sa-510/genki/gyosyu/kakusya/168_arai.html
10　烏山駅前通り商店街振興組合は、スタンプ事業を成功させた先駆的な商店街として知られている。同商店街のスタンプ事業が軌道に乗る1980年代後半以降、同事業は「烏山方式」と呼ばれ、全国各地から視察・見学が相次いだという。詳しくは石原武政・石井淳蔵（1992）『街づくりマーケティング』日本経済新聞社、pp.72-76を参照のこと。https://www.osaka.cci.or.jp/Chousa_Kenkyuu_Iken/press/070905.pdf
11　以下、天神橋筋商店街の記述は、土居年樹『天神さんの商店街』東方出版、2002年、同『社会といきる商店街』東方出版、2011年による。
12　大阪商工会議所　北・都島・福島支部による調査結果（2007年9月）による。閲覧日2017年4月27日　https://www.osaka.cci.or.jp/Chousa_Kenkyuu_Iken/press/070905.pdf
13　JOBANアートラインかしわ実行委員会ウェブサイト「アートラインかしわ2016」。http://2016.kashiwa-art.com/
14　リノベーション事例の詳細は「長野、門前町のリノベーションまちづくり、新局面に」『日経アーキテクチャ』2015年8月4日、http://kenplatz.nikkeibp.co.jp/article/knp_column/20150717/706530/を参照されたい。
15　静岡新聞@S　2017年3月15日配信、閲覧日2017年4月1日　http://www.at-s.com/news/article/economy/shizuoka/338796.html

第9章

高齢者・子育て世代にやさしいまちづくり

1 社会環境の変化に対応したまちづくり

　本章では、商業者が取り組む高齢者や子育て世代にやさしいまちづくりについて取り上げる。詳しくは後述するが、高齢者の健康的な生活を支援したり、小さな子どもがいる親同士が交流しながら子育てできる環境を整備するなどの活動が全国各地で展開されている。こうした動きが広がる主な背景として、人口減少・超高齢社会[1]の進展や子育て環境の悪化という2つの社会環境の変化を挙げることができる。

　内閣府が発表している『高齢社会白書』(2017年度版)によると、わが国の65歳以上の高齢者は2015 (平成27) 年時点で3,459万人となり、高齢化率（総人口に占める65歳以上の割合）は過去最高の27.3％に達している。都道府県別にみると、**図表9-1**に示すように、高齢化率30％を超えているところは地方都市が多く、最も高い秋田県をはじめ12県ある。これに対して25％未満は6都県あるが、このうち東京都、神奈川県、埼玉県では、2015年から2040年までの高齢化率の伸びが10ポイント以上となっており、上記12県と比較して高い傾向にあることから、今後は首都圏でも超高齢社会化が加速していくことが見込まれる[2]。さらに、過疎地域に指定されている市町村、あるいは都市郊外の団地やニュータウンなどでは、高齢化率がすでに40％を上回る場合が珍しくなくなっている。

　また、各年代のなかで最も人口が多い団塊世代（1947～1949年生まれの第一次ベビーブーム世代）が、2025年までに後期高齢者と呼ばれる75歳以上となり、総人口に占める後期高齢者の比率が急速に高まることにも注目する必要がある。その結果として、さらなる医療費の増大が危惧されると共に、すでに顕在化している医療・介護の担い手不足や老々介護などの深刻化が懸念されている。この他にも、

図表9-1 都道府県別高齢化率の推移

	2015年(平成27年)			2040年	高齢化率の伸び(ポイント)
	総人口(千人)	65歳以上人口(千人)	高齢化率(%)	高齢化率(%)	
秋田県	1,023	343	33.8	43.8	10.0
高知県	728	237	32.8	40.9	8.1
島根県	694	223	32.5	39.1	6.6
山口県	1,405	448	32.1	38.3	6.2
徳島県	756	231	31.0	40.2	9.2
和歌山県	964	296	30.9	39.9	9.0
山形県	1,124	344	30.8	39.3	8.5
愛媛県	1,385	417	30.6	38.7	8.1
富山県	1,066	323	30.5	38.4	7.9
岩手県	1,280	387	30.4	39.7	9.3
大分県	1,166	352	30.4	36.7	6.3
青森県	1,308	391	30.1	41.5	11.4
長野県	2,099	626	30.1	38.4	8.3
〜〜〜	〜〜〜	〜〜〜	〜〜〜	〜〜〜	〜〜〜
埼玉県	7,267	1,789	24.8	34.9	10.1
滋賀県	1,413	338	24.2	32.8	8.6
神奈川県	9,126	2,158	23.9	35.0	11.1
愛知県	7,483	1,761	23.8	32.4	8.6
東京都	13,515	3,006	22.7	33.5	10.8
沖縄県	1,434	278	19.6	30.3	10.7

注：平成27年時点の高齢化率に基づいて都道府県を降順に並べており、波線より上は30％超、波線より下は25％未満であることを示している。
出所：内閣府（2017）『高齢社会白書』により筆者作成。

　税収減による行政サービスの質・量の低下、単身高齢世帯の孤立、そして買い物弱者問題（第2章参照）など、超高齢社会にかかわるさまざまな問題が現実のものとなりつつあることから、社会全体として迅速に対策を講じる必要に迫られている。
　他方、子育てを取り巻く環境についてみてみよう。高度経済成長期以降、産業構造や生活意識の変化などの影響を受けて、子育て世帯の核家族化が進展してきた。また、女性が社会で活躍する機会が増えたことを背景として、共働き世帯が増えている。こうしたなかで、共働き世帯が子育てと仕事を両立させるためには、安心して子どもを預けられる保育施設等の整備が前提となるが、待機児童問題がなかなか

解決しないことに象徴されるように、子育て環境はますます厳しくなりつつある。

「ワーク・ライフ・バランス」（仕事上の責任を果たすと共に、家庭や地域生活などの場面でも多様なライフスタイルを選択・実現すること）を目指す考え方が注目を集めると共に、政府も「働き方改革」（長時間労働の抑制、年次有給休暇の取得促進など、さまざまな観点から働き方を見直すこと）を掲げてさまざまな施策を実行しつつあるものの、現実には、仕事と子育てや家事との両立を可能にするような環境は、一部の業種や企業等を除いていまだ整備されていない。こうした状況を踏まえると、地域における子育て環境の充実は、子育て世代の暮らしを支えるうえで重要な社会課題のひとつと言える。

このように、過去に類をみないような環境変化の渦中にある昨今、高齢者や子育て世代にかかわる社会課題への対応が、社会全体としてますます重要視されるようになってきている。そうしたなかで、商業者もその主体となり、近隣に暮らす高齢者や子育て世代の生活を支えることで社会課題に対応すると共に、自身の収益を得る機会にも繋げようとするさまざまな取り組みが行われている。

以下では、まず高齢者にやさしいまちづくりの取り組みからみていく。超高齢社会におけるまちづくりは全国各地で多様な主体により取り組まれているが、その内容は地域の特性や直面している状況に応じて多岐にわたる。ここでは、商業者によるまちづくりのうち、医療や福祉にかかわる課題と買い物弱者問題への対応に焦点を合わせることとする。

2 高齢者にやさしいまちづくり

2-1　商業者による「医商連携」の取り組み

商業者によるまちづくりにおいて、医療や福祉にかかわる課題に対応した先駆的な取り組みとして挙げられるのが「医商連携」である。ここで医商連携とは、病院や診療所などの医療機関、社会福祉協議会などの介護や福祉にかかわる機関（医）と商店街（商）が連携することを指している[3]。医療機関等と連携することにより、商店街ひいてはまちとして、高齢者が健康で安心して生活できる場を提供しながら地域住民のニーズに応じていこうというのである。

こうした取り組みが医商連携と呼ばれる契機となったのは、2008（平成20）

年6月に経済産業省の九州経済産業局が発表した「『九州新経済活性化プラン』実現に向けたアクションプラン」である。当時、九州地方は全国平均を上回る速さで高齢化が進行していたことから、高齢社会への対応が重要な問題として位置づけられていた。このプランに基づく具体策として、2009（平成21）年3月に九州経済産業局がとりまとめた「『医商連携』によるまちづくりの推進に関する報告書～安全に安心して暮らせる次世代型まちづくりをめざして～」において、高齢者が安心して生活できる場、地域住民が生活習慣病を克服して健康に過ごせる場が必要であるという理念のもと、医療機関などと商店街の連携を推進するための方策が打ち出された。なお、「医商連携」は当時一般に使われていた「産官学連携」や「農商工連携」といった用語から触発された造語であり、同報告書から使われ始めたという。

　同報告書のなかでは、医商連携の具体的な事例として、例えば鶴見銀座商店街協同組合（神奈川県横浜市）による医療機関マップの作成、久留米一番街商店街振興組合と㈱ハイマート久留米（共に福岡県久留米市）による高齢者に対する健康、生活習慣、心の悩み相談の実施などが紹介されている。

　九州経済産業局の呼びかけに応じて多くの商店街が医商連携に取り組んだが、なかでも以下の商店街では、現在に至るまで取り組みを継続・発展させてきている。まずは健軍商店街振興組合（熊本市）である。同振興組合は、2016（平成28）年4月に発生した熊本地震により、建物やアーケードの一部が損壊して瓦礫が散乱するなどの甚大な被害を受けたが、早期に復興委員会を立ち上げ、復旧・復興に取り組んだことでも知られている[4]。

　健軍商店街振興組合は、医療機関が近接している環境を活かして、近隣にある健軍商栄会、健軍新天街商店会、泉ヶ丘通り商栄会と設立した「健軍まちづくり推進協議会」で策定した「まちづくりビジョン」に基づいて、**図表9-2**に示すような事業を実施してきた。すでに同振興組合は、1999（平成11）年から、地元タクシー会社と連携して取り組む「タクシー宅配サービス」、「おでかけ支援サービス」の運行拠点としての役割を果たしてきている。そうした実績を踏まえて、2009（平成21）年に地元の医師会・看護師会や社会福祉協議会などと「医商連携型まちづくり委員会」を立ち上げると共に、その拠点となる「街なか図書館よって館ね」を開設した（地域商店街活性化法認定事業）。この施設では、健康や医療に関する本の貸し出し、医師会に所属する看護師による血圧や体脂肪の測定などで健康管理を啓発したり、日常の食事や体重などを記録する「お買物健康手帳」を交付してい

図表9-2 健軍商店街振興組合における「医商連携」の代表的な取り組み

年	取り組み	概　要
1999年	らくらくお買い物宅配	買い物した荷物をタクシーで自宅まで宅配。現在は地元タクシー会社に委託し「タクシー宅配サービス」として展開。
2009年	健軍地区医療福祉マップ	商店街周辺に医療機関や教育施設が近接していることを踏まえて、近郊の病院や薬局などを紹介した地図を配布。
2009年	街なか図書館よって館ね	健康に関する書籍の貸し出しや閲覧、高齢者相談や健康相談を行い、自己健康管理を啓発。
2009年	健康フェア	アーケード内を歩行者天国にして健康相談や啓発活動を行う他、近隣町村の特産品販売等を実施する。
2013年	貯筋運動	筋力トレーニング等で貯めたポイントを商店街で利用可能なクーポンと交換。

注：健軍地区福祉マップ以外は継続中。
出所：第12回共通商品券全国大会資料などをもとに筆者作成。

る。さらに、商店街を訪れる買い物客に対して、定期的に健康相談会を実施することで食生活の改善を提案し、摂取量が不足する野菜類を商店街で購入することを薦めるなどしている。なお、同施設は、熊本地震の本震から3か月後の2016年7月に運営再開した[5]。

　さらに2013（平成25）年以降、いわゆる「貯筋運動」と連動した取り組みを実施している。貯筋運動とは、鹿屋体育大学（鹿児島県鹿屋市）の教員が提唱している運動のことで、高齢者の骨折や転倒の予防などを目的に、日頃から習慣的に運動して体力を高めながら筋力を貯める（「貯筋」する）というものである。健軍商店街振興組合では、トレーニングでポイントを貯めると、商店街の店舗で利用可能なクーポン券と交換できるサービスを実施している。

　宇宿商店街振興組合（鹿児島市）では、2010（平成22）年から高齢者見守り事業（地域商店街活性化法認定事業）を実施している。同事業では、商店街の『見守りサポーター』制度に登録した地域住民が、GPSや万歩計機能を有する携帯電話を活用して高齢者の見守りを担うと共に、サポーターと高齢者の交流を通じて地域情報の共有を図っている。さらに同年以降、地域内の病院から派遣された看護師による「地域健康相談室」を商店街内で月に1回程度開催している。

　また、2011（平成23）年から「健康づくり体操教室」を毎週火曜日に開催しており、当初から参加者の好評を得ていたという。さらに、2015（平成27）年8月からは、この事業を発展させ、鹿屋体育大学や鹿児島国際大学、鹿児島大学医

学部と協働で「高齢者健康増進プログラム　貯筋力アップで健康づくり・貯筋運動」に取り組んでいる。貯筋運動の開始以降、各店舗の売上が増加すると共に、商店街の若手メンバーが商店街活動に積極的になり、新たに青年部が結成されるなど、後継者育成の機運が醸成される効果も表れているという[6]。

　この他にも、八代市まちなか活性化協議会（熊本県八代市本町一丁目商店街振興組合、二丁目商店街振興組合、三丁目商店街振興組合、通町商店街振興組合の合同による任意組織）は、2012（平成24）年10月から、電子部品事業やヘルスケア事業を展開するオムロン株式会社の「Wellness linkシステム」を活用した歩数計による健康づくり「テクテク歩こう商店街」（経済産業省「中小商業活力向上事業」による）に取り組んでいる。具体的には、この事業に登録した会員に、オムロン製の歩数計（歩数計3,000円＋会費月額500円）を携帯しながらウォーキングしてもらうことで、商店街として健康づくりを支援するというものである。利用者は、商店街にある集計拠点で歩数計のデータを読み込み、そのデータをプリントアウトして参加店で買い物をすると、割引サービスを受けることができる。

　また、毎月歩数ランキングが発表され、上位会員には商店街の商品券がプレゼントされるなど、ウォーキングのモチベーションが高まるような仕組みになっている。集計拠点では、歩数計のデータ管理の他、体重や体脂肪、血圧などの健康に関するデータを測定することもできる。

　これらの取り組みの結果、現在までに会員数は130名を超えており、会員を中心とした「階段上り」のグループが結成されるなど、新たなコミュニティの形成にもつながっている。さらに2014（平成26）年以降、会員によるウォーキング・ガイドブックの作成、ウォーキング大会の開催など、会員拡大に向けた事業が展開されている[7]。

2-2　医商連携の全国各地への広がり

　医商連携の取り組みは、その後、全国の商店街に広がった。代表例として、比較的最近の事例を中心にいくつか紹介しよう。

　例えば、帯広電信通り商店街振興組合（北海道帯広市）は、「お年寄りや障がいのある方と協働・共生する商店街」をコンセプトに、2011（平成23）年、高齢者や障がい者の社会参画や就労を実現するための施設「ミナミナ」を開設した。これは、商店街と社会福祉法人が共同運営する障がい者就労支援施設である。喫茶スペースを設置した他、地元産のゴボウを使用した商店街の特産品「帯広電信通りゴ

ボウ茶」(商店街内の「乾燥工房ハル」で加工)を販売している。

　これ以降、高齢者や障がい者の御用聞きサービスを実施する商店街のアンテナショップ「べんぞう商店」や、高齢者を支援するカルチャー施設「ぴあのかふぇりずむ」など、現在までに計9店舗の新規出店があり、商店街の空き店舗解消にもつながっている[8]。

　発寒北商店街振興組合(北海道札幌市)では、第8章で触れたように、2012(平成24)年から「ハツキタくらしの安心窓口プロジェクト」を実施している。また、翌年の2013(平成25)年には、高齢者のための交流場や入浴施設を設置したコミュニティ施設「にこぴあ」を開設し、商店街の単独事業としてデイサービスに参入した[9]。

　また、モトスミ・ブレーメン通り商店街振興組合(神奈川県川崎市)は、2015(平成27)年、高齢者支援サービスとして、商店街内のコミュニティ・センターを訪れた高齢者(75歳以上)が、商店街の会員ICカード「ブレカ・カード」で端末機にタッチすると「健康ポイント」1ポイントを付与する「健康ポイントブレカステーション」を開始した。これにより、高齢者が外出することへの動機づけとすると共に、コミュニティ・センターでの交流促進などを企図している。高齢者へのポイント付与状況を分析することで、高齢者の孤立防止の成果を測ると共に、次の施策検討の参考としている。現在、1日60人を超える高齢者が利用しているという[10]。

　さらに、片塩振興協議会(奈良県大和高田市)は、2015(平成27)年、老化による体力の衰えを予防するために、近隣に暮らす高齢者の健康維持や交流の場として「片塩わかがえりーな」を開設した。そこでは、太極拳やヨガなどの体を動かすイベントや、囲碁や習字などのカルチャースクールなどが開催されている。同時に、商店街を訪れた高齢者が休憩できるベンチを設置したり、四季の花を楽しめる公園を整備するなどしている。

　以上の4つは、地域のニーズを把握して創意工夫を凝らした取り組みとして評価を受けて、中小企業庁が選定・表彰した「がんばる商店街30」ないし「はばたく商店街30」に含まれる事例である[11]。これらの事例は参考資料として提示したウェブサイトなどでより詳しく調べることができる。また、この他にも、全国各地でさまざまな医商連携が行われている。

2-3　商店街組織主導型の買い物弱者問題への対応

　次に、買い物弱者問題に対応する取り組みについてみていこう。買い物弱者とは、高齢者を中心に、身体的または移動上の理由で食料品や日用品などの生活必需品の買い物に不便を感じる人びとをさす[12]。買い物弱者問題は、まず地方都市や都市郊外の団地・ニュータウンにおいて深刻化したが、近年では大都市の中心部においても顕在化してきている。なお、問題の発生要因やまちづくりとのかかわりについては第2章で述べられているため、ここでは省略する。

　買い物弱者問題への対応は、中心となる主体によって商店街組織主導型、チェーン小売企業主導型、住民組織・行政等主導で商業者と連携という3つのタイプに分けることができる。第1のタイプの商店街組織主導型のうち、地方都市における取り組みの代表例として、足助中央商店街協同組合（愛知県豊田市）による商業施設の開設と移動販売をあげることができる。

　足助中央商店街協同組合では、観光協会や足助商工会、まちづくり推進協議会と共に策定した商店街活性化計画に基づいて、1998（平成10）年、同商店街の組合員を中心にした有志が設立した株式会社ドリームによって、スーパーマーケット、ドラッグストア、ベーカリー、クリーニングの複合商業施設「パレット」が開設された。その後2013（平成25）年から、同協同組合は商店街周辺の足助地区を対象エリアとして、パレットに入居するスーパーマーケット「ヤオミ」と共に、移動販売事業を開始した。これは、ヤオミの配送車両で商店街の店主が移動販売に同行するというもので、御用聞きとしての役割を果たすと共に、移動販売の立ち寄り地点は周辺住民が集まる交流の場となり、コミュニティの維持にも寄与している。同時に、移動販売の際に高齢者の健康状態を確認し、体調がすぐれない場合は病院に連絡するなどのいわゆる見守り機能も果たしている。

　これに対して、商店街主導型の都市郊外の団地・ニュータウンにおける代表的な事例として、村山団地中央商店会（東京都武蔵村山市）の宅配サービスおよび住民送迎サービスがあげられる。村山団地は、高度経済成長期の1966（昭和41）年に開発された都営団地であり、一定期間に集中して同じ世代や属性の住民が入居するという都市郊外の大規模団地の一般的傾向を共有している。そのため、ほぼ同じ世代の人々が同時期に子育てや子どもの独立といったライフステージを経て、前期高齢者ないし後期高齢者の年代を迎えている。また、この時期の団地に共通することであるが、5階建て以下の建物にエレベーターが設置されていないため、特に上

層階に暮らす高齢者は外出が困難となり、買い物を含めた日常生活に支障をきたすことが増えている。

このような状況を受けて、2007（平成19）年、村山団地中央商店会の有志メンバーが宅配サービスを開始した。宅配サービスは現在も好評を得ているが、利用者の多くから「できれば商店街へ行って買い物をしたい」という声が聞かれたという。そこで、村山団地中央商店会と武蔵村山市商工会が運営体制や活動拠点などについて協議を重ねた末に、2009（平成21）年から住民送迎サービスを開始した。これは、有償ボランティアや商店主が送迎専用の電動アシスト付き自転車で、利用者の自宅と商店街間を送迎する取り組みである。その拠点として商店街の空き店舗に「おかねづかステーション」を開設し、同施設は送迎サービスの利用者の待合所や宅配の受付などとしての役割を担う。2014（平成26）年には、送迎自転車のステップの低床化、シルバーカー（カート）を載せられる荷台の設置など、細部に改良を加えた新型車両を導入した。荷台に載せられる荷物が増えたことで、商店の売上単価の増加に結びついているという。

この他にも、地域包括センターと連携を図ることにより、道端で動けなくなってしまった高齢者の送迎や安否確認の連絡を担うなど、宅配サービスおよび住民送迎サービスは地域住民の見守りとしての役割も果たしている[13]。

2-4　チェーン小売企業主導型の取り組み

第2のタイプであるチェーン小売企業主導型での買い物弱者問題への取り組み事例は、近年、ナショナルチェーン、ローカルチェーン共に増加傾向にあり、全国的にみて事業規模や対象者数は商店街の取り組みを上回っている。代表的な事業として、セブン＆アイ・ホールディングスの「あんしんお届け便」やイオンの「移動販売車」、高知県土佐市を拠点とするサンプラザの移動販売「ハッピーライナー」などが挙げられる[14]。ここでは、まちづくりとの関連が比較的深い事例として、コンビニエンスストアによる都市郊外の団地への出店を取り上げる。

セブン-イレブン、ファミリーマート、ローソンのコンビニエンスストア大手3社は、2016（平成28）年7月、独立行政法人都市再生機構（以下ではUR）と連携協定を締結し、URが管理する団地の空き店舗にコンビニエンスストアを出店する計画を発表した。具体的には、URの子会社で団地の管理事業を手掛ける日本総合住生活（以下ではJS）が、各社コンビニエンスストアとフランチャイズ契約を結んで店舗を運営するというものである。

この協定に基づいて、2017（平成29）年4月、セブン-イレブンが東京都東村山市にある団地「グリーンタウン美住一番街」に新店舗を開設した。同店舗では、一般的な店舗より高齢者向けの雑誌を多く陳列したり、野菜の売場面積を広く確保するなど、高齢者の買い物ニーズに対応した品揃えや売り場構成となっている。同時に、日々の買い物が困難な高齢者を対象に食事宅配を提供したり、電球交換や水道トラブルへの対処、粗大ゴミの搬出など、JSが手掛ける団地管理業務の一部をセブン-イレブンが担うこととしている。また、団地内に住む主婦や学生らを店員として優先的に雇用することで、団地内住民の要望を品揃えや店舗運営に反映しやすいようにしていくという[15]。

2-5　住民組織・行政等主導の取り組み

　第3のタイプである住民組織・行政等主導で商業者と連携して買い物弱者問題に取り組む事例は、その一部を**図表9-3**に示すように、近年増加傾向にある。これらの多くは地域商業の衰退が顕著な中山間地域であり、住民や行政が買い物弱者問題をまちづくりやコミュニティ活動における重要な地域課題として位置づけ、対応策を展開しているものといえるだろう。ここで中山間地域とは、平野の外縁部から山間地を指し、山地の多い日本では中山間地域が国土面積の約7割を占めている（農林水産省による）。ほとんどの中山間地域では、過疎化や高齢化が急速に進んでいる。

　例えば、島根県雲南市（2015年現在の人口39,032人、高齢化率39.5％）は、小規模多機能自治[16]の仕組みに基づく住民組織の活動が国内で最もさかんな地域の

図表9-3　住民組織や行政等による買い物弱者対策

都道府県市町村	事業名	運営主体	連携相手（商業者）
北海道北竜町	未定 ※2017年12月開業予定	北竜振興公社 （第三セクター）	コープさっぽろ
秋田県由利本荘市等	お互いさまスーパー	自治会（自治会）	JA秋田
東京都檜原村	かあべえ屋	ぬるか檜原 （第三セクター）	全日本食品㈱
神奈川県足柄上郡山北町	ニューデイリーヤマザキストア	山北まちづくりカンパニー（第三セクター）	山崎製パン㈱
島根県雲南市	はたマーケット	波多コミュニティ協議会（住民組織）	全日本食品㈱

出所：各種資料から筆者作成。

1つといわれる。その雲南市南部の中山間地域にある波多地区（2016年2月末現在の人口336人、高齢化率49.7％）では、住民組織の波多コミュニティ協議会が、地域の買い物弱者問題に対応するために、2014（平成26）年8月、小売主宰のボランタリーチェーンである全日本食品株式会社と連携して、超小型スーパー（マイクロスーパー）「はたマーケット」をオープンさせている[17]。はたマーケットは、通常の全日食のミニスーパーに比して半分以下の売り場面積であるが、日常の食生活に最低限必要なものは生鮮品も含めて品揃えされており、買い物が困難な高齢者等への送迎サービスや配達サービスも提供されている。

類似した事例として、秋田県において「地方創生先行型交付金」を原資として、2015（平成27）年度から展開されている「お互いさまスーパー創生事業」が挙げられる。この事業では、住民組織などの地域団体が食料品・日用品などを取り扱い、住民の交流スペースを併設した店舗を持続的に運営することで、買い物課題を解決すると共に、住民自治や共助に対する意識の醸成や、見守り機能の強化などを図ることが目指されている。2016（平成28）年3月以降、JA秋田などの協力を得て、羽後町仙道地区、五城目町浅見内地区、由利本荘市赤田地区で3店舗をオープンさせている（2015年現在の人口と高齢化率は羽後町1万5,319人、35.2％、五城目町9,463人、41.8％、由利本荘市7万9,927人、33.1％）[18]。

また、地方自治体が第三セクターを設立ないしは支援して、買い物弱者問題対応の店舗を運営する場合もある。例えば、東京都檜原村（2015年現在の人口2,209人、高齢化率47.1％）が99％出資する第三セクター「めるか檜原」が指定管理者となり、「はたマーケット」同様に全日本食品株式会社と連携して、2016（平成28）年7月に開設された超小型スーパー「かあべえ屋」が挙げられる。ここでは、購入した食品を飲食できるスペースを店内に設けることによって、足腰が弱い高齢者などがバスの待ち時間を過ごせるような配慮がなされており、開店以降、利用者は毎日約200人以上にのぼるという。

神奈川県足柄上郡山北町（2015年現在の人口1万724人、高齢化率34.8％）では、2016（平成28）年3月、住民有志と町内企業が出資して設立した第三セクター「山北まちづくりカンパニー」が、山崎製パンとフランチャイズ契約を結んでJR御殿場線山北駅前に「ニューデイリーヤマザキストア」を開設している。地域のミニスーパーとして地場野菜や名産物の販売コーナーを設けている他、併設したカフェには電車やバスの待合室として使用できる交流スペースや行政情報コーナーなどが設けられている。

さらに、北海道北竜町（2015年現在の人口1,981人、高齢化率43.4％）では、2018（平成30）年4月に生鮮食品を取り扱うスーパーの開設が計画されている。これは、町内唯一のスーパーが撤退したことに伴って、北竜町が9割超を出資する第三セクター「北竜振興公社」が主体となり、事実上の町営スーパーを開設するというものである。スーパーの商品は生活協同組合コープさっぽろから調達され、スーパーが入居する建物は複合施設として、北竜町商工会が入ると共に、タクシー待合所や会議室が併設される予定という。

3 子育て世代にやさしいまちづくり

3-1　子育て支援NPOによる商店街組織との連携

　本章冒頭で述べたように、近年、子育て世帯の仕事と子育てや家事との両立が喫緊の社会課題として強く認識されるようになっている。やや遡ると、すでに2007（平成19）年の時点で、内閣府の「『子どもと家族を応援する日本』重点戦略検討会議」において、同会議の重点テーマである①育児休業制度や短時間勤務等の継続就業環境整備、②保育環境整備、③育児不安の解消の3点について点検・評価が行われた。その結果、継続就業環境はある程度整備されてきてはいるものの、女性の7割が育児休業等の両立支援制度を利用する前段階の妊娠・出産を機に離職していること、保育環境の未整備状況は抜本的に解消されていないこと、育児不安を解消するための地域における子育て支援拠点の整備が十分でないことなどが指摘された。

　こうした状況は、その後も改善がなかなか進んでおらず、なかでも待機児童問題が深刻な社会問題として、近年より関心を集めている。待機児童とは、認可保育所への入所を申請したにもかかわらず、入所できずに待機を余儀なくされている子どものことであり、その特徴のひとつは、待機児童の多くが都市部に集中していることである。厚生労働省によると、2015（平成27）年時点で、東京、埼玉、千葉、神奈川、京都、大阪、兵庫の7都府県、およびその他の政令指定都市や中核市で全待機児童の約8割を占めているという[19]。また、一部の地域では「子どもの声がうるさい」という理由で近隣住民が保育所開設に反対する事態が起きるなど、とくに都市部は安心して子育てできる環境が整備されているとは言い難い状況にある。

　また、もう1つの特徴として、ある都市で改善傾向がみられると、そこに子育て

世代が流入してきたり、それまで仕事に就くことを諦めていた世帯があらためて子どもを預けようとして潜在的待機児童が顕在化するなどにより、待機児童が増えるというメカニズムが作用しがちであることが挙げられる。

こうしたなかで、子育て支援NPO法人などが商店街という場に着目して、子育て中の親同士が気軽に交流できる場、子育てに関する情報提供や相談の場をつくり出そうとする動きが広がってきた。

例えば、名古屋市内で子育て支援活動を行うNPO法人「まめっこ」が、2003（平成15）年、柳原通商店街振興組合（名古屋市）の空き店舗に子育て支援施設「遊モア」を開設した事例があげられる。同施設が開設したことにより、多くの親子連れが商店街に訪れ始めた。その結果、柳原通商店街振興組合の商店主たちの意識に少しずつ変化が表れたという。すなわち、同商店街に子育てを切り口とした新しい機能が加わることで新たな来街者層が訪れるようになり、商店主は地域の夏祭りやフリーマーケットにも積極的に参加するようになったというのである。また、同施設を利用する母親から商店街のマップが欲しいという声があがり、同NPOでマップを作成した。その過程で、同NPOの職員が子育て中の母親のニーズを聞きとり、それを商店街に橋渡しすることで、商店主が自身のサービスを見直すきっかけとなったという[20]。

同様に、NPO法人ママの働き方応援隊「ママハタ」（神戸市）も注目すべき事例である。ママの働き方応援隊は、「子育て中」がメリットになる働き方をつくるという理念のもと、神戸で誕生したNPO法人である。その代表的な取り組みは「赤ちゃん先生プロジェクト」であり、学校や商店街などに赤ちゃんを連れたママたちが出向き、命の尊さや、家族に絆の大切さを伝えるというものである。これによって、子育て中の母親が地域とつながり、「無縁社会を解消する」ことが目指されているという。また、ママハタの活動と地域を繋げる場所をつくることを目的に、六間道商店街振興組合（神戸市）の空き店舗を活用して、１つの空間でカフェや講座などが開催できる「wina（ワイナ）の森」が開設された。winaという名称は「ワイワイ、仲良く集まる場所」という想いを込めて付けられているという[21]。

3-2　商店街組織による子育て支援の展開

子育て支援NPOが商店街に入ってくることで生じる効果をみて、近年は商店街側から積極的に子育て支援NPOと連携する動きが広がっている。

例えば、青森新町商店街振興組合（青森市）は、観光客に向けた事業を実施する

一方で、地域課題として子育て世代支援にも取り組んでいる。具体的には、2015（平成27）年1月、NPO法人「子育て応援隊ココネットあおもり」、および地元に暮らす子育て世代の主婦サークル「子育ち支援グループモモ」と連携して、青森新町商店街振興組合として子育て情報誌「HUG」（ハグ）の発行を開始した。同誌では、商店街の店舗、公園や駐車場などを紹介しながら、多機能トイレやおむつ替えの場所、禁煙対応の有無など、主婦の目線から魅力的な情報を掲載している。初年度は、店舗取材から発行までの全工程を広告会社に外部委託していたが、2年目からは、近隣に暮らす子育て世代の母親にとって身近な情報誌とするために、NPOの女性スタッフやサークルに所属する子育て中の女性が取材や原稿作成に協力するなど、地域住民を巻き込んだ編集方針をとっている。

青森新町商店街振興組合としては、情報誌の編集会議などを通じて、子育て世代の母親や学生など地域住民との接点を持つことで、地域住民がマップや情報誌にどのような情報の掲載を望んでいるかを知ることができると共に、商店街に求めているサービスや実施してほしいイベントなどの要望を聞くことができるようになっているという。

他方、首都圏で注目すべき事例として、和田商店会（東京都杉並区）があげられる。和田商店会では、2015（平成27）年以降、商店街を応援する子育てグループ「親子で街デビュープロジェクト・わだっち」と連携して、商店街を舞台に次のような取り組みを実施している。第1は、子育て世代を中心とする地域住民と店主が交流し、商店街のことをより深く知ることを目的する「商店街クイズラリー＆ツアー」である。参加店舗において和田商店会に関するクイズを出題し、参加者が回答するとスタンプを押してもらえ、スタンプが貯まると、商店街で利用可能な金券と交換できるというイベントである。

第2は、未就学児を育てている母親を対象にした「親子で街デビュー」という商店街ツアーである。この世代の母親は、ひとりで商店街を利用した経験があまりない人が多いことから、そうした母親たちが子ども連れで集まり、一緒に店舗を訪問する。こうした体験を通じて、利用者が商店街の各店舗で販売している商品・サービスや、店主の人となりなどを知ることで、馴染みのない店舗に新たな利用動機を見出したり、リピーターになったりすることが企図されているという。

第3は、商店街の店主が講師となり、店舗の魅力を体験するミニ講座「和田トライアルウィーク」である。例えば、「手帳の選び方・書き方」、「おもしろペイント講座」、「おさかな料理体験」、「時短！常備菜講座」、「1日ドクター・ナース体験」

など、各店舗の商店主が特徴的な講座が開催されている。

　和田商店会では以上の取り組みを展開することによって、子育て世代が商店街を利用する機会が増加すると共に、商店街の各種行事に参加する店舗が増えてきたという[22]。そして、こうした子育て世代に向けた取り組みが評価され、2016（平成28）年、和田商店会は東京都が主催する東京商店街グランプリにてグランプリを受賞すると共に、中小企業庁の「はばたく商店街30（2017年）」に選定されている。

　最後に、高齢者・子育て世代の両方にやさしい取り組みを行う商店街についても紹介していきたい。駒川商店街振興組合（大阪市東住吉区）は、高齢者およびその他の商店街利用者の情報交換や休憩の場としてコミュニティ・カフェを開設したり、大学と連携した子ども預かりサービスを提供する施設を整備するなどして、来街者の中心である高齢者と、これからの来街者として期待される子育て世代に対するサービスを強化している。さらに、子育て支援スペース「JONANこどもひろばKOMAクル」を開設し、子どもと親が一緒に楽しめる「キッズ・ミート・アート」を実施するなど、子育て世代の交流の場を提供している。

　また、新丸子商店街（川崎市）では、2009（平成21）年以降、「人にやさしく地球にやさしい店づくり」を目指す「まるこやさしズム21推進委員会」を立ち上げ、高齢者や子育て世代の買い物環境を改善するためのさまざまな活動に取り組んでいる。具体的には、ハート型のステッカーに、21種類のアイコンシール（子ども連れ向け、シニア向け、エコなど）のなかから自店で取り組んでいる活動を表すシールを選んで貼り、それを店頭に掲示することで、商店街として高齢者や子育て世代向けの商品やサービスを「見える化」するという取り組みである（2010年4月開始）。このステッカーやアイコンシールを開発する際、近隣に暮らす子育て中の母親にもモニターとして参加してもらい、利用者目線で商品やサービスの内容を点検したり、店舗の取材記事をまとめホームページに掲載するなど、子育て世代の地域住民との連携を積極的に進めてきている。

　さらに2013（平成25）年以降、川崎市にある専修大学の学生との連携にも取り組んでいる。まるこやさしズム21推進委員会の月例会での議論を重ねながら、学生目線での商店街情報の発信をホームページ、Facebook、Twitterなどで行ったり、商店街キャラクターとして「まーるん」を誕生させる企画や、「まーるん」を活用したイベントなどに取り組んできている。また、2016（平成28）年末には、学生による店舗取材や車椅子での危険箇所調査などを通じて作成した新丸子商

店街「まーるんとことこマップ（ママに◎なお店編）」を発行している[23]。

　以上でみてきたように、商業者による高齢者や子育て世代にやさしいまちづくりの展開においては、商業者と地域の多様な主体とが連携して取り組むことが重要な鍵のひとつを握っているといえるだろう。なお、本章で取り上げた事例は、それぞれの領域における代表的なものといえるが、他にも類似事例、展開事例などが多数存在することはいうまでもない。読者の皆さんには、各自でさまざまな事例について調べていただきたい。

（新島裕基、渡辺達朗）

注

1　社会の高齢化については、国連や世界保健機構（WHO）が示した次の分類を用いることが多い。すなわち、高齢化率が7％以上の社会は「高齢化社会」、14％以上は「高齢社会」、21％以上は「超高齢社会」と定義されている。

2　『高齢社会白書』は内閣府のウェブサイトで公表されている（http://www8.cao.go.jp/kour-ei/whitepaper/index-w.html）。市町村別についても、国勢調査（総務省）や住民基本台帳人口（総務省）、各市町村のウェブサイトなどで確認することができるので、読者自身で調べてみてほしい。

3　九州経済産業局（2009）「『医商連携』によるまちづくりの推進に関する報告書～安全に安心して暮らせる次世代型まちづくりをめざして～」。

4　詳細は㈱全国商店街支援センターウェブサイト「被災した商店街　復旧・復興に向けたその足取り」（http://www.syoutengai-shien.com/case/report/article/2016autumntopi-c01.html）を参照されたい。

5　健軍商店街振興組合については、多くの資料から調べることができる。例えば、健軍商店街振興組合ウェブサイト（http://piacres.net/）、㈱全国商店街支援センターウェブサイト「商店街活性化事例レポート『貯筋運動』で高齢者とコミュニケーション促進中」（http://www.syoutengai-shien.com/case/report/article/2015autumnfeature01.html）など。

6　宇宿商店街振興組合ウェブサイト（http://www.usuki.or.jp/）、「鹿児島経済新聞」2015年9月24日付（https://kagoshima.keizai.biz/headline/1103/）。

7　八代本町・通町商店街公式ウェブサイト「てくてく八代・通町商店街」（http://kinasse-yat-sushiro.jp/honmachi/）。

8　帯広電信通り商店街振興組合ウェブサイト（http://www.denshindoori.com/）、㈱全国商店街支援センターウェブサイト「商店街活性化事例レポート "障がい者や高齢者にやさしい商店街"への挑戦」（http://www.syoutengai-shien.com/case/report/article/dvmij30-00009djwb.html）。

9　発寒北商店街振興組合ウェブサイト（https://www.hatsukita.com/）、㈱全国商店街支援センターウェブサイト「平成26年度トライアル実行支援事業検証モデルコース　ノウハウブック」（http://www.syoutengai-shien.com/about/business/dvmij3000000h9y4-att/h-assamu.pdf）。

10　モトスミ・ブレーメン通り商店街振興組合ウェブサイト（http://www.bremen-st.com/）。

11　中小企業庁（2014）「がんばる商店街30選」（http://www.chusho.meti.go.jp/keiei/sapoin-/monozukuri300sha/index2014.htm）、中小企業庁（2016）「はばたく商店街30選」（http://

w-ww.chusho.meti.go.jp/keiei/sapoin/2016/160525monozukuri.htm)。
12　石原武政（2011）「小売業から見た買い物難民」『都市計画』第60巻第6号、pp.46-49。
13　事業構想大学院大学（2016）「交通・物流革命　ユニーク自転車、商店街に活気『買い物難民』を救うアイデア」『月刊事業構想』、2016年2月号（https://www.projectdesign.jp/20-1602/logistics/002684.php）、中小企業庁（2016）同上。
14　各社ウェブサイトを参照。買い物弱者対策全体を見ると、具体的な事業として、近隣小型店舗の開設、移動販売、買い物宅配、ネットスーパーなどがある。読者自身も、各チェーン小売企業のウェブサイトなどを見て、どのような取り組みが行われているか調べてみよう。
15　「日本経済新聞」2017年4月17日付。
16　「小規模多機能自治」とは、「自治会、町内会、区などの基礎的コミュニティの範域より広範囲の、概ね小学校区などの範域において、その区域内に住み、又は活動する個人、地縁型・属性型・目的型などのあらゆる団体等により構成された地域共同体が、地域実情及び地域課題に応じて住民の福祉を増進するための取り組みを行うこと」であり、島根県雲南市など、独自の住民組織制度を先駆的に整備してきた地方自治体が、当該制度を全国的に普及させる過程で名付けた総称である。
17　新島裕基（2017）「超高齢社会における中山間地域型スーパーの展開－全日食チェーンを事例として－」『流通情報』第48巻第5号、pp.60-75。
18　「河北新報オンラインニュース」2017年3月26日付による。
19　主な要因として、都市部は、他地域と比べて保育を必要とする共働き世帯が多いこと、用地確保が困難なことなどから、設置基準（施設の広さ、保育士等の職員数、給食設備、防災管理、衛生管理等）を全て満たせないことが挙げられる。詳細は厚生労働省ウェブサイト「保育所等関連状況取りまとめ（平成28年4月1日）」（http://www.mhlw.go.jp/stf/houdou/0000135392.html）を参照されたい。
20　「特定非営利活動法人　子育て支援のNPOまめっこ」ウェブサイト（http://mamekko.or-g/）、㈱全国商店街支援センターウェブサイト「商店街支援ノウハウ～子育て支援NPO法人に聞く～テーマ：『子育て支援NPO法人』×商店街の連携を探る」（http://www.syouteng-ai-shien.com/knowhow-tool/knowhow/03.html）。
21　NPO法人ママの働き方応援隊ウェブサイト（https://www.mamahata.net/）。
22　親子で街デビュープロジェクトウェブサイト（https://machidebut.jimdo.com/）、和田商店街ウェブサイト（https://wadashotenkai.jimdo.com/）、中小企業庁（2017）「はばたく商店街30選」（http://www.chusho.meti.go.jp/keiei/sapoin/monozukuri300sha/index2017-.htm）。
23　詳しい取り組み内容や活動経過などは、新丸子商店街・まるこやさしズム21ウェブサイト（https://marukoyasashism.jimdo.com/）、Facebook（https://www.facebook.com/新丸子商店街まるこやさしズム21-230716973650160/）を参照されたい。

第10章

多様化する主体との連携

商店街組織の弱体化

1-1　連携の進展

　第3部7章から9章では、まちづくりの現場でいかなる取り組みが、どのように推進されているのかをみてきた。そこでは、さまざまな事柄が明らかにされており、読者の問題意識等によって関心をもつ点も異なるものと考えられる。

　とはいえ、1つ共通して注意すべき点がある。それは、商業系のまちづくりにおいて、商業者や商店街組織が独力で課題解決に取り組むケースが減少傾向にあるのに対して、外部機関との連携によって取り組まれることが増加していることである。その際、連携の課題と連携先はますます多様化してきている。また、取り組みの主導権も商業者・商店街組織側が握っている場合から、連携先が主たる役割を果たしている場合まで多岐にわたっている。

　その背景的な要因となっているのが、商店街組織の弱体化である。それは、かねてから指摘されてきたことであるが、統計的にも2010年代以降、顕著になってきている。ここでまずその点を確認してから、一部これまでの章での議論と重なる部分もあるが、地域課題に取り組んでいる住民組織やボランティア組織、NPO法人をはじめとする外部機関との連携について、あらためて検討していくことにしよう。

1-2　増加する商店街組織の解散

　この間の人口減少や少子超高齢社会化の進展、郊外型ショッピンセンターの開発、

さらにはインターネットショッピングの隆盛などの影響を受けて、地域商業は衰退傾向を続けており、それは商店街組織の弱体化をもたらしている。すなわち、地域商業の衰退は商店街組織の構成員の売り上げ低迷を意味し、経営不振や後継者不在でシャッターを下ろす店舗が相次ぐ。こうした個店レベルでの低迷、閉店の増加は、商店街の集積としての魅力低下に直結することから来街者の減少につながる。こうした連鎖の結果、商店街組織としての収入が減るから、商店街活性化のために打てる手がさらに限られることになり、地域商業の衰退傾向にいっそう拍車がかけられる。こうした負のスパイラル（悪循環）によって、商店街組織の弱体化が進行し、ついには解散にまで追い込まれるケースさえ増えつつある。

中心商店街の一角でそうした事態が発生した初期のケースとして、例えば、2010（平成22）年3月の秋田市のJR秋田駅前の中央通商店街振興組合の解散があげられる。秋田駅前の中心商店街エリアは、2000年代後半に進展した郊外型のショッピングセンター開発によって、衰退傾向が顕著になり、中央通商店街では構成員の減少、シャッター通り化が進み、主要事業の共同駐車場を売却したことから、振興組合として存続する意義が失われ解散が選択されたという[1]。

その後、こうした事例は各地に広がっていった。2016（平成28）年11月に公表されたレポートでは、次のような解散事例があったことが報告されている[2]。北海道夕張市の中心商店街の1つ、本町商店街振興組合では、市の財政破綻からの脱却を目指す超緊縮財政のもとで、商店街を訪れる買い物客が激減し、衰退が一気に加速し、かつて50店舗近くいた構成員が2016年には10店舗ほどに減少した。そのため、振興組合を維持することが困難となり、同年春に解散したという。同じく北海道旭川市の中心商店街である平和通買物公園の一角を占める旭川平和通三和商店街振興組合は、1970年代の最盛期に比べて構成員が半減したことから、2016（平成28）年中に解散したという。さらに、このレポートでは、沖縄県沖縄市の沖縄市銀天街商店街振興組合、新潟県上越市の稲田商店街振興組合、広島県尾道市瀬戸田町のせとだ本町商店街協同組合の解散（それぞれ2014年、2015年、2015年）が報告されている。

また、新潟県見附市では、市内最大の新町商店街（任意組織）が、2017（平成29）年6月末に解散すると報じられている[3]。この商店街では、1990年前後には70〜80店が加盟していたが、現在は43店舗に減少しており、団体としての活動の継続が難しいと判断したという。

1-3　商店街組織の減少傾向

　それでは、こうした商店街組織の解散によって商店街組織の数はどのように変動しているであろうか。商店街は組織形態別にみると法人化している振興組合、事業協同組合と、法人化していない任意団体という3つにわけることができる。上述の稲田商店街や新町商店街がある新潟県全体では、県が商店街組織（商店街振興組合、事業協同組合、任意団体）に対して、3年に一度実施している「県商店街実態調査」によると、2005年に431あった商店街組織が2014年には288に減少したという[4]。

　また、地方都市に比べて経済活動が活発な東京都の状況はどうであろうか。東京都産業労働局が実施した「東京都商店街実態調査（平成25年度）」によると、2001（平成13）年度に調査対象とした商店街組織は2,873あったが、2004（平成16）年度には2,785となるなど、3年に一度の調査のたびに減少し、2013（平成25）年度には2,625となった。法人組織（商店街振興組合および事業協同組合）か任意組織かの組織形態別にみると、任意団体が2004年度には83％を占めていたのに対して、2013年度には79％となり、法人化率がわずかに上昇したが、それは任意団体の淘汰がいっそう進んだことの表れである。

　日本全体の商店街組織の趨勢はどうであろうか。それを網羅的に把握できる公式統計は存在しないが、中小企業庁が3年に一度、アンケート調査方式で実施している「商店街実態調査」において、基本データ（母集団）とされている数によって組織形態別の数をとらえることができる。図表10-1は2006年度から2015年度の組織形態別の商店街数の推移をまとめたものである。ただし、2006年度については、任意団体と事業協同組合の捕捉率で難があるのに対して、商店街振興組合は調査実施主体が全国商店街振興組合連合会のため高い捕捉率を確保できていることに留意する必要がある[5]。ここから、少なくとも2010年代に入って、2011年3月11日の東日本大震災と原発事故の影響も多かれ少なかれ受けつつ、すべての組織形態で商店街数が減少傾向に向かったことがわかる。

　このように地域商業と商店街組織が負のスパイラルに陥っている中で、商店街活性化の1つの方向として地域コミュニティの担い手となることが期待されている。たしかに、商店街を取り囲むコミュニティには、高齢者や子育ての支援、買い物弱者対策、防災・防犯、お祭等の地域イベントの維持・継続、住環境や自然環境の保全をはじめとするさまざまな社会的課題が山積している。商店街としては、これら

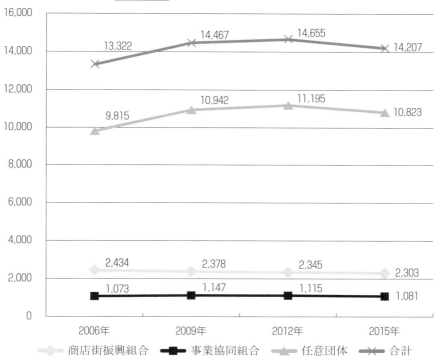

図表10-1 組織形態別の商店街数の推移

出所：商店街実態調査（中小企業庁）各年版による。

課題を一部担うことで地域住民との関係性を強め、顧客・リピーター層を深耕・拡大していきたいところである。しかし、商店街組織が弱体化する中で、その構成員だけでコミュニティの課題を担うことが難しくなってきている。

　そこで、地域の商業者が商店街以外のさまざまな機関と連携することによって、真の意味での地域コミュニティの担い手として活動することを目指す動きが広がってきている。節をあらためて、具体的にみていこう。

2 外部機関との連携機運の高まり

2-1 法制度の整備

　商店街が地域の外部機関と連携する事例は、現在でこそ珍しくないが、かつてはそれほど一般的ではなかった。それが広がり始めたのは、2000年代中頃からといえる。

　その背景的な要因の1つとして、その時期に現在の主要な連携先の1つであるNPO（非営利組織、Non-Profit Organization）に関する法制度の整備が進んだことがあげられる。すなわち、1995（平成7）年1月の阪神・淡路大震災におけるボランティア活動や市民活動の教訓として、法人化や優遇策の必要性が提起されたことをきっかけにして、1998（平成10）年に特定非営利活動促進法（NPO法）」が制定された。その後2000年代にかけて、数次にわたる本法および税制の改正によって、認定NPO法人制度の創設・拡充、認定要件の大幅緩和など、NPOの法人格に関する制度が整えられてきた。以下、簡単にNPOにかかわる基本的な事項について確認しておこう。

　NPOにはさまざまな定義があるが、簡略化していえば、「広義のNPO」はさまざまな社会貢献活動を行い、団体の構成員に対し、収益を分配することを目的としない団体の総称（これを公益団体という）ととらえられる（アメリカでは一般にNPOの定義としてこちらが用いられる）。これらから、行政からの独立性という観点から社団法人、財団法人、社会福祉法人、学校法人、宗教法人、医療法人、町内会・自治会を除いたものを「狭義のNPO」といい、ボランティア団体や市民活動団体などが含まれる。そして、これらのうち特定非営利活動促進法に基づき法人格を取得した法人を特定非営利活動法人（NPO法人）といい、NPO法人のうち実績判定期間（直前の2事業年度）において一定の基準を満たすとして所轄庁の「認定」を受けた法人を認定特定非営利活動法人（認定NPO法人）という。認定NPO法人になると、税制上の優遇措置を受けることができる[6]。

　なお、後述するように、商店街の主要な連携先は住民組織やボランティア組織、教育機関、NPO法人などであるが、上記の定義に照らせば、これらはいずれも広義、狭義のNPOに含まれることに留意すべきである。

　こうした法整備によって、NPO法人として認証された法人数は、1998（平成

10)年には23法人に過ぎなかったが、2010（平成22）年には4万2,385、2016（平成28）年2月末現在では5万1,508となり、基準が厳しい認定NPO法人数においても同じ期間に2001（平成13）年の3法人から、2010（平成22）年には198法人、2016（平成28）年2月末現在では1,012法人にまで増加している。これらの活動分野についてみると、**図表10-2**に示すように、2015年度のNPO法人のタイプ別主要な活動分野（上位5分野）のほとんどは、商店街の活動領域と接する、地域コミュニティにかかわる身近なまちづくりの課題で占められていることがわかる。こうした活動領域では、NPO法人として未認証の任意組織である住民団体やボランティア団体が多数活動していることも重要である。

こうして商店街とNPO法人[7]や任意組織などの外部機関との連携の素地が整えられ、実際にコミュニティの活動を共に担う事例が増えていった。それを商店街活性化政策の中にあらためて制度的に位置づけたのが、2009（平成21）年の地域商店街活性化法である。そこでは、地域コミュニティの担い手としての商店街のコンセプトが真正面から掲げられ、地域住民の需要に応じて行う事業への支援が謳われた。

こうしてみると、2000年代後半から2009（平成21）年地域商店街活性化法制定を経て、2011（平成23）年の東日本大震災と原発事故の発生より前の時期に（以下では「2011年3.11より前」とする）、すでに商店街と外部機関との連携に対する機運が高まり活発化していたことがわかる。そして、この時期は2008（平成20）年のリーマンショックに代表されるようなマクロ的な経済停滞を含めて、厳しい環境に置かれているとはいえ、商店街組織そのものが解散等によって顕著な減少傾向を示す前であったことにも留意する必要があろう。

図表10-2 NPO法人の活動分野（2015年度）（カッコ内は構成比％、複数回答可）

順位	特定非営利活動法人（n=1275）	認定特定非営利活動法人（n=479）
1	保健、医療または福祉の増進（62.7）	保健、医療または福祉の増進（50.1）
2	まちづくりの推進（41.7）	子どもの健全育成（42.4）
3	子どもの健全育成（38.3）	まちづくりの推進（36.7）
4	社会教育の増進（33.8）	社会教育の増進（34.0）
5	学術、文化、芸術またはスポーツの振興（28.5）	学術、文化、芸術またはスポーツの振興（26.7）

出所：内閣府『平成27年　特定非営利活動法人に関する実態調査（NPO法人実態調査27年度版）』による。

2-2　2011年3.11より前の時期の連携状況

　2000年代後半から2011（平成23）年3.11より前の連携活発化の時期に、どのような課題に対して、どの程度の広がりで取り組みが行われたのであろうか。そうした点について、比較的参照しやすい3つの報告書に基づいてみていこう。

　最初に取り上げるのは、全国商店街支援センターが2011（平成23）年3月に公刊した「『地域支援・連携事業』商店街調査報告書」（中小企業庁委託事業）であり、アンケート調査とインタビュー調査によって全般的な状況が明らかにされている[8]。アンケート調査は1万2,881の商店街組織（商店街振興組合、事業協同組合、任意団体）に送付し、1,247の有効回答が得られたという。

　まず、**図表10-3**によって商店街が地域団体等と連携しているかどうかについてみると、連携中との回答（「連携実施中」と「連携し計画策定中」の合計）は約41％、507件にのぼったことがわかる。それに対して、連携に否定的な回答（「連携したいとは思わない」と「現在は連携なし」の合計）は約21％にとどまり、「連携したいがどうしていいかわからない」が約22％に達した。ここから、すでにこの時点で連携の実績が広がりつつある一方で、連携への意欲は強いものの、ノウハウ等の不足が普及を阻んでいたことがうかがえる。なお、この結果を商店街の立地（中心市街地、駅前地区、住宅・団地地区等）や売上等の業績推移（繁栄している、

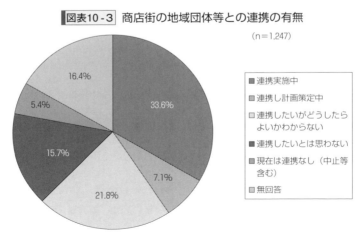

図表10-3　商店街の地域団体等との連携の有無

出所：全国商店街支援センター（2011）「『地域支援・連携事業』商店街調査報告書」（中小企業庁委託事業）による。

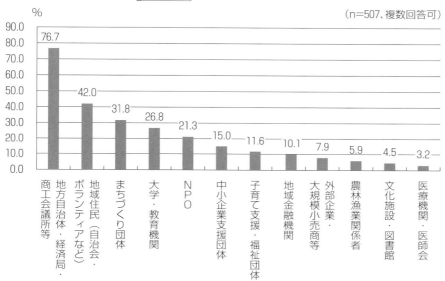

図表10-4 商店街の現在の連携先

出所:全国商店街支援センター(2011)による。

停滞している、衰退している)といった設問の回答とクロス集計してみても有意な差はみられなかった。

次に、**図表10-4**で商店街の連携先についてみてみる(複数回答可)。連携中の507件のうちおよそ4分の3超が「自治体・商工会議所等の支援団体」をあげ、3分の1近くが「まちづくり団体」(まちづくり協議会等の行政機関の一部ないし行政主導型組織とみなされる)をあげているが、これらは本章で想定している連携先の外部機関の範疇には含まれない。それらを除くと「地域住民(自治会・ボランティアなど)」が最も多く、「大学・教育機関」、「NPO」が次いでおり、これらが主要な連携先となっていることがわかる。なお、大学・教育機関については第12章で取り上げるので、ここでは必要な範囲で言及するにとどめる。

また、連携の目的をみると(複数回答可)、**図表10-5**に示すように、最も高い比率となっているのは、商店街側のメリットに属する「イベント等による集客効果」であり、回答者の4分の3以上があげている。近年では、イベントでいくら集客しても、必ずしも日常的な売上増等の側面での商店街活性化に結びつくわけではないといった、イベントの効果に対する疑問が一般によく口にされるようになって

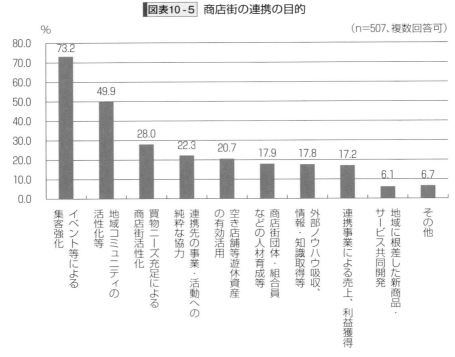

図表10-5 商店街の連携の目的

出所：全国商店街支援センター（2011）による。

いるが、この時期は、まだ多くの商店街が活性化のため精力的にイベントに取り組んでいたことを反映した結果といえよう。2番目は、連携先側のメリットにつながる「地域コミュニティの活性化」であるが、回答者の2分の1近くがあげるにとどまっている。

　以上を踏まえて、連携が商店街活性化の観点から成功しているかどうかの自己評価についてみると、この時点では「成功している」（28.2％）と「やや成功している」（46.2）を合わせて4分の3近くが肯定的にとらえていることが特徴的である。当時はまだ商店街を取り巻く環境要因として地域課題がそれほど深刻化していなかったことも関係して、連携する双方がメリットを受ける関係を構築するという視点が、商店街に十分醸成されていない印象を受ける。

2-3　連携の領域

　3つの報告書のうち、残り2つは全国商店街振興組合連合会が2009（平成

21)年３月に公刊した「商店街と地域連携（商店街近代化推進シリーズ54)」[9]と、経済産業省関東経済産業局が2010（平成22）年３月に公刊した「商店街における他分野との連携等による活性化事例等の普及・啓発事業報告書」[10]という事例集である。全国商店街振興組合連合会（2009）では９事例が、経済産業省関東経済産業局（2010）では15事例が取り上げられている。それらの連携の主要なテーマをみると、①環境保全への取り組み、②高齢社会対応の取り組み、③障がい者支援の取り組み、④子育て支援の取り組み、という４つの領域に整理できる。

そうした事例の検討を踏まえて、前者（全国商店街振興組合連合会（2009））では、商店街が連携を進めていくにあたっての2000年代末時点での注意点として、次のことが指摘されている。すなわち、地域連携の目的は、地域のコミュニティ機能の回復と商店経営機能の拡大の二本柱からなり、コミュニティ機能回復によって商店経営の業績が向上し、それがさらにコミュニティ機能の向上につながるといったように、両者が相乗効果を発揮するようなバランスが重要であるというのである[11]。

そのうえで地域連携の成功のためのポイントとして、次の３点が指摘されている。

(1) 地域連携は継続、定着させることに意義があり、それによって成果が期待できる。
(2) 商店街側や連携先のそれぞれが独りよがりで活動したのでは、連携はうまくいかないことから、双方の役割分担を明確にすることが重要である。
(3) 連携しての活動を効果的、継続的に行うためには、連携する双方でメリットを享受できる良好な関係を構築することが必要である。

3 外部機関との連携による具体的取り組み

3-1　2011年3.11以降の連携課題

それでは、2011年3.11以降、連携はどのように進化してきたのであろうか。この間、震災の現実的および心理的影響、人口減少・少子超高齢社会化の進展などによって、コミュニティにかかわる問題はより切実度を増す一方で、地域商業の衰退と商店街組織の弱体化もいっそう深刻になった。そのため、商店街が地域コミュニティの担い手の１つとして役割を果たすことに対する期待が高まると共に、

それを効果的に推進するためには、さまざまな外部機関と実質的に連携することがますます必要になってきたといえる。こうしたことの背景として、2011年3.11以降、社会全般で「絆」や「つながり」を重視する機運が高まり、さまざまな組織・個人が連携、連帯を求める傾向を強めてきたことが多かれ少なかれ影響していることに留意する必要があろう。

この時期の商店街による外部機関との連携の全般的状況を明らかにする資料は、残念ながらほとんどないが、**図表10-1**に関連して言及した商店街実態調査において、**図表10-6**に示すように、地域連携の状況として連携の有無と連携先に関する調査結果が報告されている。地域連携についてはおよそ4分の3が「有り」と回答しているが、本調査においては連携の対象が、本章よりもかなり広くとられていることから、高めの回答率となっていることに留意するべきである。連携先については、自治会等の住民組織、教育機関、ボランティア団体、NPOが主要な対象となっていることが確認できる。

それでは、具体的な連携事例についてみていこう。まず、前節（2-3）で取り

図表10-6 商店街の地域連携の状況

(%)

	2009年	2012年	2015年
地域連携の有無（有り）	74.3	73.8	75.4
連携先（複数回答可）*			
自治会・町内会・婦人会	60.2	61.6	63.5
教育機関（学校・大学等）	14.9	16.2	18.1
ボランティア団体	12.7	12.8	15.4
NPO	10.8	12.1	13.7
老人クラブ	9.3	9.8	8.7
PTA	8.3	8.2	8.8
託児所・幼稚園・保育所	5.6	5.6	6.8
民間企業等	6.0	5.7	8.1
その他	3.0	3.6	3.4

注：＊連携相手の選択肢のうち、支援機関や行政関連組織にあたる「商工会・商工会議所」、「まちづくり協議会」、「警察・消防団」、「市町村等の行政機関」、および「他の商店街」は、回答率が高いが、本章が想定している連携先の範疇からはずれるため除外した。また、2006年調査でも同様の調査が行われているが選択肢が異なるため除外した。

出所：商店街実態調査（中小企業庁）各年版による。

第10章　多様化する主体との連携　185

図表10-7　連携の具体的な取り組み事例

商店街	具体的な取り組み
① 帯広電信通り商店街振興組合（北海道帯広市）	当初は環境保全・リサイクルへの取り組みとして市、町内会、NPO法人等と連携した廃油の回収・活用に取り組んできた。 その後、高齢者交流支援、障がい者就労支援、子育て支援に連携しての活動を拡大
② ゆう壱番街商店街振興組合（滋賀県長浜市）	高齢者主体のコミュニティビジネスと連携した空き店舗活用等
③ みやのかわ商店街振興組合（埼玉県秩父市）	コミュニティビジネスと連携した高齢者支援のための買い物代行・支援等
④ 健軍商店街振興組合（熊本市）	地元タクシー会社と連携した高齢者等の買い物弱者支援の宅配事業、医療機関、社会福祉協議会、NPO法人等との「医商連携」等
⑤ 広島市中央部商店街振興組合連合会（広島市）	NPO法人、大学、市民団体等と連携した子育て支援のためのベビーカー貸し出しサービス等

注：①、②、④、⑤は全国商店街振興組合（2009）、③は経済産業省関東経済産業局（2010）に掲載された事例。

上げた2つの報告書に掲載された15事例について、商店街側が主導する外部機関との連携で、現在まで取り組みが継続・発展させられているという2点を基準に絞り込んだところ、**図表10-7**に示す5事例がリストアップされた。これらは、2000年代から現在まで活動を継続・発展させてきており、商店街と連携先での役割分担が明確で、双方でメリットを享受できる関係を構築しているという、先にあげた3つの「成功のポイント」を満たす連携の代表事例ということができよう。

以下、これらの取り組み内容を簡単にみていくことにする[12]。ただし、④健軍商店街振興組合（熊本市）については、第9章で取り上げられているため、ここでは省略する。健軍商店街では、2008年に九州経済産業局が提起した「医商連携」（医療機関、社会福祉協議会等と商店街との連携）の方向でまちづくりの取り組みを発展させてきている。

3-2　帯広電信通り商店街振興組合（北海道帯広市）

帯広電信通り商店街は帯広市の中心商店街であるが、2008（平成20）年4月から、帯広市、町内会、十勝エネルギーネットワーク（NPO法人）、スーパーやガソリンスタンドと連携して、地域の家庭や飲食店から出る廃食用油（天ぷら油等）

を回収する事業の一環を担っている。回収した廃食用油は、バイオディーゼル燃料（BDF）にリサイクルして、市内のバスやゴミ回収車の燃料として販売し、販売した収益の一部は菜種を栽培して食用油を製造する研究等に役立てるといったように、地域内資源循環システムの確立が目指されている。

商店街振興組合では、廃食用油の回収を促進するために、回収ボックスを商店街内に5カ所設置すると共に、500mlペットボトル1本につきスタンプを1個押し、25個集まると商店街振興組合加盟店で使える商品券（100円相当）と交換している。

さらに、2011（平成23）年には、第9章でも述べたように、地域商店街活性化法に基づく活性化事業計画として「お年寄りや障がいのある方と協働・共生する商店街づくり事業」が、北海道で最初に認定された。商店街振興組合はまちづくり会社として「株式会社でんしん」を設立し、共同駐車場の管理、廃業店舗の土地建物を購入・改修・賃貸等の不動産事業を行うことにより、補助金の自己負担金分の安定的確保を図る一方で、社会福祉法人やNPO法人、ケア・センターなどと連携し、高齢者の交流支援や障がい者就労支援、子育て支援になどを展開している。

こうした活動によって、商店街にだれもが集え居心地よく過ごせるコミュニティ空間の整備が進められ、2016（平成28）年には古民家を改装した「コミュニティサロン齋藤亭」や、障がいをもつ子供や親子のコミュニティサロン「ぴあのかふぇりずむ」がオープンした。その結果、一時は32店まで減少した商店街の店舗数が42店まで回復したという。なお、本商店街は、中小企業庁の「2014年　がんばる商店街30選」に選ばれている。

3-3　ゆう壱番街商店街振興組合（滋賀県長浜市）

長浜は1988（昭和63）年オープンの黒壁ガラススクエアが多くの観光客を集めているが、その一本北の通りにあるゆう壱番街商店街は、1990年代中頃に空き店舗が7～8割に達するまで衰退した。そこで、地域密着型の商店街として活性化を図るために、1997（平成9）年から、江戸時代に始まった曳山を使う「こども歌舞伎」を商店街の素人集団の手で「ゆう歌舞伎」として再興した。

これと並行して、同年から県と市の助成を得て、高齢者による商店街の空き店舗活用の実験事業として、「シルバーよりも輝くプラチナに」を合い言葉に「プラチナプラザ」が開設された。その運営のために、高齢者主体で1人5万円出資し、働きに見合った歩合収入を受け取るという仕組みで、コミュニティビジネスが立ち上

げられた。これにより共同出資者としておよそ50人が集まり、公的支援終了後も事業の継続が可能になった。商店街の空き店舗にオープンしたのは野菜工房、おかず工房、リサイクル工房、井戸端道場の4店舗で、60代から80代の35人が交代で運営にかかわってきた。

これらのうち、野菜工房では30数軒の近隣農家や市場から直接、新鮮で安心な野菜や花、農産加工品を仕入れ、販売してきた。高齢者でも買いやすいように、根菜や果物は1個から、葉物は1束から、白菜は必要分カット販売し、珍しい野菜については消費者に調理法を説明してきた。また、おかず工房では家庭料理を中心に弁当販売や仕出しも行ってきた。メニューは曜日ごとにスタッフが高齢者向けの塩分控えめを意識して開発した10種類を用意してきた。以上のように商店街振興組合とコミュニティビジネスとの連携によって、地域の高齢者に働ける場所が提供されると共に、商店街が地域住民の交流の場となることで、買物客が戻ってきたことから、空き店舗率が1割に低下したこともあったという。

ただし、残念ながら主力メンバーの引退によって一時休業を余儀なくされるなど、経営状況は厳しくなりつつあるという。そのため2016(平成28)年に創業20周年を迎えたことから、新メンバーの募集を行うなどの対応策をとっている。

3-4　みやのかわ商店街振興組合(埼玉県秩父市)

秩父エリアは、埼玉県内で高齢化率がトップクラスで、約3万人の高齢者が居住し、そのうち約5,000人が介護認定を受けている。また、郊外への大型店の出店によって、まちなかの商店が減少し、行動範囲が制約されがちな高齢者が買い物弱者となるケースが増えている。そのため、地域の商業者や住民自らが困っている人を助ける共助の仕組みが必要との認識が高まり、実施したいことはやってみる、言い出した人がリーダーとなるという自由闊達な雰囲気のもと、みやのかわ商店街振興組合メンバーからの発案で、地域課題に対応するためのコミュニティビジネスが複数立ち上げられた。現在は、「ボランティアバンクおたすけ隊」、「出張商店街楽楽屋」等が、商店街振興組合主導のもとで活動している。

これらのうち「ボランティアバンクおたすけ隊」は、援助を必要としている高齢の方、障がいのある方、子育て中の方を有償で支援するシニアボランティア組織で、利用者は1時間800円のチケット(10枚まとめ買いで1枚サービス)で支払う。隊員はボランティア時間を貯蓄し、自身や家族のために利用することができる他、秩父市共通商品券「和同開珎」(1時間500円相当)で受け取ることもできる。

現在、ボランティアは約150人が登録している。ボランティアの仕事内容は、散歩や買い物同伴などの外出支援、庭の手入れや掃除などの家事援助、話し相手などの見守り支援、買い物代行等の困っている事項で、それぞれの状況に合わせて支援を行っている。また「出張商店街楽楽屋」は、商店街から高齢者施設等へ商品を持って出張販売を行うもので、事前に連絡すれば希望の商品を揃えるという。支払いは現金以外に楽楽屋専用商品券も利用できる。さらに、宮側町公会堂を利用した葬儀等の支援を行う「みやのかわセレモニー事業」も実施されている。なお、本商店街は中小企業庁の「2015年　がんばる商店街30選」に選ばれている。

3-5　広島市中央部商店街振興組合連合会

広島市中央部商店街振興組合連合会（中振連）は、広島市の中心街に位置する12商店街（約880店舗）と9つの大型店で組織されている。中振連は、駐車券発行システムや、原爆の日の「8月6日とうろう流し」、「ゆかたできん祭」、「えべっさん」等のイベント実施をはじめとして、地域のにぎわい創出、環境改善に行政等と連携して取組んできている（1992年に法人化して設立）。

そうした中で、市の子育て支援事業により発足した市民団体から、商店街に対して「ベビーカー貸し出しシステム」の提案があったことをきっかけにして、中振連として取り組むこととなった。この事業を推進するにあたり、2つのNPO法人、高齢者生協、生協、女子大2校、社会福祉協議会、子供関連団体、県、市民団体など多様な団体と連携すると共に、民間企業からも協賛を得ている。

事業の立ち上げ時においては、商店街のイベントの際、駐車場にベビーカーを設置し（4カ所計20台）、子供連れの顧客に無償で貸し出していた。ベビーカーは市民の拠出によるリサイクル品で、提供者には1,000円分の全国百貨店共通商品券が贈られた。また、子育てブース設営、子どもと一緒におでかけマップの作成なども実施された。

現在では、「おでかけ家族　おうえん宣言！！」として、常時、広島市中央部駐車場システム亀井駐車場利用者に対し、3カ所の駐車場でベビーカー無料貸し出しサービスを実施している。

地域課題をめぐる連携の展望

　ここまで、2000年代から継続・発展してきた商店街と住民組織やNPO法人をはじめとする外部機関との代表的な連携事例についてみてきた。以上を参考にして、近年の商店街の連携事例について、インターネットを活用するなどして、さらに調べてみよう。そうすると、実にさまざまな地域課題をめぐって連携が行われていることに気づくであろう。中でも第9章で取り上げた、子育て支援や買い物弱者支援をめぐる連携事例が増加しつつあることが確認できるはずである。それはいうまでもなく、人口減少・少子超高齢社会化が急ピッチで進む現在、これらが中心的な地域課題となっていることのあらわれである。

　こうした状況は、商店街組織そのものがさらに弱体化しつつある一方で、商店街という「場」そのものは地域コミュニティが抱えるさまざまな課題を解決するためのプラットフォームとして、逆に重要性を増しつつあることを反映するものといえ

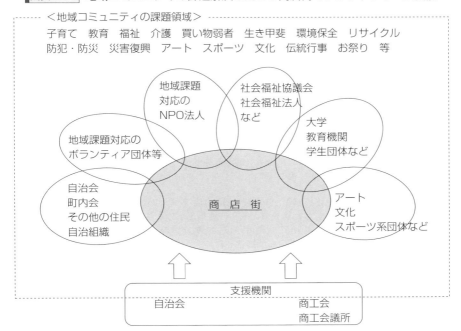

図表10-8　地域コミュニティの課題解決のための商店街のプラットフォーム機能

る。そうした関係を概念図にまとめると、**図表10 - 8**のようになる。

ただし従来、商店街にとってこうした多様な外部機関の活動は馴染みがあるものでなく、逆にこうした外部機関にとって商店街の組織や活動は縁遠い存在であることが多かった。そのため、連携の歯車をうまく回すためには、相互に理解し合える関係を築くことがなによりも重要といえる。例えば、商店街の空き店舗を活用して子育て施設を運営しているNPO法人の代表は、次のように発言している。

「苦労したのは、私たちは商店街のことを何も知らなかったものですから、なかなか理解し合えなかったことですね。商店街の組合の方には、夜の会合への出席や、イベントへの協賛金や協力を求められたりしました。随分悩みましたが、ビジネスライクなやり方は好まれないようで、顔馴染みのおじさん、おばさんに話すように会話を交わしていくうちに次第にギクシャクした関係は解消されていきました。」[13]

これは、旧来の商店街組織が同質的な集団で外部に対して排他的になりがちという、地縁型組織によくある特徴をもつことが多いのに対して、NPO法人のような特定の目的の実現を志向するタイプの組織すなわち目的型組織は、外部に対して開放的で異質な集団を結びつけることを得意とするといったように、両者が対照的な特徴をもつことに関連している[14]。そのため、商店街組織と外部機関とが共にオープンマインドをもって、組織間の壁を意識的に引き下げ、理解し合う努力を重ねることが、両者の連携にとって重要といえよう。

（渡辺達朗）

注

1 「J-CASTニュース」2010年7月24日による。https://www.j-cast.com/2010/07/24071552.html?p = all
2 「ZUU online」2016年11月12日による。https://zuuonline.com/archives/127670
3 「新潟日報モア」2017年3月4日による。
4 同上。
5 2006年の値のうち事業協同組合と任意団体は2004年版「全国商店街名鑑」作成時の数字であり、2012年の数値は送付した調査票のうち、宛先不明による不達134、解散したと回答した商店街200を除いた値、2015年の数値は送付した調査票のうち、宛先不明による不達153、解散したと回答した商店街295を除いた値である。
6 詳細は、内閣府NPOホームページ　https://www.npo-homepage.go.jp/に詳しい。
7 以下では煩雑になることを避けるために、認定NPO法人を区別して論じる必要がある時を除き、NPO法人と認定NPO法人を一括して「NPO法人」と表記する。
8 http://www.syoutengai-shien.com/knowhow-tool/tool/index.htmlを参照。
9 http://www.syoutengai.or.jp/dataroom/data/h20chiikirenkei.pdfを参照。

10 http://www.kanto.meti.go.jp/seisaku/shougyou/data/H21hukyukeihatsu_houkokusho.pdfを参照。
11 なお、後者（経済産業省関東経済産業局（2010））では、地域コミュニティの担い手たらんとして、商店街においてコミュニティビジネスの手法を活用している取り組みや、コミュニティビジネス事業者と連携している取り組みに焦点が合わされている。示唆されている点は、前者と共通する部分が多いため、ここでは省略する。
12 現状については、当該商店街および関係する国・自治体等のウェブサイトを参照した。
13 「子育て支援NPO法人との連携から広がる商店街の未来」全国商店街支援センターウエブサイトEGAO（http://www.syoutengai-shien.com/knowhow-tool/knowhow/03.html）による。
14 詳細は、渡辺達朗（2014）『商業まちづくり政策 – 日本における展開と政策評価』有斐閣、178〜180頁を参照されたい。

第IV部

広がるまちづくり

第11章 観光とまちづくり

1 観光のタイプを分ける2つの軸

1-1 発地型観光と着地型観光

　近年、都市間・地域間競争が活発化する中、観光を意識したまちづくりの事例が増えている。都市や地域にとって、観光振興とは、他地域との「競争と連携」を通して地域個性を発揮することを意味する。観光は、21世紀の基幹産業としての期待をされる一方、まちづくりの視点からみても、魅力的な地域の「宝（資源）」を（再）発見し、地域への愛着や誇りをもつ絶好のツールといえる。しかし、一口に「観光」といっても、さまざまなタイプがある。そこで、まず、観光のタイプを識別する2つの軸について考えることから始めよう。

　旅行者が出発する地点を「発地」、観光する地点を「着地」という。「発地型観光」とは、発地が主体となって組み立てる観光のことで、かつて広くみられたツアー観光を思い浮かべるとわかりやすい。旅行代理店が、発地の旅行者の平均的なニーズを勘案して旅行コースを組み立て、旅行客を募集する。応募した旅行客は互いに見知らない人でも、設定されたコースに従って共に旅行する。職場の慰安旅行や友人たちとのグループ旅行の場合にも、参加者は気心が知れているとはいえ、観光コース自身は発地側が主導権をもって決定する点では変わりない。旅行代理店がコースを決定するので、平均的な名所・旧跡などの代表的な観光スポットはほとんど漏れなく選定され、その地を訪問した実感を持つことができる。専門のガイドがつくことも多く、旅行客は事前の予備知識は不要で、特段の準備をする必要もない。時間的な融通は利かず、タイトなスケジュールとなることが多いが、それさえ我慢

すれば、限られた時間で多くの施設を効率的に見て回ることができる。見知らぬ土地への初めての訪問は、何かと心配があるが、それらはすべて旅行業者が解決してくれる。旅行の初心者にはきわめて便利で、手軽な観光形態だということがいえる。

発地型観光の場合、受け入れ側はいわば「待ち」の姿勢で、旅行業者が誘導する大量の旅行客にすべてを依存することになる。観光地として何を、どのように見せるかは旅行業者が決定するのであって、そこに観光地としての意図はほとんど働かない。大量の旅行客が来ればそれだけ地元は潤うとはいうものの、土産物などの買い物は旅行業者がコースに組み込んだ店に限られる。そして何より、大量の旅行客を呼び込むことを理由に、厳しい旅行代金を要求される。多くの旅行客を惹きつけようとすれば旅行代金を低く設定する必要があるが、その分が観光地への価格交渉に反映される。要するに、受け入れ側の主体性はほとんどなく、旅行業者に完全に依存した形態となる。

こうした発地型観光に対して、旅行客を受け入れる地域（着地）の人材や組織が主導的役割を担って旅の商品開発や運営を行うスタイルを「着地型観光」とよぶ。観光地を選択するのはもちろん発地の旅行者であるが、訪問先やそこでの活動内容は着地側が提案する。旅行者は訪問先の情報を細かく知っているとは限らず、この地元からの提案を受けて、自らの旅行計画を組み立てることになる。

そうなれば、当然に、誰でもが知っている伝統的な神社仏閣の類ではなく、地元の人びとしか知らない埋もれた宝や本物が観光資源に組み込まれてくる。あるいは、そば打ちや陶器づくりなどのように、現地でしか経験できない体験などもこれに組み込むことができる。その過程で、地元の人びととの個人的な会話やふれあいが生まれ、それが観光旅行全体に対する満足度を高める。旅行業者が企画する大きなツアーには適さないが、少人数の旅行や個人旅行の場合には、こうした新たな観光スタイルが注目されるようになった。ほぼ、1990年代の中頃以降のことである。

この着地型観光も旅行業者が旅行商品として組み立て、販売することはもちろんある。その場合の旅行業者は発地の大旅行業者ではなく、着地の小規模な旅行業者ということになる。旅行業者は旅行業法によって業務内容が規制され、小規模な第三種旅行業者は募集型の企画旅行を行うことができなかったが、2007（平成19）年の旅行業法の改正によって、一定の条件の下で、募集型の企画旅行を実施できるようになった[1]。それによって、現地の業者が募集する着地型観光が大きく開かれることとなった。

募集型ではなく、個人の旅行ともなれば、もっと手軽に現地の情報にアクセスし

て、旅行を組み立てることができる。旅行も数回を経験するようになると、決められたコースに従うのではなく、自分の趣味や好みに合わせて訪問先やそこでの体験を組み立てようとする要求は高まる。それを受けての着地側からの発信であるが、インターネットの発達で情報発信は極めて容易になった。近年ではSNSなどの個人メディアも発展し、情報を経済的に素早く広く発信することができるようになっている。これもまた、着地型観光への強い追い風となっている。

1-2 通過型観光と滞在型観光

　これとは別に、もう１つ「通過型観光」と「滞在型観光」という分類がある。通過型観光とは、さまざまな観光名所を短い期間に効率的に回ることを主眼としたもので、先に見た発地型の企画ツアーに典型的に見られたタイプの観光である。それに対して、滞在型観光とは、一ヵ所で時間をかけて滞在し、その土地の歴史や伝統に触れ、人びとと暮らしを共にし、体験型をはじめとしたレジャー等を楽しむこともある。あるいは、一ヵ所を拠点として周辺を観光することも滞在型観光に含むのが普通である。

　滞在型観光に注目が集まるようになった背景は、先の着地型観光が広がった背景とほぼ同じである。通過型観光が訪問先の観光スポットを「一通り見て回る」ことに主眼を置くのに対して、滞在型観光はそこに腰を落ち着け、じっくりとその「地域を理解する」ことに力点が置かれる。着地型観光と滞在型観光は視点こそ異なるが親和性は高く、着地型観光が広がればそれだけ滞在型観光も広がっていく。

　通過型観光は表面的にスポットを「見る」ことが主眼であるから、反復して訪問してもそれから学べるものはほとんどないため、訪問自体が単発で終わってしまう可能性は非常に高い。それに対して、滞在型観光の場合には、そこでのふれあいや体験を通してより深い理解を伴うため、再度訪問しても新たな出会いや体験を通して、新たに何かを発見し、理解をさらに深めることができ、それだけ高い満足感を味わうことができる。旅行客を受け入れる側からいえば、滞在型観光のほうがリピート率は高く、経済波及効果も大きくなるため、滞在型観光により大きな期待をかけることになる。

　こうした簡単な説明からも推察できる通り、通過型観光と滞在型観光とでは観光資源の考え方が大きく異なる。例えば、典型的な神社仏閣や歴史的建造物、あるいは自然の景観などは、いずれの場合も重要な観光資源となり得るが、通過型観光の場合にはそれを「観る」ことに意味があり、それらの存在そのものが資源となって

いる。それに対して滞在型観光の場合には、その建築物に込められた歴史や物語などを深く理解することに意味を持たせる。歴史や背景を理解すれば、その建築物に対する見方そのものも変わってくる。

　歴史的建造物を中心としたスポットを巡る観光は昔からあったが、それは地元の人びとの活動からは独立した資源が旅行客を惹きつけたに過ぎず、まちづくりとの接点をもつことはなかった。それに対して、着地型観光や滞在型観光は、ハード施設としての建築物や景観そのものに意味づけを与えることによって、付加価値を生み出し、地域資源を磨き、地域の個性を光らせようというのであるが、それは地元の人びとの新たな活動を通して初めて生み出される。ここに観光とまちづくりとの接点が生まれる。

2 観光資源の発掘を通したまちづくり

2-1　観光資源の発掘主体

　上のような理解に立てば、観光起点のまちづくりは既存のハードとしての資源にさまざまな付加価値を付け、地域資源として磨き上げることからすべてが始まる。それを地域資源の発掘というとすれば、観光地（着地）の人びとの総力を結集して取り組む必要があるということになるだろう。

　では、「地域の人びとの総力」といったが、それは具体的に何を意味するのだろうか。地域の企業や住民が自発的に目覚めて地域資源の発掘に取り組むことは理想的な姿かもしれないが、実際にそれを期待することは絶望的に難しい。各関係者の自発的な取り組みでは、その方向がまとまらず、観光地としての一貫した戦略性にも欠けることにもなりかねない。したがって、実際には行政や観光団体等が中心となって活動を開始し、企業や住民の理解を広げながら進めていくということになるだろう。

　そうした役割を担うために、旅行業者としての資格はもたないが、観光資源の開発や運営を担う専門的な機関である観光ビジネス活動体（Destination Management Organization、以下「DMO」と略称）が設立されることがある。DMOとは目的地の観光マネジメントを総合的に担い、絶えず変化する旅行客のニーズを的確にとらえ、厳しい競争環境下でも勝ち残れるような総合的な戦略や観

光品質の向上を図るなど、着地型観光のプラットフォームとなる組織を指している。DMOは欧米では広く設立されているようだが、日本では行政、観光業者、企業、住民等の連携が十分に進まず、組織としてはこれからという面が強い。しかし、観光庁では観光を地域の「稼ぐ力」の1つの柱として位置づけ、「日本版DMO」の導入・普及に力を入れようとしている。

すなわち、日本版DMOを「地域への誇りと愛着を醸成する『観光地経営』の視点に立った観光地域づくりの舵取り役」と位置づけ、その基礎的な役割・機能（観光地域マーケティング・マネジメント）として、次の3点を指摘している[2]。

(1) 日本版DMOを中心として観光地域づくりを行うことについての多様な関係者の合意形成
(2) 各種データ等の継続的な収集・分析、データに基づく明確なコンセプトに基づいた戦略（ブランディング）の策定、KPI（Key Performance Indicator）の設定・PDCA（Plan-Do-Check-Action）サイクルの確立
(3) 関係者が実施する観光関連事業と戦略の整合性に関する調整・仕組みづくり、プロモーション

法人としてこの日本版DMOに登録すれば、関係省庁から各種交付金などの支援を受けることができるが、その登録をするためには、上の3点をクリアすると共に、日本版DMOの組織の確立（法人格の取得、意思決定の仕組みの構築、データ収集・分析等の専門人材がDMO専従で最低1名存在）と安定的な運営資金の確保が求められている。

最後の資金調達についていえば、その方法として「収益事業（物販、着地型旅行商品の造成・販売等）」「特定財源（法定外目的税、分担金）」「行政からの補助金・委託事業等」が考えられるが、DMOのうち実際に収益事業でまかなっている事例は少なく、特定財源と行政からの補助金・委託事業等で実施しているのが現状である。株式会社日本政策投資銀行もまた、日本版DMOが成功するカギとして、理念の共有、人材の育成・活用と共に資金調達をあげているが、その資金調達について「基礎的な費用は国や地方自治体が負担する必要があるが、経営の自由度や弾力的な資金支出を行うためにも、独自の収益活動による運営資金の確保や、民間企業との連携などによる多様な資金調達を図る必要がある。」と指摘している[3]。すべてを収益事業による自主財源でまかなうことはできないとしても、それに向けた努力は今後も必要になるだろう。

なお、日本版DMOは、対象地域の広さに応じて、複数の都道府県にまたがる区

域を一体として観光地域づくりを行う組織（広域連携DMO）、複数の地方公共団体にまたがる区域を一体とした観光地域づくりを行う組織（地域連携DMO）、原則として基礎自治体である単独の市町村の区域を一体とした観光地域づくりを行う組織（地域DMO）の３種類に分けられており、2017（平成29）年３月末現在時点で、広域連携DMO５件、地域連携DMO 63件、地域DMO66件が登録されている[4]。

特に資金の問題に関連して、近年、TBID（Tourism Business Improvement District（観光産業改善地区、以下「TBID」と略称）と呼ばれる言葉が用いられることがあるので、簡単に触れておこう。ビジネス旅行の１形態としてMICEと呼ばれるものがある。Meeting（会議）、Incentive Tour（報奨・招待旅行）、Convention（国際会議・大会）、Exhibition（展示会・見本市）の頭文字をとったもので、国際会議等の大規模なイベントを指す。このMICEは参加者が多く、一般の観光旅行に比べるとはるかに消費額が大きいことから、その誘致に力を入れる自治体は多い。

そのMICEの誘致に当たって、ホテル事業者や観光事業者など、最も恩恵を受ける事業者に特別課税をすることによって、必要な費用を捻出しようというのが、TBIDである。特別課税を認めるためには、州や市などの自治体が、区域を定めて制度化する必要があるが、これがうまく稼働すれば観光事業を通して費用を生み出すことも期待できる。

しかし、日本ではもともと地域の企業が資金を出し合って地域を総合的にマネジメントするという仕組みも、ごく一部の例外を除いて存在しないし、宿泊税の習慣もほとんどない。それだけに、たとえアメリカで成果をあげていたとしてもこれをそのまま導入することは容易ではない。ただ、課税という形をとるものの、実質的には行政の資金に依存しない資金調達の１つの方法として、注目しておく意味はある。

2-2　まちなか観光と商店街

これまでの章で見てきたように、まちづくりは極めて多面的な活動であるが、その１つの重要な柱が地域の資源（宝）を（再）発見し、磨き、それを育てるものであることは間違いない。滞在型観光が浸透するに従って、神社仏閣のような、巨大な観光資源だけではなく、その地域の特性を反映し、人びとの暮らしを伝え、ふれあいを実感できるような資源の開発が強く求められるようになる。まちなか観光に

注目が集まるのはこうした流れにおいてである。

　まちなかは古くから人びとが生活を営んできた場所であり、その都市の歴史や文化の拠点であった。それほど有名ではなくても、寺があり、神社があり、学校があり、商店街がある。まちなかには昔のそのまちを偲ばせる拠点がいくつもあり、それらはまちの人びとが昔を懐かしむ際の想い出の中心でもある。中でも商店街は、人びとの生活を直接に支えた場所であり、人びとが日常的に交流し合った場所であり、賑わいの中心であった。現在も賑わいを維持しているところもあれば、郊外に押されて昔の面影を失っているところもあるが、多くはまだ人びとの記憶の中に息づいている。商店街はまちなか観光の1つの重要な拠点となる可能性を持っている。

　一口に商店街と言ってもその姿は多様である。日本の商店街のほぼ90％は地域型、近隣型とされているが、その多くは半径500mから1km圏内の顧客の集客に熱心であり、観光で訪れるような客に対しての配慮は少ない。観光を意識してまちなみを整備し、外国人を含めた旅行客向けの土産を準備しているのは比較的大都市を中心とした広域商店街や一部の観光拠点の商店街に限られているのが現状であるといってもよい。

　発地型の、あるいは通過型の観光が主流であった時代には、まちなかの小さな資源には見向きもされなかったが、リピーターがまちの人びととふれあい、その生活を実感することを求めて訪問してくる滞在型観光が増えてくると、大きな観光拠点よりも、こうした小さな埋もれてしまったかに見えた資源に注目が集まる。まちなかの商店街もその1つである。

　商業空間としての賑わいという点だけからすれば、多くの都市ですでに郊外のショッピングセンターのほうが多くの人を惹きつけているはずである。ショッピングセンターは単に買い物の空間というだけではなく、さまざまなコミュニティ機能を備え、人びとの交流の場としても評価され始めている。しかし、それでもそこで営業する店舗の多くは全国に事業を展開する企業の店舗であり、その地域に根ざしているとはいい難い。実際、ショッピングセンターの専門店の多くは、隣市のショッピングセンターでも同様の商品を取り扱っていることが多い。

　郊外型ショッピングセンターの周辺には農業の名残はあっても、人びとの生きたくらしの名残はない。すべてが新しく機能的に設計されている。店舗構成は「金太郎飴」と言われるほど他都市のそれと類似している。そんな商業空間は買い物の拠点とはなっても、観光の拠点となりにくい。地域の独立店が多く立地するまちなかの商店街との違いがここにある。

商店街は人びとの記憶と感傷の中にはあっても、あまりにも見慣れた「普通」の風景であり、もはやそこの人を惹きつける魅力はないと考えるかもしれない。しかし、小さな資源を発見し、磨き上げるということは、まさにここに資源を見出すことに他ならない。地域の人びとにとっては見慣れた、ある意味では風采のあがらない当たり前のまちが価値を持っているということを再発見してもらうこと、いや、地域住民と共に再発見する道筋を整えることが大切となってくる[5]。

第5章で、地域の資源は地域の人びとがすでに十分に理解しているものばかりではないという点を確認した。地元の人が評価できないものを旅行客に評価せよというのは無理な話である。確かに外部の目による評価、再発見はあり得る。しかし、それはきっかけで、そうして発見されたものを地元の人びとが評価し、慈しみ、磨き上げていかなければ、それは着地型観光の資源とはならないし、滞在型観光の資源ともならないだろう。

2-3　長浜市の総合的観光誘致

商店街を舞台としたまちなか観光の成功事例は少なくないが、以下、その初期の代表的事例である長浜市について見ていこう。ただし、長浜市については、本書の中でも何度か取り上げられているので、ここでは観光に絞って見ていく。

滋賀県の湖北に位置する長浜市は合併前、人口5万人ほどの地方都市であった。古くは羽柴秀吉の城下町として整備され、北国街道の沿道であると共に、琵琶湖水運の拠点でもあったことから、湖北地方の中心都市として栄えてきた。しかし、1980年代には多くの地方都市がそうであったように、衰退化の波が押し寄せた。中心部の商店街からはほとんど人が消えた状態となった。土曜日の午後半日の通行量は、人間3人と犬1匹だったというのは語り草となっている。名刹大通寺や曳山祭り（子ども歌舞伎）、盆梅展などの有力な観光資源があったにもかかわらず、1989（平成元）年時点の来街者は12万人に過ぎなかった。

そこから2年程遡る1987（昭和62）年秋には、その長浜で、当時の若者たちが中心となって「芸術版楽市楽座　アート・イン・ザ・ホー」というイベントを開催した。現在の「アート・イン・ナガハマ」の前身イベントである。先輩たちが残してくれた芸術性豊かな都市を引き継ぐために、芸術家を志す人たちに発表の場を準備すると共に、条件が合えば1年間、まちなかの店舗で作品を展示するというものであった。

ほぼそれと時期を同じくして、まちの中心部にあった明治時代の銀行の建物の保

存運動が持ち上がった。長浜市の中心部には、1900（明治33）年に百三十銀行長浜支店として建築され、またその外壁が黒漆喰であったことから「黒壁銀行」等の愛称で親しまれていた建物があった。1988（昭和63）年に、その保存と活用のために民間企業8社と長浜市の協力により、「株式会社黒壁（以下「㈱黒壁」と略称）」（出資金1億3,000万円）が設立され、翌1989（平成元）年に黒壁1号館（黒壁ガラス館）としてオープンした[6]。ガラスは長浜に縁があったわけではないが、むしろ地元産業との競合を避けて導入した。この時点で、ガラスの展示販売をする1号館だけではなく、そのすぐ横に黒壁2号館としてガラス工房を同時に開設すると共に、ギャラリー、ガラス美術館、レストラン等を含めた総合的文化事業として立ち上げたのだった。まだ滞在型観光という言葉もなかった時期であるが、すでに体験拠点を準備したことになる。

　㈱黒壁は第三セクターではあるが、長浜市は経営には全く関与せず、民間人が経営に当たった。そのこともあって、事業展開は極めて迅速で、黒壁1号館の周辺から北国街道沿いに、空き店舗を活用して次々と店舗を展開していった。㈱黒壁が建物を取得して直営することもあれば、賃貸することもある。あるいは建物を賃貸してからサブリースすることもあれば、第三者が㈱黒壁のコンセプトに合致した展開を行った場合には「黒壁」の名を冠するなどして、1998（平成10）年までの10年間に28号館まで整備した。建物のファサードのコンセプトを共有したことで、統一感のある街並みが形成され、多くの旅行客を呼び込むことに成功した。㈱黒壁は、現在では北国街道沿いの中心市街地に、直営店、共同店、加盟店等約30店舗のグループを展開するまでになっている。

　長浜市といえばこの㈱黒壁の取り組みがあまりにも有名で、ここに焦点が当てられるのも無理はない。しかし、長浜が旅行客を惹きつけたのは、決して㈱黒壁の事業によるものだけではない。㈱黒壁が事業を開始した頃、長浜市の中心部には宿泊施設がほとんどなかった。ホテルといえば、JR線を挟んで反対側、琵琶湖畔の豊公園内にあるロイヤルホテルがほとんど唯一で、まちなかには古い旅館しかなかった。これでは旅行客を呼び込むといっても、日帰り客しか対象とならない。JR湖西線が直流化され、大阪から1時間30分の直通新快速で結ばれるようになるのは2006（平成18）年秋のことで、それまでは大阪からでも米原で乗り換え、ほぼ2時間を要していた。日帰りは不可能ではないとしても、旅行客を惹きつけるためには宿泊施設が必要だということで、㈱黒壁の設立にかかわった事業者が中心部にビジネスホテルをオープンさせた。滞在型観光誘致への宿泊施設側からの第1歩で

あった。その後、旅行客の増加に従ってホテルは整備され、2007（平成19）年には古民家を改装した旅籠紗蔵（はたごさくら）もオープンした。

　1995（平成7）年は後に「地ビール元年」と呼ばれるほど、全国で地ビールブームが沸き起こった。前年の規制緩和で、小規模の醸造所の開設が可能になったためだが、長浜市でも早速地元の事業者がアメリカの工場と直接交渉をすることで、他都市よりも格安で工場を開設することに成功した。地ビールは規模が小さい分、大手企業のビールよりも割高で、ブームが去ると閉鎖する所も多くみられたが、長浜市の地ビール「長濱浪漫ビール」は今日に至るまで着実に業績を積んでいる。

　観光の拠点といえば、2000（平成12）年に開設された長浜曳山博物館も大きな意味を持っている。曳山巡行（えいこう）は2016（平成28）年にユネスコの無形文化遺産に登録されたが、長浜の曳山祭りもその一翼を担っている。山車の上で子どもが歌舞伎を演じながらまちなかを曳行する曳山祭りは、長浜市の人びとの魂でもあった。その山車を展示しながら、曳山文化を伝えようとする構想は1980（昭和55）年に生まれたというが、それから20年の歳月を経てようやく完成した。まちなかの中心部に位置するこの博物館は、以来、長浜の重要な観光拠点となっている。

　さらに言えば、2月から3月上旬にかけての盆梅展は有名であるが、それに重なるように大通寺で開催される馬酔木（あせび）展も静かな人気はあった。この馬酔木展を広く広報すると共に、それに続く花として、八幡宮にあった紫陽花を強化し、6月の花イベントにまで引き上げていった。

　体験型でいえば、当初からのガラス工房に加えて、まちの中心部にガラス、ステンドグラス、エングレービング等のさまざまなガラス工房を設け、体験教室を開催している。また、旅行客の滞留時間を延ばして宿泊に結びつけるための活動として、黒壁グループ協議会が、夜間にイベント「ステンドグラス・フェスタ」を実施している。さらに、地元住民で組織する北国街道まちづくり協議会と連携した季節ごとのイベント等も随時開催されている。

　既存の観光資源に依存するのではない。新たな観光資源を開発しながら、古くからある観光資源を磨き上げ、年間を通じた旅行客の誘致に力を注ぐ。長浜は豪雪地帯として知られ、年間を通してとはいっても、冬場はほとんど旅行客は期待できない。それだけに、春先から始まるシーズンにかける期待が大きかったといえる。こうしたさまざまな取り組みの結果、長浜市は2010（平成22）年頃には年間200万人もの旅行客が訪れるようになったのである。

　こうした長浜市の取り組みのほとんどは、まちなかの商店街を舞台として展開さ

れてきた。㈱黒壁の展開する各種の店舗はもちろん商店街の空き店舗に埋め込まれたものであり、ホテルや交流事業も商店街の中か、それに隣接して展開されている。大通寺や八幡宮も中心部の商店街に隣接している。曳山祭りも含めて、組織としての商店街が深くかかわったとはいえないが、商店街は常にまちづくりの舞台であった。そして、その活動を通して、商店街に賑わいが戻り、再び地域の人びとがそこを誇りに思い、交流の場として活用するようになった。観光を起点とするまちづくりは、単に旅行客を増加させることに意義があるのではなく、旅行客の誘致を通して、地域の経済に新たな循環が生まれ、人びとの交流が生まれてこそ意味がある。長浜市が観光まちづくりの観点から見ても成功事例と評価できるのは、まさにこの点においてである。

2-4　柏市のまち歩きマップ

　観光といえば、だれもが認めるような観光資源があり、それを活用して旅行客を惹きつけるということを想像しがちである。もちろん、それも重要な観光によるまちづくりではあるが、商店街を舞台としたとき、それが一般的に可能であるとは限らない。それよりも、多くの都市では、2-2でも強調したように、「見慣れた普通の風景」の中に今まで見過ごしていた「観光資源の種」を見出し、それを育てていくことが重要となるだろう。そのような事例として、千葉県柏市で始まった市民参加型のマッププロジェクト[7]を見てみよう。

　柏市は千葉県のほぼ西端に位置する人口約40万人の都市で、JR常磐線で東京まで30分強で結ばれるベッドタウンである。2005（平成17）年に開通したつくばエクスプレスラインも柏市の郊外、柏の葉キャンパスを経由している。

　日本で古着ブームが始まったのは1980年代の半ば頃であるが、柏市では1989（平成元）年に1店の古着屋がオープンしたのをきっかけに、多くの古着屋が集積するようになった。「集積する」と言っても、商店街の一角にまとまって出店するわけではなく、中心部から少し外れた、家賃の安い物件を求めて、散在的に出店していった。そのエリアは、東京の若者の聖地・原宿の周辺を「裏原」と呼んだのにちなんで、1997（平成9）年頃から「裏柏（うらかし）」と呼ばれるようになった。2005（平成17）年5月にテレビ東京の番組「出没！アド街ック天国」で取り上げられたことをきっかけに、多くの若者が柏を訪れるようになる。しかし、土地勘のない若者にとって、裏通りに散在する古着店を探すのは結構大変である。

　柏市の駅前にあるインフォメーションセンターを統括していた女性は、そんな若

者を多く見る中で、古着店や雑貨店に焦点を当てたマップを作成することを思いつく。地元の市民ボランティアの協力を得て、1店1店訪問して取材し、許可を得ながら、手づくりのマップを作り上げたのが2006（平成18）年12月である。イラスト地図に店の位置を配し、裏面に若者が取材した店のコメントを記したマップは、行政などが作成するそれまでの商店街地図とは全く趣を異にするものであった。

　主たるターゲットは若い男性であるが、女性が歩かなければクチコミは広がらないということで、カップルで買い物をする層をターゲットとし、マップの紙を青色にし、可愛いイラストを取り入れ、男性が持っても恥ずかしくないが、女性受けも良いものに工夫した。その制作過程もマスコミに公開することで話題を呼び、広く情報発信してもらうことができた。内容的にも、公平・平等の概念にとらわれることなく、調査者の視点をそのまま表したマップは、裏柏を訪れる若者の必携のグッズとなり、外部から来た若者が、それぞれマップを手にして柏のまちを歩くようになった。

　さらに、インフォメーションセンターに相談に訪れる人との対応の中から、手軽な昼食場所に対するニーズが強いこともわかった。圧倒的に男性サラリーマンが中心である。昼食にかける時間はそれほど長くはない。このニーズに対応するのはラーメンだと見極め、続いて「ラーメンMAP」を作成した。基本的な考え方は古着店の場合と同じで、徹底した取材をもとに、調査者の視点を大切にした。

　柏市にラーメン店が多かったわけではない。むしろ、店の集積からいえば、隣の松戸市のほうが多いくらいであったが、このマップを片手にラーメン店を訪ね歩く若者が増えてくる。そうなれば、ラーメン店の新たな出店が相次ぐことになり、結果的には界隈で一番のラーメン激戦地区といわれるまでになった。

　柏市は商店街活動が活発な都市である。しかし、ここでもこうした取り組みに中心部の商店街が直接関係したわけではない。舞台もラーメン店となれば中心商店街もカバーされるが、古着店の場合には外部に広がる裏柏であった。しかし、小さな都市ではその距離はそれほど離れておらず、歩いて回遊できる範囲にある。商店街における新たな動きは、中心部そのものからというよりも、中心部の集客力に依存しつつ地価の相対的に安い周辺部から起こることが多い。そこで始まる新たな変化が、中心部をも巻き込みながら、まち全体に影響を及ぼしていく。商店街をまちづくりの場と考えるという観点からいえば、既存の商店街組織として区切られた空間よりも、もう少し広く周辺部をも含めた空間に注目する必要があることを示す好例ともいえる。

「観光」という言葉で理解するには、いささか小さな事例であるかも知れない。しかし、それだけにどこの都市にも可能性を感じさせてくれる事例でもある。地域を見直す中で見過ごされていた魅力を発見し、それを地域の人びととの間で共有しながら外部に発信していく。いわば「内なる観光」を掘り起こし、それをもって外部から人を惹きつけるという好例である。地域の人びとが無関心で魅力を感じないものが、外部の人びとに訴えかける観光資源となることはありえない。地域の人びとが地域の資源を発掘し、魅力を感じ、それを磨き上げていくことが重要である。

3 地域ブランドの構築とまちづくり

3-1 「地域ブランド」の2つの意味

「観光」という括りからはいささか外れるきらいもあるが、地域を外部に向かって発信していく有力な手段として注目が集まっている「地域ブランド」に簡単に触れておこう。地域ブランドに多くの関心が寄せられるようになるのは、ほぼ2005（平成17）年以降のことである。2004（平成16）年度に中小企業庁が「JAPANブランド育成支援事業」を開始し、翌2005（平成17）年に商標法が改正され、地域名と一般商品名から構成される名称を商標として認める「地域団体商標制度」が導入されたことが、直接の要因であったとされる[8]。近年では、地方創生が国の大きな方針と打ち出されたことによって、改めて関心が高まっている。

もともと、地域そのものが独特のイメージを持つことは少なくない。例えば京都、奈良、鎌倉には古都のイメージが強くあり、横浜、神戸には異国情緒あふれる港町のイメージがある。ほかにも独特のイメージを持った都市は数多いが、そのイメージはそれぞれの都市の長い歴史の中で積み重ねられてきたもので、特定の商品やイベントと結びついているわけではない。逆に、例えば「京野菜」が典型的であるが、その都市の産品（野菜）に対して、より一般的な好感度を持つ地名（京都）が冠せられている。この種の都市イメージは長年の歴史的積み重ねの上に成り立つものであるから、短期的な取り組みによって変更することは極めて難しい。株式会社ブランド総合研究所が毎年発表している地域ブランド調査はこの意味での地域ブランドを扱っている。

それに対して、近年、特に注目を集めている地域ブランドは、こうした抽象的な

都市イメージではなく、もう少し具体的な商品やイベントなどと結びついたもので、例えば「魚沼産コシヒカリ」や「関サバ」「三輪ソーメン」などがその代表として思い浮かぶ。これらの場合には、地名に先に強いイメージがあるわけではなく、特定の商品の産地として地名が冠せられる。その結果、地名と商品名は切り離しがたく結びつき、それがその都市のイメージ形成につながっていく。以下、この項ではこのタイプの地域ブランドを想定して議論する。

　特定の商品やイベントと結びついた都市イメージとなれば、多少の時間はかかるとしても、現在の私たちの取り組み次第では何とか形成することができる。そう考えればこそ、地域ブランドが戦略的な取り組みとして浮かび上がってくる。商品やイベントの認知を通して地域の認知度が高まると共に、来街者を惹きつけ、地域の空気を実際に感じ、体験してもらおうという意図がそこにはある。

　その意味では、地域ブランドを目指す取り組みは、単なる地域特産品の開発ではない。単に地域名を冠した商品を作って販売するのでもなければ、イベントに参加してもらうことでもない。「真の意味での地域ブランド化は…地域に住み集う人々のコミュニティの息吹とネットワークである。[9]」というのは、この点を最も強調した言葉である。地域に目を向け、地域の人びとのつながりを強化し、その場としての地域の魅力を商品の付加価値として提供するということになれば、それは本書で求めてきたまちづくりそのものだということになる。

　商品の開発過程そのものに商業がかかわることは少ない。しかし開発された商品は販売されなければならない。販売はブランドイメージが高まればインターネット等の通信販売でも可能になるが、実店舗で実際に手に取る販売も欠かせない。まして、まちの場としての魅力を付加価値とするとなれば、商店街を含む商業空間の役割は大きくなる。

3-2　フラノマルシェ（北海道富良野市）

　まず、第1の意味での強力な地域ブランド力をもつ北海道富良野市の例から始めよう[10]。富良野市は北海道の中央部に位置する人口2万5,000人に満たない小さなまちであるが、1976（昭和51）年に隣町の中富良野町のファーム富田のラベンダー畑が国鉄（現・JR）のDiscover Japanのポスターを飾り、さらに1981（昭和56）年に放映開始された名作テレビドラマ「北の国から」の舞台になったことなどから全国的に有名になり、先の「地域ブランド調査」では常に上位にランクしていた。しかし、観光資源はスキー場も含めてすべて郊外の山間部にあり、年間

に180万人といわれる旅行客のほとんどはまちなかに近づくことなく、バスや車で観光地点に直行し、そこから直帰していた。

さらに2007（平成19）年に完了した中心市街地活性化第1期計画に基づく駅前地区の再開発事業は55億円の費用を投入し、駅前地区のハード整備に貢献したものの、中心商店街の多くの商人が廃業・転出するなど、かえって地域商業力の低下を招いた。加えて、駅から約600mの距離にあった地元の総合病院が駅の反対側に移転し、まちの拠点を失った。

そのような中から、地元の商業者、事業者、市役所職員がまちづくり談義を開始し、徹底した現状分析の結果、まちなかに富良野の農産物や畜産物を活かした地元商品を販売する商業拠点を配置する計画に乗り出した。「フラノマルシェ」と名づけられたこの施設は2010（平成22）年4月にオープンし、年間30万人の来場目標をわずか5ヶ月で突破するなど、予想以上に旅行客を惹きつけた。フラノマルシェ（以下「マルシェ」と略称）は単なる観光物産館ではなく、地域で新たに開発される商品（富良野ブランド品）の販売拠点であり、販路が確保されることで富良野の食材を生かした商品開発がさらに刺激された。さらに、中央部に設けられた広大な広場は、市民のたまり場ともなり、市民のまちなか回遊の拠点となった。

このマルシェに隣接して、マルシェ事業と一部重なりながら実施された第二期の「ネーブルタウン」事業は2015（平成27）年6月に完了するが、それは商業施設フラノマルシェ2のほか、介護付き老人ホーム、賃貸住宅（18戸）、認可保育所、300人収容の全天候型多目的空間などを含んでいた。これはこの事業全体が、単に旅行客の誘致施設ではなく、地域コミュニティ再生の核となる意図が強く込められていたことを物語る。2016（平成28）年度にはまちの中心部への流入人口は110万人を超えるまでになっている。

マルシェは旅行客を惹きつけることを目的としたにもかかわらず、内部には本格的な飲食施設を設けなかった。その結果、人びとは施設外部に滲み出し、それが飲食店を中心とした新たな事業を刺激し、土地取引が動き出し、中心部の地価が上昇に転じた。地方都市では極めて珍しい現象である。さらに、地域の農産物、畜産物を生かした商品開発も進み、新たな地域経済循環が動き始め、地域ブランドの2つの意味がうまく絡み合うこととなった。

富良野市の事例は単なる観光誘致ではない。もともと知名度は高かったが、まちなかに新たな事業を仕掛けることによって、その知名度をまちなかに結びつけた。さらに、それを地域経済循環に結びつけ、持続的な地域経済、さらには地域社会の

仕組みにまで深めていった。起点となったのは確かに観光である。しかも富良野から魅力と情報を発信する典型的な着地型観光である。しかし、目指したのは単なる旅行客の誘致ではなく、それを基礎とした地域経済循環の新たな仕組みづくりであった。その意味で、観光拠点のまちづくりの典型ということができる。

3-3　伊賀の里モクモク手づくりファーム（三重県伊賀市）

　次に、こうした強力な知名度とは無縁であった小さな地方都市を取り上げる。三重県伊賀市の阿山町は2004（平成16）年の市町村合併で伊賀市の一部となるが、それ以前は人口8,000人の小さな山村であった。阿山町は養豚の盛んな土地であったが、地元の養豚家16軒が資金を出し合って、1987（昭和62）年に「ハム工房モクモク」を設立し、翌年から営業を開始した[11]。「顔の見える農業」をコンセプトに、1989（平成元）年に「手づくりウィンナー教室」をオープン、1995（平成7）年に「モクモク手づくりファーム」を開設、地ビール工房をオープン、1999（平成11）年に「小さなのんびり学習牧場」オープン、さらに2001（平成13）年に「野天もくもくの湯」、2004（平成16）年に「モクモク元気な野菜塾市場」オープンと業容を広げ、2008（平成20）年には日本農業賞　第4回「食の架け橋」最優秀賞を受賞するに至った。この他にも、貸農園「農学舎」や「モクモクジャージー牧場」など幅広い展開を見せ、伊賀市を代表するブランドとなった。

　これらの総称であるモクモク手づくりファーム（以下「モクモクファーム」と略称）が、2011（平成23）年、伊賀市内の商店街の中の町家を改装して直営店「ハハトコ食堂」をオープンした。モクモクファームの農場で栽培された野菜を中心に、「家族や子どもを思うお母さんのやさしさ」をコンセプトに、母から子へと伝えていくことを掲げた「農場とのつながりが見えるレストラン」である。ハハトコ食堂は単に食材の消費拠点ではなく、モクモクファームの理念をまちに伝えるメディアであり、市内の中心部に出店することによって市の人びとの理解と共感を得るのに成功した。

　同様のコンセプトをもったレストランは、その後各地に出店し、現在では名古屋、京都、大阪、津、伊勢、枚方、西宮に12店舗を展開するまでに至っている。さらに、東京の六本木にも「東京六本木ミッドタウン店」を開設、モクモクファームの工房でつくったハム・ソーセージのほか、野菜たっぷりの「えらべるごはんBOX」や「手づくりホットドッグ」、モクモクファームのジャージー牛乳をつかった

「ジャージー牧場ソフト」などを販売するほか、イートインコーナーも設けている。これらの店舗は、伊賀市のブランドイメージを広く外部に伝える上で、大きな役割を果たしている。

　地域ブランドの核となる商品は、こうした農産物に限られるわけではない。しかし、商品が地域と共鳴して受け入れられ、それが地域のブランド力を高め、両者が一体となって他地域に拡張しながら地域のイメージを広げていくというこの伊賀市の取り組みは、地域ブランドの1つのあり方を示すものということができる。

 理解と共感を求める観光

　本章では観光を拠点としたまちづくりについて見てきた。人口減少と高齢化が不可避とされる中で、地方都市が経済のパイを拡大しようとすれば、都市の枠組みを超えて外部から購買力を吸引し、「外貨」を稼ぐ必要に迫られるようになったという事情はある。交通機関が発達し、広域の移動が容易になったという外的条件がそれを可能にした。さらに、国が観光を地方創生の重要な柱の1つとして支援することによって、観光への注目が集まった。

　しかし、観光は地域の枠を超えた購買力の奪い合いの問題ではない。観光そのものは昔からあった。観光がもっぱら発地側の視点から捉えられるときには、旅行客の奪い合いの側面が強く表れたが、着地型観光の視点が浸透する中で、観光はまちづくりとの接点を見出していった。地域の歴史や独自の文化を体験し、人びととのふれあいを大事にするという着地型観光は必然的に滞在型観光へとつながっていく。

　着地型観光の観光資源は、地域の人びととの活動から独立して存在するものではない。本当に何もなければ始まらないが、地域の人びとが意識の外に置いてしまったものを発掘し、新たな資源として磨きをかけ、共有し、そしてそれを外部に発信する。旅行客も、単にまちを訪れてお金を落としていくのではなく、まちを理解し、人びととふれあい、共感をもって帰ってもらう。相互の共感と理解を求め、交流を深め合うことこそ、観光によるまちづくりの真の目的だということができる。

　そうはいっても、旅行客の側には予算的にも時間的にも制約があるのだから、すべての観光地を訪問することはできない。結果的にはいずれかの観光地が選ばれるわけで、その限りで「取り合い」の側面は消えることはない。それは観光もまた、ある意味で「都市間競争」の側面をもたざるを得ないことの裏返しでもある。しか

し、それは単なる奪い合いではなく、より深い共感と理解を求めた結果としての取り合いである。その努力を重ねることによって、観光地と発地の人びとはより深く理解し合えるようになるはずである。

最後に、インバウンドの問題に簡単に触れておく。訪日外国人が1,000万人を超えたのは2013（平成25）年であるが、それ以降、急速に増加し、2016（平成28）年には2,400万人を突破するまでになった。その8割以上はアジア諸国からの旅行客で、なかでも中国や韓国などの東アジア諸国からの旅行客が多数を占めている。その背景には、日本政府が訪日外国人の誘致を目標に掲げて各種の支援に乗り出したこと、アジア諸国で経済成長が進んだこと、極端な円高から解消されたこと、アジア主要都市と日本の都市を結ぶ格安航空便の就航が増加したこと、日本側での受け入れ態勢が整ってきたことなど、さまざまな要因が重なっている。

その間、2014（平成26）年から2015（平成27）年にかけて「爆買い」が流行語となるほど有名となり、主要な観光地は大いに潤ってきた。しかし、2016（平成28）年になれば、「爆買い」の終焉が伝えられるようになる。もちろん、一気に完全になくなることはありえないが、2014（平成26）年の時のような社会現象となることはないと考えられている。その背景には、アジア諸国が緩やかに成熟化に向かいつつあること、訪日が初めてではなくリピーター、それも特に個人のリピーターが増加しつつあることが指摘されている。初めての訪問者がとにかく観光スポットを訪問し、買い物に集中しがちであるのに対し、リピーターがより深く日本人の生活に関心を持ち、文化と伝統を理解し、真の暮らしぶりを体験したいと考えるのは、日本人旅行客の場合と同じである。

外国人旅行客の場合には、確かに、言葉の問題や免税の問題がある。これらは日本人旅行客の場合には全く問題とならない。さらには、生活慣習の違いからくるマナーの問題が指摘されることもある。しかし、これらは互いに経験を積む中で確実に解消の方向に進んでおり、外国語表記や無料Wi-fiの設置、免税カウンターの準備も各地で進んでいる。となれば、まちづくりの観点から考えると、外国人旅行客だからといって、特に新たな問題が発生するわけではない。本章で確認してきたように、自らのまちの魅力を丁寧に磨き上げ、発信し、共有し合うという姿勢は、外国人旅行客に対しても同様に有効性を発揮するはずである。

（上野美咲、石原武政）

㊟

1 詳細は、http://www.forty-jp.com/chiiki_kanko.html　参照。
2 http://www.mlit.go.jp/kankocho/page04_000048.html。
3 http://www.dbj.jp/pdf/investigate/etc/pdf/book1402_02.pdf。
4 http://www.mlit.go.jp/common/001177749.pdf
5 西村幸夫『西村幸夫　風景論ノート～景観法・まちなみ・再生～』鹿島出版社、2008年、164頁。
6 長浜市の事例については、角谷嘉則『株式会社黒壁の起源とまちづくりの精神』創成社、2009年を参照。
7 千葉県柏市の事例は、藤田とし子「まちづくりQ&A『まち歩きマップ』～まちづくりマーケティングの観点からのマップづくり～」https://www.machigenki.go.jp/44/k-1666を参照。
8 小林哲『地域ブランディングの論理』有斐閣、2016年、1 - 3 頁。
9 和田充夫『ブランド価値共創』同文舘出版、2002年、194頁。
10 以下、富良野市の事例については、湯浅篤「病院跡地に民間主導で年間70万人を呼び込む商業施設を開発」石原武政編『タウンマネージャー』学芸出版社、2013年、西本伸顕『フラノマルシェの奇跡－小さな街に200万人を呼び込んだ商店街オヤジたち－』学芸出版社、2013年、石原武政・加藤司・風谷昌彦・島田尚往『フラノマルシェはまちをどう変えたか－「まちの滞留拠点」が高める地域経済循環－』学芸出版社、2017年参照。
11 以下、「伊賀の里モクモク手づくりファーム」については、電通abic project編『地域ブランドマネジメント』有斐閣、2009年、85-90頁、およびhttp://www.moku-moku.com/による。

第12章

学生達のまちづくり

1 まちづくりへの学生の参加

1-1 若者を求めるまち

　本章では、若者、特に高校生や大学生などの学生が中心となって行う「まちづくり」における組織とその動き方に注目し、特に商業空間へのまちづくりへの関わり方に焦点を絞って考察する。今日でこそ、大学生と地域のかかわりは広くみられるようになったが、その始まりは1997（平成9）年に、当時関西学院大学の教授であった片寄俊秀が兵庫県三田市の三田本町(さんだほんまち)商店街に開いた「商店街ラボ」であるとされている[1]。以降、2000年代に入り、大学の側からの地域連携の機運が高まったことなどを受け、大学と商店街との連携、さらにはまちづくりへの参加が活発に行われるようになった。商店街の側でも、それまで比較的疎遠であった学生たちを新鮮な感覚で迎え、それを活性化へのきっかけにしたいという期待が働いた。その流れは高等学校にまで広がってきている。

　学生のまちづくりへの参加が盛んになってきた背景には、まちの側が若者を求めると共に、若者がまちを求めるという双方的な関係がある。まず、それぞれの背景を簡単に整理しておこう。

　例えば、長野県松本市では2013（平成25）年度から3年間、文部科学省の「公民館等を中心とした社会教育活性化支援プログラム」を受託し、「超少子高齢型人口減少社会」が進展する中で、地域課題を解決するためには「地域づくりへ主体的に取り組む市民が必要」との視点から、公民館を地域づくりの拠点とする広範な取り組みを行った[2]。その1つのテーマに「若者」を掲げて「若者の出番と居場所

づくり」を目指す事業を実施したが、その一環として「若者カフェ」が開催された。これは月に一度、場所を設け、実際にコーヒーや軽食などを用意して、若者が「何でも話せる場」を用意したもので、「学生にまちづくりへ参加してもらう」との気持ちを込めた、若者のたまり場の設置であった。地域活動等に対する若者のパワーへの期待が大きい中、そうした思いが一方通行とならないよう、若者に寄り添う形で地域活動等へ参加を促したのである。

　この事業と並行するように、松本市では2015（平成27）年度から、「若者が地域づくり活動に参加することで地域活動が活性化することと、若者が地域での活動を通して成長することを支援していく事業」として、地元の松本大学と協働する「地域づくりインターンシップ戦略事業」を開始した[3]。松本市は地域づくりには若者の参加が必要であることを明確に掲げ、その活動を通して若者が成長することを期待したのである。

　また、熱心な市民参加活動で全国的に知られている東京都小金井市では、2013（平成25）度から市民参加推進会議において、「若者の市政参加」について議論を開始し、2015（平成27）年3月に『「若者の市政参加」を推進するための具体的な方策について』と題する最終報告書を取りまとめた[4]。その中で「将来その成果を享受する若者の参加はとりわけ重要」であり、「市政への高い関心と理解をもつ若者が多数存在することは、そのフレッシュな意見や批判をまちづくりに生かすという意味で、自治体にとっての財産であり、暮らしやすい地域をつくっていくための鍵となる。」と位置づけた。

　これらは自治体サイドからのメッセージであるが、当のまち、あるいはより具体的には商店街の側でも、若者を求める要因が存在する。おそらく、その最大のものが商店街メンバーの高齢化であるといってよい。『商店街実態調査報告書（平成27年度版）』によれば、商店街の課題の第1位は「経営者の高齢化による後継者難」（64.6％）で、次いで「集客力の高い・話題性のある店舗が少ない又はない」（40.7％）となっている。かつては商店街の問題といえば大型店の進出など、外部の要因に目が向けられがちであったが、近年ではむしろ内部問題に注目が集まっている。中でも、経営者の高齢化が最重要課題として意識されていることになる。

　経営者が高齢化すれば、商店街組織、典型的には組合の理事長も高齢化することになりがちだが、それにさらに商店街特有の組織問題が加わる。理事長職を含め、商店街活動は無報酬でボランティア的な役割であるため、所得が相対的に低く、多忙な若い経営者がこれに深くかかわることは困難になる。かつては従業員を雇用す

ることによって、経営者が商店街活動に時間を割くこともできたが、経営状況が厳しくなる中で、多くの店では従業員の雇用は難しくなっている。その結果、所得面でも時間面でもやや余裕があるといわれている高齢者が、それも相当長期にわたって商店街全体の運営を担うことになりやすい。

　理事長に就任する商業者は、商店街活動やまちづくりへのモチベーションの高い人ではあるが、それでもそのモチベーションと行動力を長期にわたって持続することは容易ではない。組織や運営の改革に取り組もうとすればしばしば抵抗に直面し、失敗するリスクを考えると組織運営は保守的となりがちである。こうなると、組織運営はマンネリ化し、一般の組合員の商店街活動に対する関心も薄れていくことにもなりかねない。それがさらに、長老の長期政権を下支えするという悪循環が、停滞している商店街で多く見られるようになる[5]。

　もちろん、高齢の理事長がすべて問題だというわけではない。実際、まちづくりで有名になっている商店街でも、長期にわたって同じリーダーが率いてきたところは決して少なくない。ただ、これらの商店街では、リーダーの個人的資質に大きく依存する結果、次世代リーダーの組織的育成が困難になることもある。

　経営者の高齢化はリーダーだけではなく、商店街組織全体で行うべき施策の実行主体にも関連してくる。たとえ活性化に関するアイディアが商店街に生まれても、組織として誰が主担当となって実行するのかが定まらなければ実行することはできない。商店街の活性化の取り組みは、役員だけでなく構成員による「無償の活動」によって支えられている。特に、この無償の活動は比較的若い層に期待されることになりがちであるが、上でも指摘したように若い経営者にはそれだけの余裕がないことが多い。若い経営者の商店街活動に対する関心が低くなると、この問題はいっそう深刻となる。

　それでも、商店街としての活動が、例えば商業者の直接的な利益につながるものである場合には、商業者自身がそれを担う他ないが、商店街の活動の中には地域の祭りや各種イベント、最近では福祉に関する取り組みなど、広く地域のコミュニティづくりにつながる活動も多い。このような活動に関しては、さまざまな制約があるにせよ、外部からの支援が可能であるし、学生がその一部を担うこともできる。

　さらに、学生が得意としながら、多くの商店街で取り組みが遅れている分野に「情報化」への対応がある。近年の情報技術の発展はすさまじく、地域のさまざまな情報の収集や分析、その発信の面でも、まさに日進月歩の感がある。特に、学生が多用するSNSは商店街や地域にとって、これまでにない情報力を提供する。新

しいメディアで発信される情報は、そのメディアのユーザーである学生や若者に広く拡散する。実際、総務省のデータによると、10代から50代まではインターネットの利用率がほぼ100%であるのに対し、60代は69.8%、70代は50.2%、80代は21.2%となっている[6]。

それによって、これまで商店街に比較的疎遠であった若者に生の情報を提供することができる。その若者を引き付けるためには、若者目線の情報が、若者が多用するメディアで発信されなければならない。そのためには、若者が直接商店街の中に入り込み、実際の活動を共にしながら情報を制作・発信することが必要となる。

1-2　まちを求める若者

こういうと、若者を求めるのは、まちの側の人手不足が原因と思われるかもしれない。そんな事情がまったくないとはいえないとしても、それがまちと若者が結びつく主要な理由であるわけではない。先の松本市が、まちにかかわることによって若者が成長することを期待したように、若者自身にとって意味がなければ、大学も若者も、まち側の求めに応ずることはないし、長続きもしない。

例えば、上の小金井市の場合、次のように述べて、若者たちが抱えている多くの問題がまちへ出ることによって緩和できると考えていた。若者の側には「近年の格差拡大で、若者の生活は総じて楽とはいえず、大学生はアルバイトに忙しく、働く若者は長時間労働で疲れ、子育て世代も日々の生活に追われがちである。参加・協働どころか、不登校や引きこもり、失業や孤独に苦しむ若者も少なくない。」といった問題があり、「そうした若者が何らかの機会を得て、同世代や上の世代、市の職員らと意見交換をし、自らが抱える課題が個人的なものではなく社会的な問題も内在していることに気づけば、市民としての連帯感や明日への希望が湧いてこよう。」というわけである。若者自身にとっても市政参加に大きな意義があることを強調している。

松本市の場合も小金井市の場合も、行政側からすれば、学生たちの参加を通じて、彼らが都市の課題に取り組む新しい戦力になることを期待する一方で、学生のほうも学生同士の絆を深めたり、まちの人たちと交わる中で大学では学ぶことができない体験をし得る点が強調されている。それはただ学生だけの問題ではなく、学生を教育する立場にある大学にとっても大きな意義があることである。

大学はほぼ2000（平成12）年頃から、地域貢献の重要性を強調するようになり、近年ますますその傾向を強めている。地域の中小企業との共同研究などもその

貢献の1つであるが、地域が抱える問題を大学が共に考え、共に解決を目指すというのも重要な視点である。まちづくりへのかかわりはその一環であるが、そのかかわりの中に学生を巻き込むのは、現場と交わることが学生の人生をより豊かなものにするのに役立つという点を評価するからこそである。大学にとって、まちは地域貢献と教育という2つの意味を持った現場と理解されるようになっている。

　従来、大学での教育と言えば、教室で教師から講義を聴く「座学」が中心であったが、近年ではそれと共にもっと現実的にものを考え、取り組むことが学生の成長を促すと考えられるようになってきた。現場に出れば、教師の話を一方的に聴くことはなく、現場の問題を自ら感じ、自ら考えなければならない。商店街へのかかわりが現場の作業の一部を担うことがあったとしても、それは単なる実行作業ではなく、課題の理解から、調査・分析、新たな事業の企画と準備、実際の実行管理に事後の総括に至るまで、取り組む内容は多岐にわたり、そのいずれもが教室の座学だけでは得ることのできない経験となる。一言でいえば、「自己啓発や学生自身の学び」であるが、その教育効果を大学側が高く評価するからこそ、大学もそれを教育の一環として、地域貢献の中に位置づけるようになったのである。

　こういっても、それではまだ、学生にとっては外からの働きかけに過ぎない。大学教育の一環と言えば、それが卒業に必要な単位の一部とされることもあるかもしれない。この側面を強調すれば、いわば「強制」的にまちづくりへの参加が求められているように見えるかもしれない。しかし、多くの場合、実際はまったく違う。まちへのかかわりはサークル活動のような自由参加で行われることも多いが、たとえゼミナールのような場で行われる場合でも、学生はそのゼミがまちで活動することを承知のうえで選択している。

　学生は行政や大学からのこうした呼びかけを、ただ受け身でとらえているわけではない。1995（平成7）年に発生した阪神淡路大震災は人びとの価値観を大きく変えたといわれるが、若者も例外ではなかった。後に、同年は「ボランティア元年」と称されるようになるが、その頃から金銭的価値を求めることなく、自発的に社会的課題に向き合っていくという姿勢が強くなってくる。その後、1997（平成9）年1月に発生したナホトカ号重油流出事故や2004（平成16）年10月の中越地震、2007（平成19）年3月の能登半島地震、7月の中越沖地震、2011（平成23）年3月の東日本大震災、2016（平成28）年4月の熊本地震、2017（平成29）年7月の九州北部豪雨をはじめ、毎年のように発生する大災害に、学生たちは率先してボランティアとして駆けつけたし、それが学生たちの地域社会に対

する日常的関心を高めることにもつながった。そして、まちはこうして生まれた学生の主体的な社会活動の場となっているのである。

2 大学生が主体となるまちづくり

2-1 多様なかかわり方

　すでに見たように、大学の地域社会への参加は近年特に活発に行われるようになり、学生に新たな学びの場を提供すると共に、まちには新鮮な感覚をもたらしている。それがまちづくりへの新たな可能性を開くものとして、経済産業省では中小企業等支援人材育成事業（中心市街地活性化普及事業）の一環として、2014（平成26）年度から「まちづくりオープン会議（若者の情報交換会・事例発表会）」を開催してきた。毎回5〜6団体が参加して取り組み事例を発表し、専門家のコメントを受けながら相互に議論を深めてきた。参加団体は大学のゼミ・研究室が中心であるが、学生による地域活動団体や高校生の取り組みも含まれている。

　そこで発表された取り組み内容は、学生の専門分野に応じて多岐にわたっている。例えば、建築系の学生の場合には、まちの中心部に残る古い建築の歴史を調べ、空き店舗を改修して新たな利用への道を開いたり、自分たちの活動拠点を築いたりしたグループもあった。美術系の学生はアートの制作を商店街の中に持ち込み、商店街のイベントと協働した。彼らにとっては、まちの現場はまさに大学で学ぶ専門的研究テーマの実践の場となっている。

　それに対して、文科系の学生の場合には、経営などの面から地域再生をからめたものが多い。商店街の客層や顧客の流れなどを調査し、情報を整理すると共に冊子やパンフレット、SNSなどによって新たな情報発信に取り組むものが中心となるが、中には実際に商店街にカフェなどの店舗をオープンしたり、商店街の店舗と協働しながら商品開発に取り組んだりしたグループもある。

　3年間のオープン会議に参加した延べ17グループを見ただけでもこれだけの広がりがある。おそらく、実際に各地で取り組まれている活動となれば、小規模なものも含め、はるかに多様な広がりをもっているはずである。そのことは、学生によるまちづくりへの参画には決まった型があるわけではなく、地域の実情に応じ、学生の専門性に応じて、さまざまな取り組み方がありうることを示している。

事業内容を見ただけでもこれだけの広がりがある。商店街との連携に限っても、大学・学生の連携先は、商店街組織であったり、自治体や商工会議所であったり、他のまちづくり団体であるかもしれない。いずれの場合も、連携先の要請を受けて取り組む場合もあれば、大学・学生側からの接近によって連携事業が始めることもある。前者の場合には、委託事業の形をとることもあり、委託元が予算を計上して、活動費の一部を負担することが多いが、その場合には活動内容は委託事業によって制約されざるを得ない。それに対して、大学側からの自発的取り組みとして行われる場合には、活動費は全額大学・学生負担となるのが普通であるが、活動内容面での自由度は高くなる。委託事業として活動費が補助されればそれだけ事業はやりやすくはなるが、予算措置はそれほど長く続かないため、委託元の予算措置が切れた段階で活動が終了することになりかねない。大学の自発的接近の場合には、予算措置がされない分、大学側に負荷がかかるが、活動の自由度は高く、予算に制約されることなく事業を長期にわたって継続することが可能になる。

2-2　和歌山大学の商店街カフェと地域連携

　上で見たように、学生によるまちづくりは、事業内容面でも、連携の仕方においてもさまざまである。その中で、以下では和歌山大学が行った地域との連携を具体的に見てみよう。

　和歌山県は2014（平成26）年時点で人口97万人と小さな県であり、和歌山県の人口減少率は全国でワースト6位（2015年）であり、高卒者が県外に出る比率は全国ワースト1位となっている。その中心都市の和歌山市の人口は36万人である。ここでは、地域固有の課題解決に取り組んでいる和歌山県主催のまちづくり講座「ヒューマンカレッジ（3年間）」とその後に学生を交えて結成された「ヒューマンカレッジ・アフターの会」と「まちづくりカフェWith」ついて紹介したい。

　和歌山市内を活動の拠点とするヒューマンカレッジ・アフターの会はまちづくりに関するNPO団体であり、そのきっかけは和歌山県教育委員会と和歌山大学生涯学習教育研究センター（当時）が2001（平成13）年度より共催で3年間実施した「生涯学習まちづくり講座」（通称、ヒューマンカレッジ）であった。この会の趣旨は老若男女共同参画の実現を目指し、地域の課題に自ら気づき、考え、主体的に判断し、それらの課題を解決しうる力を育てるための学習機会を提供することにあった。本講座には和歌山大学の足立基浩ゼミの学生も加わったことで、多世代交

流型の講座となり、3年間で約150人の卒業生を輩出した。

　ヒューマンカレッジは市民が自発的にまちづくりを発案・実行するなどの一定の成果を得たが、予算面での制約があり、2003（平成15）年度でこの協働講座は最終年度を迎えた。しかし、本来、生涯学習を通じて市民力を育成するためには継続することが大事である。この点を先のメンバーが話し合った結果、講座終了後も大学生を交えて「ヒューマンカレッジ・アフターの会」を組織して、各種まちづくりに関する事業を実施することとなった。

　和歌山市は2005（平成17年）年5月から、「わかやまの底力・市民提案実施事業」と称する市民によるまちづくりを支援するための補助金制度（上限50万円程度）を準備した。それを受けて、足立ゼミ生と先のヒューマンカレッジ・アフターの会は協働での実施チームを組織化し、この助成制度の中心市街地の活性化、特に「回遊性・滞留性創出」をサポートする「まちづくり」部門に応募して採択され、オープンカフェの実施にこぎつけた。この補助制度も3年間で終了したが、オープンカフェ事業は、その後も2017年8月現在まで継続している。（ただし、営業は2016年度は6月、7月、10月、11月、12月の一部の週末のみ）。

　大学生たちは、メンバーが入れ替わりながらも12年間を超えてカフェ事業を実施してきたことになる。書類の作成などについては先述のヒューマンカレッジ・アフターの会の支援を受けているが、予算計画、販売計画、在庫調整、マーケティング、広報販売、資金繰り、人事管理などはほぼ学生主導で行っている。毎回の平均的な売り上げは2万5,000円から3万5,000円の間であるが、原価率は30％に抑え、メンテナンスや保険、その他の固定費はすべてここで賄っている。

　この協働チームはほかにも、「こどもカフェ（リサイクル工作やなつかしのおもちゃ展示）」「ぶらくりカフェ（中心市街地のぶらくり丁商店街をコンセプトとしたイベント）」、「映画カフェ」、「ウォーキングカフェ（ウォーキングと連動して、コースの写真のスライド上映）」などを実施してきた。2008（平成20）年には裁判所からの依頼で「裁判官カフェ」なるものも実施した。和歌山地方裁判所の裁判官と学生とが共同で世界の裁判所の紙芝居を行ったり、法服を着て記念撮影をするなどのイベントである。

　さらに、秋には商店街を少し離れて人通りが少ない和歌山市内の海水浴場の再生をテーマに「夜の片男波オープンカフェ」と題して、和歌浦地区（海辺）を巡るウォーキング事業を実施した。これらはすべてにおいて好評であり、集客は店舗でのカフェは100名から200名、海岸では2日間で2,000名を集めた。

この和歌山大学の取り組みの最大の特徴は、行政が実施したまちづくり講座から始まり、その参加者が学生と一緒になって同窓会的組織を結成してまちづくりにかかわっていったことである。補助金を得て始まったカフェ事業は補助金終了後も長く続いている。それが可能になったのは、この事業を通して「まちを元気にしたい」という純粋な気持ちが学生たちの間で芽生え、その学生が「義務」感をいだくことなく自発的に運営する気持ちと体制を継承してきたからである。学生の取り組みの場合、中心となって活動した学生が卒業したり、補助金が切れた段階で終了することも少なくないが、徹底的な学生主体を貫くことで学生たちの自発的なやる気を持続させた点が本事例の特徴となっている。学生それぞれが、例えば商店街の回遊性の増大、個店の魅力の発掘などに関心があり、メンバーそれぞれが商店街に絡むテーマについて自主的に行動を起こしている。

2-3　建築系学生の取り組み例

　建築系の学生の場合、まちへのかかわり方は技術的な面を強調したものが多い。例えば、2016（平成28）年11月の「まちづくりオープン会議」に登壇した山形市の東北芸術工科大学デザイン工学部建築・環境デザイン学科の馬場正尊ゼミの学生たちは、大学の学部や大学院で建築学を学びながら、そこで修得した知識、技術等を、実際のまちをフィールドにしたリノベーションの取り組みに活かしている。

　この活動は、2008（平成20）年、同大学に建築家でリノベーションの実務に携わる馬場が赴任し、学生たちを巻き込んで「山形R不動産」[7]というウェブ上の不動産情報サイトを開設したことから始まった。このサイトは「東京R不動産」[8]との提携に基づいて、同大学建築環境デザイン学科を中心とする「NPO法人　環境デザイン会議」が運営主体となっており、実際の制作・編集は主に学生たちが行っている。しかも、地元の不動産株式会社が仲介業務を担うことで、単にリノベーションを企画・提案する情報提供サイトにとどまらず、実際の施工（地元企業に委託）から物件賃貸まで行っているところに最大の特徴がある。いわば仮想の不動産会社をプラットフォームにして、現実のリノベーションのプロジェクトに学生たちを深く関与させる仕組みである。

　この活動が主な対象とするエリアは、山形市の中心市街地にある七日町商店街である。七日町は山形市を代表する商店街で、大型店、専門店、飲食店が集積しているものの、このところ空き店舗が目立っていた。そうした中で、学生たちはリノベーションによって空間を新しい使い方で活用することで、付加価値を生むことが

できそうな物件を探し、設計やデザインの図面を練り上げ、施工費用の積算と完成後の賃貸料等の見込みに基づいて地権者と交渉し、合意が得られた物件につい山形R不動産のサイト上で公開し借り手を探すことになる。

　これまで実際に手がけてきた物件のうち第1弾となったのは、長年休業していた旧三沢旅館を学生や社会人向けのシェアハウス「ミサワクラス」として再生させた2009（平成21）年の事例である。この物件は、3年間でリノベーション投資を回収し、家賃収入を得ることができる住居となるとともに、七日町における若者のまちなか居住のシンボル的存在になった。

　そして、2011（平成23）年3月11日の東日本大震災の体験が、彼らの活動を加速することになった。すなわち、大地震による大津波によって三陸の街がエリアごと流されてしまうのを目の当たりにしたことで、多くの学生や市民が建物単体だけというよりも、自分たちの街を何とかしなければ、エリアを何とかしなければという気持ちを強めたというのである[9]。こうした流れから、ビル一棟まるごとリノベーションして地域の拠点をつくるプロジェクトが取り組まれた。七日町の一画、かつて映画館が集まっていた通称シネマ通りにある築40年で、10年以上使われずに放置されていた雑居ビルをリノベーションし、地域の拠点「とんがりビル」として再生させたのである。内外装ともにデザイン性が高く、1階には山形の旬の食材を使った食堂「nitaki」、セレクトされた本と雑貨の店「十三時」、さまざまな展示やイベントが行われるギャラリー／イベントスペース「KUGURU」が、2階にはデザイン事務所とフォトスタジオが、4階には木工家具工房のショールームが入居した。そして3階は、1つの空間を6ブースに仕切ったシェアオフィスとなり、デザイナーやNPOなどさまざまな職種の人たちが仕事をし、交流する場となっている。各階ともにほぼ空きがない状況にある。以上の2案件をきっかけにして、一棟まるごとや部屋単位でのリノベーションが数ヶ所で行われてきている。

　こうした成果を踏まえ東北芸術工科大学は、2016（平成28）年2月、日本政策金融公庫山形支店、マルアール（リノベーション施工会社）、山形銀行、山形県宅地建物取引業協会、山形市とともに、「山形リノベーションまちづくり推進協議会」を設立した（会長は同大学学長、副会長は公益社団法人山形県宅地建物取引業協会専務理事）。同協議会は「社会問題となっている空き家、空き店舗や公共施設、公共空間（公園、道路等）という、いわゆるストックを資産と捉え直し、（中略）、建物や空間の新たな使い方を軸に仕事とコミュニティをつくり、人が山形に住み続けることを目指す産学官連携の任意団体」であるという[10]。これによって、学生と

教員がゼミナールの一環として実施してきた取り組みがより拡大し、大学と地域のステークホルダーとが公式にかかわるものとなった。なお、同大学ではデザイン工学部コミュニティデザイン学科が事務局となって、SCH（スーパーコミュニティーハイスクール）ネットワークを組織し、「高校生を地域活動に！」をテーマにして、地域の行政担当者、NPO等と高校教諭、高校生が集まり対話し、未来に向けたアイディアを生み出すためのシンポジウムを2015（平成27）年から毎年開催している。

　こうした活動を通して、学生は空き店舗が多く存在するまち全体と向き合うことでさまざまなことを学ぶことができるとともに、大学や学生がまちとかかわることによって、まちのあり方に好影響を及ぼすようになっている。

3　高校生が参加するまちづくり

3-1　高校生のまちづくり

　教育機関とまちづくりの関係は大学だけではなく高等学校にまで広がっている。大学は都市部に多く立地するので、まちづくりの連携も都市部が多くなるが、高等学校となれば立地範囲は一気に全国の都市に広がる。中でも、農業高校、工業高校、商業高校といった実業系の高等学校で、こうした取り組みが広がっている。高等学校の場合、教育の側面がより強く出て、学校や担当教員による指導が強くなるのは避けられない。それでも、高校生は社会と直接触れ合うことによって、社会人となる準備を着実に進めていく。

　高校生の場合、まだ専門的分野の研究に十分に踏み込めていないせいか、とらわれることのない若い感性をまちなかに持ち込もうとする事例が多いようである。典型的なのは商品開発で、商店街のお菓子屋などと連携し、高校生世代の好みに合ったスイーツ等を企画・提案している例が多くみられる。この世代はもともと商店街に出かけることも少なく、商業者からすれば、好みをとらえることができないことが多かっただけに、商業者としても新鮮な体験で、中には実際に商品化されるものもあるようである。

　そうはいっても、職業高校別にみると、もう少し違った取り組みの特徴が見えてくる。以下、順にその代表的な事例を見ておこう。

農業高校の場合、実際に生徒が栽培した農産物を活かした取り組みが多いようである。農産物を定期的に商店街の空き店舗を使って販売する事例は数多くみられる。また、「花のまちづくり活動」「花いっぱい運動」は、農業高校の30％が取り組んでいるといわれるほど広がった活動となっている。それにもさまざまな形があるようだが、学校で育てた花壇苗をプランターなどに植えて、商店街や駅、病院等に設置したり、地域の花壇に植えることによって、まちなかを花で飾ろうとしている[11]。

　茨城県桜川市の真壁高校では、地元のまちづくり団体（桜川本物づくり委員会）と連携して、会員の酒蔵と共に100％桜川市産の原料による酒造りを行った。「若者が日本酒造りという日本古来の伝統産業に触れることで、特産品開発・伝統文化の継承・就農意欲の向上・震災復興への後押しなどの効果が期待される。」としているが、これは2013年度のグッドデザイン賞特別賞を受賞した[12]。

　高等学校のこうした取り組みには、地域の金融機関が支援の手を差し伸べることもある。例えば、北海道の帯広信用金庫は2011（平成23）年度に「地元高校生による十勝の未来づくり応援プロジェクト」を創設し、十勝地域の次代を担う人材の育成と高校生の柔軟な発想を活かした地域経済の活性化の取り組みへの支援を開始した。地域資源を用いた商品開発から地域資源循環型農村を目指したバイオマスタウンの研究まで、幅広く支援の手を差し伸べている[13]。

　工業高校では、例えば、兵庫県立姫路工業高等学校が「地域に根差し、日本一の工業高校へ」をスローガンに、開かれた学校づくりに取り組み、生徒の「生きる力」を育むことを目指している。「高校生地域貢献事業」には、生徒が地域に出かけて行って貢献する活動と、地域の人びとに学校に来てもらって貢献する活動の2種類があるが、幼稚園とのふれあい交流、おもちゃ病院、化学マジック、美術アート、花いっぱい運動、自作ポン菓子・綿菓子で交流、小高連携授業、中高連携授業、ボランティア活動、特別支援学校との交流など、事業の範囲は多岐にわたっている。また「地域とのものづくり連携事業」ではサークル活動が中心となって、まちに出てさまざまなモノづくり体験と交流を行っている。それによって、「工業の技能・技術」を生かした「ものづくり力」や、「ボランティア精神」だけでなく、高校生としてあるべき人間性を高める絶好の教育機会となることを期待している[14]。

　商業高校では、富士市立吉原商業高等学校（現・富士市立高等学校）の商業ビジネス部の生徒が2004（平成16）年に、商店街の空き店舗を活用して駄菓子店「吉商本舗」を開設した。地元のNPO東海道吉原宿の支援を受けてはいるが、以来、今日まで常設店舗として継続的に運営されている[15]。

また、愛知県立東海商業高校は2007（平成19）年度にキャラクター「東海市まちづくり応援大使」をつくって「名鉄太田川駅周辺市街地再開発事業」に参加したが、2012（平成24）年の名鉄太田川駅のリニューアルオープンと共に正式に東海市まちづくり応援大使に任命され、地元のまちづくり会社である「㈱まちづくり東海」と連携してさまざまなイベントに参加して、地域の賑わいづくりに取り組んでいる[16]。
　高校生のまちづくりも大学生に負けずに多様である。以下では、その中でも特徴的なものをもう少し詳しくみてみよう。

3-2　和歌山県紀の川市のKOKÔ塾

　和歌山県紀の川市（人口約6万人（2016年））の粉河（こかわ）地区において、2002（平成14）年に当時の和歌山大学の教員（経済学部、教育学部、システム工学部）と和歌山県立粉河高等学校（和歌山県紀の川市）の教員（校長）が共同で、地域での学びの場としての塾を開設した。粉河高校が地元の人たちから「ここう」の名称で親しまれていることから、この塾は「ここう」をローマ字表記して「KOKÔ塾」と名付けられた。KOKÔ塾は主にまちづくりなどをテーマに大学教員6名ほどと、高校教員の共同で実施され、地域をテーマに高校生の学びの場を提供している。アカデミックな分野に絡むテーマ別の学習グループを形成し、そこに興味のある高校生が参加し、年度末に成果報告会を行うというものである。テーマ別グループは「まちづくり」「教育」「福祉」「情報」「環境」などに分かれ、2か月に一度程度、実地調査や勉強会が行われている。基本的に生徒たちの自発的な学びを促しているので、この活動に参加したからといって高校卒業に必要な単位が与えられるわけではない。それでも、参加者は年々増え続けている。
　高等学校は教員にこの活動への参加を義務づけてはいないが、校長を中心として、半ばボランティア的に10名ほどが参加している。参加する教員は総じて高校生を育てたいというモチベーションが高く、互いの信頼の中で運営されている。興味深いのは、大学と粉河高校とが当初正式な連携協定を結んだわけではなく、私的につながっている教員同士がスタートさせ、現在に至った点である。教員の交通費などは粉河高校の各種会費等から出る仕組みとなっている。
　KOKÔ塾がスタートした2002（平成14）年は高校生、高校教員のリクエストに応えるかたちでテーマを設定していたが、2003（平成15）年以降は「まちづくり」等をテーマに現場に繰り出すなど実践型の教育が行われている。高校生に関

心のあるテーマを選んで徹底討論する仕組みを採用しており、討論によって到達することを重視している。

　まちづくりについては毎年11月に市内の病院の空き地等でオープンカフェを実施している。このオープンカフェは地元の商工会などもアドバイザーとして参加し、同事業の際にテントや必要機材を提供している。さらに、オープンカフェの会場は地元の大手病院から敷地を無料で貸与してもらうなど、地元関係機関から大きな協力が得られている。その結果、市民と高校生が一体となって行う地元でも人気ある事業の1つにまで成長した。

　2016（平成28）年にはこのKOKÔ塾も15周年を迎えた。同年5月に企画会議が行われ、2016年度の具体的な計画案を練り、その後、6月にオリエンテーションを行ってKOKÔ塾に参加する高校生を募集、同年11月のカフェ実施を目指した。同月に実施されたオープンカフェの顧客・運営参加者も500人を超え、大きなイベントとなった。

　2017（平成29）年3月には1年間の活動報告会があったが、同時にKOKÔ塾OBが集まり、KOKÔ塾参加学生の活動を支える「粉河大学」が発足した。これは、OB会によるまちづくり等の支援組織で、高校生の実現したいことをさまざまな角度から支援するものである。商工会はここでもテントや機材などの無償提供を通して、活動を支援している。

　なお、2010（平成22）年からは高校生が地元の好意により商店街の店舗の一部を利用できるようになり、店舗は「KOKÔ屋」と名づけられた。初年度は5月から9月にかけて4回ほど会議を開催し、10月1日、2日にはうどん屋をオープンするに至った。高校生は授業やクラブ活動の制約はあるため、限られた日数とはなるが積極的に参加した。この「KOKÔ屋」は現在も継続して運営されている。こうした数多くの地域への参加を通じて粉河高校の地域研究の理解は深まり、高校生、地域住民、また教員にとっても地域社会勉強の良い場所となった。

3-3　宮崎県宮崎市の「高校生商店街」

　県内人口が約100万人（2016年）の宮崎県では、商店街振興組合連合会、宮崎県、また各市町村がほどよく連携し、中心市街地ないし商店街の活性化事業に取り組んでいる。特に近年は「まちづくりの将来を担うのは若者」との視点から「若手を対象にしたひとづくり」に着目しており、その実行手段の1つとして2013（平成25）年から2016（平成28）年に至るまで「高校生企画型」のワークショッ

プを開催した。ここでの特徴は高校生が自ら企画立案し、計画書も実際に作り、場合によっては助成金を行政に申請するなど、極めて主体的に行動している点である。

このワークショップを受けて、2014（平成26）年9月に農業高校と商業高校が連携して「高校生商店街」と称する物産市場（産直市場）を、商店街の中で開催した。それ以降、農業高校と商業高校が互いにワークショップに参加して情報交換を行い、毎月開催される「高校生商店街」では毎回3,000人以上の集客を得ることに成功している。同年12月の販売品は、果物類（みかん、スイートスプリング）、花卉類（シクラメン、ポインセチア、寄せ植え鉢）、穀物類（米）、野菜類（大根、ブロッコリー、ミニトマト、中玉トマト、ホウレンソウ、カブ、キャベツ、レタス）、加工品（ジャム、シフォンケーキ、マドレーヌ）に上った[17]。

毎月実施されるミーティングやワークショップは夕方から夜間に実施され、このワークショップの下準備は宮崎市と商店街振興組合連合会が行っている。また高校の担当教員も会合への参加とともに高校生の送迎を手伝うなど、教育機関と地域が一体となって、高校生の活動を支えている。こうした支援を受けながら、ワークショップと高校生商店街の企画そのものは基本的には高校生主導で進められている。

もとはといえば、商店街振興組合連合会の働きかけを受けて始まった事業であった。しかし、その企画・運営を一貫して高校生に任せることによって、高校生にやる気を出させることに成功した。頑張る高校生の姿は、高校教員はもちろん、商店街関係者や行政など周囲の参加者にも新鮮な刺激を与え、この事業への積極的な協力を引き出した。さらに高校を巻き込むことで多世代型のにぎわいが生まれ、また高校生自らがより商店街を利用するようになるという副産物もあった。

3-4　福井県鯖江市JK課

人口約7万人（2016年）の福井県鯖江市は、2010（平成22）年3月に「鯖江市民主役条例」を制定し、市民協働のまちづくりを推進スタートさせた。また、2040年には地方から若い女性（20代、30代）が半減するといわれている中で、こうした世代の地元への関心を高めるためにも、彼女たちのまちづくりへの参加を促そうとしている[18]。ここでも「自らが企画した活動を、自らが実施していく」ことに力点が置かれている。

また、鯖江市は、若者・女性が進んで行政参加を図っていく新たなモデル都市を目指している。女子高生に注目したのもその発信力の高さに加えて、女性のまちづくりへの参加を促す狙いがある。そして、若者の間で広く使われている女子高生を

ローマ字表記（Joshi Kosei）した頭文字JKをプロジェクト名に採用した。「JK課」という名称ではあるが、メンバーは全員女子高生であり、もちろん正規の行政機関ではない。女子高生たちが自由にアイディアを出し合って、市民団体や大学、企業などと連携しながら、活動を展開している。

　これまでJK課スタッフ（女子高生）は、地元のお菓子屋の協力のもと、JK課スタッフがスイーツを考案し、いわゆる洋菓子などを販売するなど「若者目線」を重視し、年間に20以上もの企画や活動を実現してきた。2014（平成26）年度は、福島の子どもたちの一時保養サマーキャンプで化学実験ショーなども行っている。また、鯖江の環境・クリーン作戦ともいえる、ゴミ拾いイベントも企画し、6月、9月、10月に実施した他、10月はハロウィンに合わせて仮装するなど、毎回工夫をしている。さらに、高校生が試験前などによく利用する鯖江市図書館の勉強室の空席情報を入手できるアプリ「Sabota」も考案して立ち上げた。利用者は多く、以前より図書館の勉強室を利用する若者が増加した。

　このJK課に取り組んだ女子高生の中から、卒業後も大学に進学して地域連携関連のゼミに入って活動したり、市の市民協働会議に参加したりするなど、活動を継続する人も現れている。高校時代に体験した地域を見つめ、具体的に課題に取り組む姿勢が、彼女たちの中に定着していったものといってよい。こうした取り組みは高く評価され、2015（平成27）年度には「ふるさとづくり大賞自治体部門」「総務大臣賞」を受賞している。

多世代交流のまちづくり

　本章では、高校生を含む学生のまちづくりの参加についてみてきた。大学生の場合も高校生の場合も、そのきっかけは教育機関の主導であろうが、地元主導であろうが、学生が「楽しい」と思うことこそが活動が継続するための大前提であることがわかる。もちろん、これらの活動が学生たちだけで成り立っているわけではなく、学校や商店街はもちろん、自治体や商工会議所（商工会）、金融機関、卒業生もが「背後で学生を支える」存在となっている。学生の自発的な参加が強調されるが、ただ彼らの参加を待つのではなく、学生が参加しやすい「仕組み」をつくり、そのきっかけを準備することは重要である。そういう意味では学生のまちづくりは実は「多世代交流」と表裏一体なのかもしれない。

また、こうした組織活動の先には、単に商店街の活性化にとどまらず、最も大切な学生自身の地域コミュニティに対する視点の育成・醸成がある。学生たちはこうした経験を通して地域への関心を深め、地域に対する愛情を深めていく。大人が音頭を取って学生を巻き込む活動であっても、彼ら自身がそれを「自らの学びの場」と意識することによって、そこでの活動が血となり肉となり、将来的に学生の地域への定着のきっかけにも貢献するであろう。ここでは学生が実利的なメリットを感じるよりも、活動を通じて「楽しみ」や「喜び」を感じ、人びとやまちを理解することを通して、社会に対する新しい価値観を形成していくことが重要になる。

（足立基浩、石原武政、渡辺達朗）

注

1　片寄俊秀『商店街は学びのキャンパス』関西学院大学出版会、2002年、参照。
2　http://www.kominkan.or.jp/02info/all/20160217gpt0590.htm#07
3　https://www.city.matsumoto.nagano.jp/smph/kurasi/tiiki/tiikidukuri/tiikiInternship.html
4　https://www.city.koganei.lg.jp/shisei/seisakukeikaku/kyoudounorule/siminnsannkakaigi2.files/40shiryo.pdf
5　足立基浩、上野美咲「地方都市の商店街再生の方向性　学生・市民の参加による組織力の強化の可能性」和歌山大学経済理論　第382号2015年、1～16頁、参照。
6　総務省『平成27年版　情報通信白書』インターネットの普及状況
7　詳細は山形R不動産のウェブサイト　http://www.realyamagataestate.jpを参照。
8　馬場氏らが運営する不動産の情報提供、建築・デザイン、仲介のためのサイトで、運営元のR不動産株式会社によって、全国各地に特化したサイトを展開している。詳しくは、東京R不動産のウェブサイト　https://www.realtokyoestate.co.jpを参照。
9　real local山形のウェブサイト：https://reallocal.jp/25011による。
10　東北芸術工科大沢のウェブサイト　http://www.tuad.ac.jp/2016/02/56077/による。
11　http://www.jfpc.or.jp/_userdata/hanaiku/manual26/8.pdf　http://www.jfpc.or.jp/_userdata/hanaiku/manual25/5.pdf
12　http://www.g-mark.org/award/describe/40409?token＝kC0DAUCpF4
13　http://www.obishin.co.jp/relationship/future.html
14　http://www.hyogo-c.ed.jp/~himeji-ths/009making/contribution.html　http://www.hyogo-c.ed.jp/~himeji-ths/009making/region.html
15　佐野壮一「『やりたいやつがやる』主義で若者の開業を支援」石原武政編『タウン・マネージャー－「街の経営」を支える人と仕事－』学芸出版社、2013年。あわせて、http://www.tokai-ch.aichi-c.ed.jp/contents/banner/taishi/main.html　参照。
16　http://www.tokai-ch.aichi-c.ed.jp/contents/banner/taishi/main.html
17　http://www.discover-miyazaki.jp/event/item_3677.html
18　http://sabae-jk.jp/。あわせて、http://president.jp/articles/-/17337参照。

終　章

地域は総合の場

 問題を広くとらえる

　まちづくりは私たちの生活全般にかかわる取り組みで、その範囲も極めて広範に及ぶことは、本書でも繰り返し強調してきた。本書ではそのまちづくりを小売業を起点として、主としてまちなかの商店街を念頭に置きながら考えてきた。そこに焦点を当ててもなお、まちづくりが広範なひろがりをもつことを実感してもらえたと思う。

　この問題に真正面から向き合った初期の代表例は、広島市の並木通り商店街の取り組みである。並木通りは広島市の中心商店街である本通商店街と直角に南に下る新たに誕生した商店街であった。新川場と呼ばれたその通りは商店のほとんどない暗い通りに過ぎなかった。1971（昭和46）にそこに紳士服店を開設した故・加藤新は「店がよくなるためには通りがよくならなければならない」と、その通りの魅力づくりに奔走する。その努力が少しずつ若い消費者を引き付け、行政の目に留まるようになり、1976年（昭和51）年に並木通りと名づけ、1979年（昭和54）年には振興組合を結成するまでに至る。

　そこに至るまでの経緯は省略する[1]が、1982年（昭和57）年にこの並木通り商店街を背骨とするように、周辺にある6つの町内会と7つの商店街に50の企業が集まって、「広島市中央部地区振興の会」を立ち上げた。まち一帯に持続的な利害関係を持っている人たちが集まり、地域のことは地域の人たちで考える場をつくろうというのである。その上で、行政に対して「この地域で発生する問題はごみ問題も交通問題も駐車場の問題もすべてこの会が窓口となって対処する」と宣言したというのである。「店がよくなるためには通りがよくならなければならない」とい

う言葉は上に紹介したが、加藤は続けて「通りがよくなるためにはまちがよくならなければならない、まちがよくなるためには広島市がよくならなければならない、…」とエリアを拡張し、最後は離島との交流にも乗り出していくが、それを実践する組織づくりであった。

　その取り組みはまさにまちづくりの先進事例であったが、特に注目したいのは地域の住民たちが地域の問題を総合的に考える場をつくったという点である。私たちはしばしば行政を念頭に「縦割り」の弊害を指摘する。確かに縦割り組織には弊害がある。しかし、そのことが長く指摘されながら解消されないのは、縦割りが実は専門性による分業だという側面を持っているからである。専門分野にはそれぞれ深い知見があり、長い研究の歴史がある。その専門性に従って事業が進められるのは、民間企業も行政も変わりはない。

　しかし、立ち止まって考えてみれば、私たち地域住民も結構縦割りになっていることに気づくはずである。子供を持つ若い親は児童相談所や教育委員会に足を運んでも、商業課や観光課に足を運ぶことはまずない。商業者は商業課を訪れても、漁業関係課や福祉課を訪問することは少ない。住民も自らが直面する問題に対応する行政窓口とのみ交流しているのだとすれば、住民も同様に縦割りになってしまうことになる。その弊害の解決を行政に求めるのは難しい。それならば、住民の側でそれらを横串を指すように総合的に考えようというのがこの中央部地区振興の会であった。第1章で地域こそはすべての問題を総合する場であるというL. マンフォードの言葉を引用したが、その具体的な姿をここに見ることができる。

　専門性を持った問題を地域の中で総合するというのは、専門的な知見そのものを理解するよりも、そこから導かれようとしている「結論」が地域にとってどのような意味を持ち、他の問題とどのような関連を持つかを、地域の目線で考えることを意味する。それはまさに「言うは易く行うは難し」であるが、それでもその目線はまちづくりには欠かせないものだといってよい。

　そのことは逆説的にはなるが、「専門的知見」についての評価とも関連する。私たちは自分の専門分野以外のことについては詳細な知識を持ちあわせていないため、「その分野の専門家の意見」といわれると、それに強い信頼を置くのが普通である。専門家にはそれだけの知見があり、説得力があることが多い。しかし、よく考えて見れば、専門家と称する人たちの意見といっても、経済政策の面でも、エネルギー問題の面でも、まったく対立することは決して珍しくない。それでも、その両方が「専門家の意見」である。私たちはそのどちらかが決定的に正しく、他方がまった

く間違っていると判断することはとてもできない。

　意見の異なる専門家は根拠なく当てずっぽうで発言しているわけではない。それぞれに深い研究や分析に基づいて発言しているはずである。しかし、それでも意見は対立する。問題に対する焦点の当て方や見方が異なるのである。だからこそ、多くの専門家が必要になり、さまざまな角度から物事を考える必要が生まれるのだともいえる。もし専門家の意見が1つに集約されるのだとすれば、専門家は1人いれば十分だということにもなりかねない。

　しかし、実際にはどんな問題についても専門家の意見は対立する内容を含んでいる。それらを含めて、問題をさまざまな角度から具体的に考える場が地域であり、まちである。最後には意思決定しなければならない局面は必ずやってくる。その時に、「絶対にこうすれば間違いない」という解を求めることはできない。専門家は決してそうした解を提供してくれるわけではない。そこでは、専門的な分析や知見を正確に理解するよりも、それを地域の問題として「納得できる」かどうかが問われるといってもよい。地域での総合とは、議論を通して多くの人びとの納得を導き出すことを意味しているのである。

　さまざまな意見を取り入れるという意味で、インターネット情報についてひところ触れておこう。近年では、インターネットでほとんどどんなテーマについても、さまざまな情報が簡単に入手できるようになっている。しかし、注意しなければならないのは、インターネットの情報は玉石混交できわめて正確なデータから、単なる個人の思い付きまでが「平等に」見えてくるという点である。誰が、いつアップしたものかが不明なものも少なくない。その意味ではまさに情報の洪水状態にあるともいえる。インターネットはきわめて便利な情報入手経路であるので、ここからいかにして信頼に足る情報を拾い出すかはますます重要になるだろう。

2　合意形成と納得

　まちづくりといえば、地域の人びとの暮らしの質を向上させるための取り組みであるから、初めから多くの人びとの賛同が得られやすいように考えられるかもしれない。しかし、実際にはそうとも限らない。多くの関係者の賛同が得られるかどうか、それは事業内容やリスクの大きさによって異なってくる。

　例えば、ちょっとしたイベントのようなものであれば、比較的合意は得られやす

い。予算的にもそれほど大きな額ではない。事業計画の概略が固まれば、「とりあえずやってみる」ことも可能である。たとえ失敗したとしても、その失敗の要因を分析して次に活かすことができる。リスクがないとはいえないが、それほど致命的になるとは考えられない。この種の事業の場合には、中心メンバーの任せるという形での「暗黙の信認」が得られることが多いが、仮に明示的な意見の対立があった場合でも、議論の中で「今回はこの形でやってみよう」という合意を得ることはそれほど難しいことではない。試行錯誤しながら事業を進めることができるからである。

　しかし、ハード事業の場合にはそうはいかない。予算規模が大きく、それだけリスクも大きくなる。事業がまちや個店に与える影響も大きく、それだけ利害関係も錯綜する。いやでも関係者の関心は高くなり、暗黙の信認で済ませることはできなくなる。しかも、ハード事業は後でやり直すことはできないし、次に活かすといっても、その次の機会がいつ訪れるかはわからない。事業が後戻りのできない非可逆的な性質を持っている。それだけに関係者が慎重になるのはむしろ当然である。関係者の構成が変化し、地域のリスクを背負う意気込みの程度が多様化し、リスクの負担能力にもばらつきが出てくると、この問題は一層深刻になる。

　この種の問題で利害関係が錯綜するもう１つの理由は、何を評価軸とするかによって事業の評価そのものが変わってくるという点にある。例えば、郊外に巨大なショッピングセンターを開発すれば、その都市の商業力は高まり、地域の人びとの買い物の利便性は高まるかもしれないが、そのために農地が犠牲になると共に、中心部の商店街などに重要な影響を与えるかもしれない。それはやがて「買い物難民」問題につながるかもしれない。あるいは、中心部の商店街にアーケードを設置すれば、雨風といった天候に左右されることはなくなるし、直射日光を遮ることもできる。さらには商店街全体に１つの買い物空間としてのまとまりを演出することもできる。しかし、半面では多額の資金を負担しなければならないだけではなく、開放感あふれる空間を失うことにもなる。

　この種の「あちらを立てればこちらが立たず」という状況をトレードオフの関係にあるという。「物事には反面がある」という言葉が暗示するように、このトレードオフは極めて普通に発生しうるが、通常の事業にまつわるトレードオフはほとんど意識されないまま、より評価の高いほうを選択することで解決されていく。多くの場合、事業の背景や概要の説明によって理解が得られるであろうし、これまでの実績に照らして暗黙の信認が得られることも少なくない。少なくとも、その程度の

信頼関係がなければまちづくりは始まらない。

　しかし、事業規模が大きくなるとこの問題は深刻となる。トレードオフの中には、例えば経済活動と環境問題のように、長期的に見れば解決可能なものも含まれる。実際、高度成長期に日本を苦しめた大気汚染などの公害は、その後の環境対策の格段の進歩によってほぼ両立が可能となっている。しかし、短期的に見れば、トレードオフ問題は重要な選択を迫る問題となるだろう。

　トレードオフ関係が表面化した問題の意思決定が難しいのは、何に重点を置くかによって判断が分かれるからである。しかも、この種の問題については専門家の意見も分かれることが多い。アーケードの場合であれば、将来にわたる経済的負担を重視するのか、まちの空間的イメージや開放感を強調するのか。あるいは全天候型施設の利便性がどれほどの集客力をもたらすと期待するのか、その集客力がどれだけ売り上げに結びつくと見積もるのか。専門家に調査を依頼しても、絶対に確実な結果を予測してくれるわけではない。そのどれが決定的に正しい解だということができないだけに、「納得」という形の合意形成に至るには多大の時間と労力を要することになりかねない。

　時間はかかる。しかし、地域の人びとはそこから逃げ出すことはできないので、時間をかけても根気強く議論を重ね、納得を得ようと努力する。そうする以外に合意に達する方法がないことは誰もが知っている。多数決で決定するという方法もあり得るが、時に強引にも見えるこの手法は、後々にしこりを残すことになりかねない。できれば、「積極的に賛同」とまではいわなくても、「みんなの総意なら仕方ない」「あえて反対はしない」といった「消極的納得」であってもいい。単に「声の大きな人に沈黙する」とか「長いものに巻かれろ」というのではなく、そうすることが地域のためになると、どこかで信じ、期待して自分を納得させる。参加者にその程度の柔軟性がなければ、合意を得ることは難しい。それでも、それを求めての議論や接触の積み重ねが、意見の違いはあってもお互いの信頼関係を作り出す基ともなる。実際、アーケードの設置（あるいは撤去）や会館の建設、再開発などの事業を行う場合には、合意形成のために信じられないほどの時間と労力をかけることが多い。この点は、機会があればぜひ身近なところで実情を確認して欲しい。

　錯綜する利害関係を調整していく上で重要なことは、まちとしての大きな目標を確認することである。企業でいえば「社是」がこれに当たる。大きな目標はどうしても抽象的になりがちであるが、それでもどこか他のまちの目標を借りてくるというわけにはいかない。それぞれの地域の伝統や歴史に照らし合わせながら、自分た

ちの「原点」を確認することが重要であり、そこに地域の人びとの熱い思いが結集していなければならない。まちの歴史を理解し、風土を理解する。そのうえで現状を見つめ、競合関係や時代の流れを見ながら、このまちのあるべき姿を言葉として表し共有する。目先の問題にこだわらず、もっと大きな将来を見つめ、夢を語り、夢に向かって進むことを確認する。「〇年後に地域で一番住みたいまちになる」とか、「手づくり、手仕事、技の街」などはその代表例である。大きな目標が合意できれば、問題は常にその目標に照らして判断されることになる。

　ここでの目標は、第3章で述べた自治体の総合的な目標や将来像よりももう少し絞り込んだ、まちのエリアとしての目標である。自治体の中でもこのまちがどのような位置づけにあるのかによって、まちの歴史も現状も、場合によってはものの考え方も違ってくる。それを反映し、まちの人たちが共有できる目標が設定されることが望ましい。それですべての利害が調整できるようになるわけではないが、こうした大きなよりどころをもつことが、合意形成を容易にすることは間違いない。

3 事業評価とPDCAサイクル

　大きなハード事業は事業そのものが非可逆的である上にリスクが大きいため、事前に慎重の上にも慎重な判断が行われる。それでも、当初予想した通りの成果が現れるとは限らない。予想以上によい成果が生まれればそれに越したことはないが、予想以下の場合でももはややり直すことはできない。確定したハード施設を前提として、その活用方法や運用面での工夫を始めることになるだろう。ハード事業はそれが完了した時点から、ソフト事業に引き継がれていく。というよりも、そのハード施設を使ってどのような活動を行うかを事前に慎重に協議したはずだから、本当はハード事業はソフト事業ともっと前から深くかかわってきたことになる。この事前のかかわりは極めて重要で、それなしにはハード整備のためのハード整備に終わってしまう。しかし、事前のかかわりはあくまでも計画段階でのものであり、最終的にはハード施設の中に埋め込まれてしまうために、施設完了後の実際の運用とは性格が異なることには注意しておこう。

　ハード施設の運用だけではなくイベントやコミュニティとの連携事業など、商店街やまちづくり会社などが取り組むソフト事業は数多い。ハード整備は数年に一度くらいの間隔でしか発生しないから、このソフト事業こそが日常的なまちづくり活

動の中心となる。本書でも、これまで主としてこの種の活動を念頭に置いて議論してきた。

　これらのソフト事業は先に指摘したように「とりあえずこのやり方でやってみよう」という形で始まるかもしれないが、事前にきちんと計画されることも少なくない。それでも、それが予定通りの結果を導くとは限らない。事業はよい意味でも悪い意味でも、思った通りにはならない。期待していた成果が十分に現れないこともあれば、途中で思わぬ幸運に恵まれて予想外の成果をあげることもある。

　事業が予定した成果をあげることができたのか。そのことを絶えず点検することは極めて重要である。それを冷静に見つめる中で、もしうまく行かなかった場合にはその原因を考え、やり方を改善しなければならないし、予想外の幸運に恵まれたのであればその幸運を今後も味方に取り込む方法を考えるか、その幸運がなくなった後の事業の組み立て方を考え直さなければならないかもしれない。

　事業を進める過程の中から振り返りと反省、気づきを形にし、それを次の事業に活かしていく。これは通常の「学習」過程であるが、それを意識的な過程として行うことを強調したのがPDCA（Plan-Do-Check-Action）サイクルである。文字通り、事前にきちんと計画を立て、それに基づいて実践し、その結果をチェックして、それに基づいて次期の行動を考え直すという循環である。この考え方自身は古くから指摘されてきたことであるが、近年改めてその意義が強調されるようになっている。

　このPDCAも細部にわたれば議論すべき点はたくさんあるが、ここではそうするだけの余裕はない。いくつかの重要な点に限って補足しておくことに留める。まず計画づくりであるが、そのためには先にも見た大きな目標の設定が重要になる。例えば、「地域の人びとに親しまれるまちを目指す」という大きな目標を基本に掲げたとしよう。目標と手段は通常は階層構造になっており、上位の目標を達成するための手段が、一段階下のレベルの目標となることが多い。人びとに親しまれるまちを目指す道はいくつかある。地域の環境分析をしたところ、例えば新しくマンションが多数建設され、学生の居住も増えていることが確認できれば、「今まであまりまちとかかわりを持たなかった若者を引きつける」ことを手段の1つとして考えるかもしれない。この場合、「親しまれるまち」が目標で、「若者を引き付ける」がそのための手段となる。しかし、いったんそう決まれば、今度は「どのようにして若者を引き付けるか」に関心が移り、若者を引き付けるためのさまざまな取り組みが考えられていく。そこでは「若者を引き付ける」ことがもう1つ下の下位目標

になっていく。さらに、若者を引き付けるために具体的なイベントが企画されたとすると、今度はそのイベントをいかに円滑に進めるかに議論の焦点が移っていくだろう。

　この目標と手段の関係は1本の太い幹から何段階にも枝分かれしていく樹形の構造を持っている。その関係は選択肢が増えれば増えるほど、複雑さを増す。しかし、この関係をできるだけ事前に細かく確認し、まちづくりに取り組む人びととの間で共有しておく必要がある。目標と手段の樹形関係の「見える化」といってもよい。そうすることによって、関係者が同じ問題意識をもって事業に取り組むことができるし、行き詰まった時にも何のためにこの事業を行っているかを確認する手助けにもなる。

　事業の実行過程は事業の効率的な進め方や周辺の巻き込み方など多くの問題があるが、ここで具体的に触れることはできない。その事業が終わった後、あるいは継続中でも一定期間を経過した後、それが当初の計画通りに進行しているかどうかを冷静に判断する必要がある。チェックの段階である。この際に重要なのは、当初の目標に照らした結果と予定外の成果を曖昧にしないことである。例えば、先の「若者を引き付ける」ために行った事業で、若者の参加を増加させることはできなかったが、子育て世代の増加が目立ったとする。これは失敗か成功か。おそらく議論は伯仲するだろう。「結果的には集客力は全体として増えたのだからそれでよかった」と、無難な総括が行われるかもしれない。

　しかし、注意しておきたいのは、その事業は「若者を引き付ける」ための事業としては失敗したという点である。当初の目的に照らして評価すればそうならざるを得ない。この評価軸は実は初めから決まっていたことであって、それを曖昧にはしてはならない。もし今後も引き続いて若者を引き付けようとするのなら、ここを冷静に判断する中から、次の手立てを考えていかなければならない。もし若者との距離が決定的に遠いことがわかれば、その原因を検討しつつ、当面は「若者を引き付ける」ことを選択肢から外すことにならざるを得ない。

　しかし、半面で、子育て世代を引き付けることができたのは大きな成果であった。今までなぜその層を念頭に置かなかったのか。彼らはなぜ今回反応してくれたのか。周辺に彼らを引き付ける代替的な機会はないのか。今後は彼らをもっと重要なターゲットとして想定できるのか。予想外の成果をただ喜ぶ前に、分析しなければならないことはたくさんある。子育て世代を引き付けられたのが偶然の出来事ではなく、例えば今まであまり接触のなかったキーパーソンの働きかけが大きかったとわかれ

ば、今度はそのキーパーソンをメンバーに迎え、次期の計画の中に明確に位置づけていくことになるだろう。こうしてチェックとアクションが結びついていくが、その原点となっているのがプランであり、基本的目標なのである。基本目標はまちのぶれない共通の目標であり、目標と手段の樹形関係全体をまとめる要の役割を果たしている。

　この簡単な比喩の中からも、PDCAサイクルを回すということは、事業が当初に定められた詳細な計画通りに着々と進行するように管理するといったものではないことは理解できたと思う。まちづくりに限った話ではないが、事業はそれ程一直線に進むものではない。想定外のことは常に起こり得る。「想定外」という事態をできるだけ少なくする努力は必要であるが、それでも想定外はなくならない。それを弾力的に受け止めながら、それでも計画的に事業を進めていく。まちづくりの活動は、その長い繰り返しの中にある。

　この弾力的な進行の過程で、時には基本となった目標までもが見直しを迫られることがないとはいえない。特定の事業に限って言えばそのようなことが起こるとは考えられないが、まちづくりは終わりのない長い長い活動であり、運動である。その長い過程では、内外によほど大きな構造変化が起こらないとも限らない。そうなった時には、PDCAの出発点となった基本的な目標さえもが、再検討の対象になるかもしれない。PDCAは決してそれをさえ否定はしていないのである。

　あらかじめ決められたとおりに実行するというのでもなければ、行き当たりばったりで行動するというのでもない。計画を立ててそれに基づきながら、その計画自身を見直していく。そうだからこそ、PDCAサイクルもまた、終わりのない循環を描くことになる。本書の読者が、この終わりのないまちの魅力づくりの魅力に目覚めてくれることを期待したい。

（石原武政）

注

1　詳しくは、石原武政・石井淳蔵『街づくりのマーケティング』日本経済新聞社、1992年、石原武政『まちづくりの中の小売業』有斐閣、2000年参照。

索　引

■団体・地名・人名等■

アルファベット
JA秋田 …………………………………… 167
JOBANアートラインかしわ実行
　委員会（千葉県柏市） ……………… 149
KOKÔ塾 ………………………………… 225

あ
青森駅前再開発ビル㈱（青森県
　青森市） ……………………………… 113
青森新町商店街振興組合（青森県
　青森市） ……………………………… 169
明石市（兵庫県） ……………………… 91
明石銀座商店街（兵庫県明石市）…… 91
アーケード名店街（静岡県沼津市）…… 13
旭川市（北海道） ……………………… 15
足助中央商店街協同組合（愛知県
　豊田市） ……………………………… 164
足立基浩 ………………………………… 219
あまが池プラザ（滋賀県守山市）…… 109
アメリカ村（大阪府大阪市）………… 145
㈱アモールトーワ（東京都足立区）… 103
阿山町（三重県伊賀市） ……………… 209
あらい商工葬祭協同組合（静岡県
　湖西市） ……………………………… 145

い
飯田市（長野県） ……………………… 91
イオン ………………………………135, 165
伊賀市（三重県） ……………………… 209
伊賀の里モクモク手づくりファーム
　（三重県伊賀市） …………………… 209
泉ヶ丘通り商栄会（熊本県熊本市）… 160
泉佐野市（大阪府） …………………… 105
板橋区商店街連合会（東京都板橋区）
　………………………………………… 130

㈱飯田まちづくりカンパニー（長野県
　飯田市） ……………………………… 111
伊丹市（兵庫県） ……………………… 149
いたみタウンセンター（NPO）
　（兵庫県伊丹市） ……………… 110, 114
伊丹都市開発㈱（兵庫県伊丹市）
　…………………………………… 110, 114
（公財）いたみ文化・スポーツ財団 …… 149
稲田商店街振興組合（新潟県上越市）
　………………………………………… 175
岩村田本町商店街振興組合（長野県
　佐久市） ……………………………… 143

う
魚の棚商店街（兵庫県明石市）……… 91
魚町商店街（福岡県北九州市
　小倉北区） …………………………… 97
宇宿商店街振興組合（鹿児島県
　鹿児島市） …………………………… 161
うの家（滋賀県守山市） ……………… 109
ウルトラマン商店街（東京都
　世田谷区） …………………………… 130
雲南市（島根県） ……………………… 166

お
大阪天満宮（大阪府大阪市）………… 148
大鰐町（青森県） ……………………… 105
岡崎まちゼミの会 ……………………… 112
オガール紫波（岩手県紫波町）……… 61
帯広信用金庫 …………………………… 224
帯広電信通り商店街振興組合（北海道
　帯広市） ………………………… 162, 185
オムロン㈱ ……………………………… 162
岡垣町（福岡県遠賀郡） ……………… 99

か
かあべえ屋（東京都西多摩郡檜原村）

.... 167
鹿児島国際大学 161
鹿児島大学医学部 161
柏駅前通り商店街振興組合(千葉県
　柏市) 149
柏市(千葉県) 58, 204
(商店街振興組合)柏二番街商店会
　(千葉県柏市) 149
片塩振興協議会(奈良県大和高田市)
　... 163
片寄俊秀 213
加藤新 231
鹿屋体育大学 161
烏山駅前通り商店街振興組合
　(東京都世田谷区) 145
からほり倶楽部(大阪府大阪市) 150
川越市(埼玉県) 16
環境デザイン会議(NPO) 221
関西大学 147

き

北九州家守舎(福岡県北九州市) 97
帰宅困難者対策地域協力会 128
北国街道まちづくり協議会(滋賀県
　長浜市) 203
吉商本舗(静岡県富士市) 224
旧居留地連絡協議会(兵庫県神戸市)
　... 126
久左衛門商店街事業協同組合(大阪府
　大阪市) 145
協栄商店会(千葉県柏市) 149
(一社)京橋地域活性化機構(大阪府
　大阪市) 104
銀天街商店街振興組合(沖縄県
　沖縄市) 175

く

区役所通り登栄会商店街振興組合
　(神奈川県川崎市) 131
グランフロント大阪TMO(大阪府

　大阪市) 63
久留米一番街商店街振興組合
　(福岡県久留米市) 160
㈱黒壁(滋賀県長浜市) 105, 202
黒壁グループ協議会(滋賀県長浜市)
　... 203

け

慶應義塾大学 131
健軍商栄会(熊本県熊本市) 160
健軍商店街振興組合(熊本県熊本市)
　.............................. 129, 185, 160
健軍新天街商店会(熊本県熊本市) .. 160
健軍まちづくり推進協議会(熊本県
　熊本市) 160

こ

小金井市(東京都) 214
粉河高等学校(和歌山県紀の川市) .. 225
御幸町発展会(静岡県静岡市) 130
子育ち支援グループモモ(青森県
　青森市) 170
子育て応援隊ココネットあおもり
　(青森県青森市) 170
呉服町商店街(静岡県静岡市) 23
駒川商店街振興組合(大阪府大阪市)
　... 171
㈱コミュニティ・マートセンター 16

さ

堺銀座南商店街(大阪府堺市) 104
堺東駅前商店街協同組合(大阪府
　堺市) 104
堺南商店街商業協同組合(大阪府
　堺市) 104
堺まちクリエイト㈱ 103
肴町商店街(岩手県盛岡市) 19
桜川本物づくり委員会(茨城県
　桜川市) 224
鯖江市(福井県) 227

三田本町商店街（兵庫県三田市）……213

し
自由が丘南口地区（東京都目黒区）…… 54
㈱商店街支援センター……………………… 25
紫波町（岩手県）……………………………… 61
新庄TCM㈱（山形県新庄市）…………107
新庄市（山形県）……………………………107
㈱新長浜計画（滋賀県長浜市）………105
新町商店街（新潟県見附市）…………175
新丸子商店街（神奈川県川崎市）……171

せ
生活協同組合コープさっぽろ…………168
せとだ本町商店街協同組合（広島県
　尾道市）………………………………………175
セブン＆アイ・ホールディングス
　………………………………………………135, 165
セブン-イレブン……………………………165
専修大学………………………………131, 171
全日本食品㈱………………………………167

た
ダイエー……………………………………14, 134
大分まちなか倶楽部（大分県大分市）
　………………………………………………………… 95
大丸有エリアマネジメント協会
　（東京都千代田区）…………………………… 63
髙島屋二子玉川店…………………………… 21
高松中央商店街振興組合連合会
　（香川県高松市）……………………………118
高松丸亀町壱番㈱…………………………116
高松丸亀町商店街振興組合…………114
高松丸亀町まちづくり㈱………………115
竹田市（大分県）……………………………… 60
立川市商店街連合会（東京都立川市）
　………………………………………………………130
田町パークビル株式会社（静岡県
　浜松市）………………………………………152
田辺市（和歌山県）………………… 92, 109

ち
中央通商店街振興組合（秋田県
　秋田市）………………………………………175
中央通り商店街（富山県富山市）…… 22

つ
つかしん（兵庫県尼崎市）………………… 21
鶴見銀座商店街協同組合（神奈川県
　横浜市）………………………………………160

て
てんさんカルチャーセンター（大阪府
　大阪市）………………………………………147
天神橋筋商店連合会（大阪府大阪市）
　………………………………………………………147
伝馬町発展会（静岡県静岡市）………130

と
土居年樹………………………………………148
東海商業高校（愛知県東海市）………225
東海道吉原宿（NPO）（静岡県富士市）
　………………………………………………………224
東京いのちのポータルサイト（NPO）
　………………………………………………………129
東京藝術大学………………………………149
東京都……………………………………………125
東京都千代田区…………………… 48, 128
東北芸術工科大学…………………………222
東和銀座商店街振興組合（東京都
　足立区）………………………………………103
常葉大学法学部……………………………130
独立行政法人都市再生機構…………165
富山ライトレール㈱………………………111
豊田まちづくり㈱（愛知県豊田市）…113
㈲豊中駅前まちづくり会社（大阪府
　豊中市）………………………………………112
ドラッカー、P.F.……………………………… 13

な
直木三十五……………………………………151

中内功··134
長浜市（滋賀県）······················105, 149
長浜曳山博物館···································203
長濱浪漫ビール···································203
七日町商店街（山形県山形市）········221
南紀みらい㈱（和歌山県田辺市）·····109

に

西心斎橋商店街事業協同組合
　（大阪府大阪市）··························145
日南市（宮崎県）·································98
日本放送協会·······································135
日本ショッピングセンター協会········75
日本赤十字社·······································135
日本専門店会連盟·································21
日本創生会議···32
日本チェーンストア協会············75, 136
日本通運···135
日本農業賞··209
日本百貨店協会······························75, 136
日本フランチャイズチェーン協会
　··75, 137
ニューデイリーヤマザキストア········167

は

㈱ハイマート久留米（福岡県
　久留米市）·····································160
旅籠紗蔵（滋賀県長浜市）··············203
はたマーケット（島根県雲南市）·····167
発寒北商店街振興組合（北海道
　札幌市）·······························142, 163
ぱてぃお大門蔵楽庭（長野県長野市）
　··151
花輪大町商店街（秋田県鹿角市）········19
馬場正尊···221
ハハトコ食堂（三重県伊賀市）········209

ひ

曳山祭り（滋賀県長浜市）··············203
檜原村（東京都）·······························167

ヒューマンカレッジ・アフターの会
　（和歌山県和歌山市）··················219
姫路工業高等学校（兵庫県姫路市）··224
広島市中央部商店街振興組合連合会
　（広島県広島市）··························188
広島市中央部地区振興の会··············231

ふ

ファミリーマート······························165
ぶどうの樹（福岡県遠賀郡）············99
プラチナプラザ（滋賀県長浜市）·····106
富良野市（北海道）···························207
ふらのまちづくり㈱（北海道
　富良野市）·····································112
フラノマルシェ····························112, 207
フラノマルシェ２·······························112
㈱ブランド総合研究所······················206

へ

平和通三和商店街振興組合（北海道
　旭川市）···175

ほ

防犯まちづくり関係省庁協議会······133
北竜振興公社（北海道北竜町）········168
本町商店街振興組合（北海道夕張市）
　··175

ま

真壁高校（茨城県桜川市）··············224
増田四郎···12
㈱まちづくり岡崎（愛知県岡崎市）··112
㈱まちづくり柏原（大阪府）············108
まちづくり柏原（兵庫県丹波市）·····151
まちづくりカフェWith（和歌山県
　和歌山市）·····································219
㈱まちづくり東海（愛知県東海市）··225
㈱まちづくりとやま（富山県富山市）
　··107, 111
まちづくり長野（長野県長野市）·····151

まちづくり役場（NPO）（滋賀県
　　長浜市）……………………………106
まちなか出店サポートセンター
　　（大分県大分市）…………………95
松本市（長野県）………………………213
ママの働き方応援隊（兵庫県神戸市）
　　………………………………………169
まめっこ（愛知県名古屋市）…………169
丸亀町不動産㈱（香川県高松市）……114
まるこやさしズム21推進委員会
　　（神奈川県川崎市）………………171
丸和フードサービス……………………14
マンフォード、L. ………………………26

み

みやのかわ商店街振興組合（埼玉県
　　秩父市）……………………………187
㈱みらいもりやま21（滋賀県守山市）
　　………………………………………109

む

村山団地中央商店会（東京都
　　武蔵村山市）…………………145, 164

め

めるか檜原（東京都西多摩郡檜原村）
　　………………………………………167

も

門司レトロ倶楽部（福岡県門司市）…90
モトスミ・オズ通り商店街
　　（神奈川県川崎市）………………131
モトスミ・ブレーメン通り商店街
　　振興組合（神奈川県川崎市）……163
元町商店街（元町SS会）（神奈川県
　　横浜市）……………………………18

や

八代市まちなか活性化協議会
　　（熊本県八代市）…………………162

柳原通商店街振興組合（愛知県
　　名古屋市）…………………………169
柳町商店街（香川県観音寺市）………22
山形リノベーションまちづくり推進
　　協議会………………………………222
山北まちづくりカンパニ（神奈川県
　　足柄上郡）…………………………167
山崎製パン……………………………167

ゆ

ゆう壱番街商店街（滋賀県長浜市）..186
夕張市（北海道）………………81, 105
油津商店街（宮崎県日南市）…………98
ゆりの木通り商店街（静岡県浜松市）
　　………………………………………152

よ

横浜市（神奈川県）……………………126
吉原商業高等学校（現・富士市立
　　高等学校）（静岡県富士市）………224

り

りんご並木（長野県飯田市）…………112

ろ

六間道商店街振興組合（兵庫県
　　神戸市）……………………………169
ローソン………………………………165
六角橋商店街地区（神奈川県横浜市）
　　………………………………………132

わ

和歌山大学…………………………219, 225
早稲田商店会（東京都新宿区）………129
早稲田大学……………………………129
和田商会（東京都杉並区）……………170

■事　項■

数字・アルファベット
80年代の流通産業ビジョン ………… 103
90年代の流通ビジョン ……………… 103
BID（Business Improvement District）
　……………………………………… 63
CSR（Corporate Social Responsibility）
　…………………………………… 141
DMO（Destination Management
　Organization）…………………… 198
e-Stat ………………………………72, 74
JAPANブランド育成支援事業 ……… 206
MICE（Meeting、Incentivetour、
　Convention、Exhibition）………… 199
NPO法人 ……………………………… 178
PDCAサイクル ……………………… 237
RESAS ………………………………… 74
SWOT分析 …………………………… 82
YOSAKOIソーラン祭り …………… 146

あ
赤ちゃん先生プロジェクト ………… 169
空き店舗 …………………… 21, 22, 37
空き店舗対策事業 …………………… 21
アーケード ………………… 27, 34, 234
朝市 …………………………………… 99
アート・イン・ナガハマ ……… 149, 201
アトム通貨 …………………… 142, 155
アートラインかしわ ……………… 149
阿波踊り ……………………………… 90
安心 ………………………………… 122
安全 ………………………………… 122
暗黙の信認 ………………………… 234

い
いいだ人形劇フェスタ ……………… 91
医商連携 …………………… 159, 162, 185
依存財源 …………………………… 80
一店一安心運動 …………………… 132

一般財源 …………………………… 78
移動販売 …………………………… 164
色塗り ……………………………… 51
インターネット …………………… 216
インターネット情報 ……………… 233
インターネットショッピング ……… 175
インターネット通販 ……………… 38
インバウンド ……………………… 211

え
エリアマネジメント ……………63, 97

お
大型店充足率 ……………………… 70
大型店占有率 ……………………… 70
屋外広告物法 ……………………… 89
オープンカフェ ……………… 99, 226
親子で街デビュー ………………… 170
親子で街デビュープロジェクト
　わだっち（東京都杉並区）……… 170

か
改正都市計画法 …………………… 24
開発自由の原則 …………………… 52
開発不自由の原則 ………………… 52
外部機関との連携 …………… 174, 184
回復力 ……………………………… 125
買い物公園 ………………………… 15
買い物弱者 ……… 39, 158, 164, 165, 166
買い物代行 ………………………… 41
回遊性 ……………………………… 221
核家族化 …………………………39, 42
駆け込み110番 …………………… 136
過剰店舗 …………………………… 36
過疎地域 …………………………… 157
カラー舗装 ………………………… 27
環境整備事業 ……………… 21, 76, 102
観光産業改善地区（Tourism Business
　Improvement District）………… 199
観光地域マーケティング・

マネジメント……………………198
観光ビジネス活動体（Destination
　Management Organization）………197
神田祭り………………………………90
がんばる商店街30…………142, 163, 188
がんばる商店街77…………………142

き
祇園祭り……………………………90, 146
基準財政収入額………………………78
基準財政需要額………………………78
帰宅困難者……………………………128
義務的経費……………………………77
共助………………………………42, 125, 187
行政依存………………………………28
行政参加………………………………27
共同経済事業…………………………102
居住人口…………………………68, 71

く
郡上踊り………………………………90
グッドデザイン賞特別賞……………224
熊本地震……………42, 129, 133, 160, 217
暮らしの広場……………………16, 21, 103
クロスSWOT分析……………………82
クロス分析……………………………68

け
景観………………………………89, 90
景観行政団体…………………………89
景観協定………………………………54
景観計画………………………………89
景観法…………………………………89
経済の暗黒大陸………………………13
健康づくり体操教室…………………161
健全化判断比率………………………81
現代版家守制度………………………96
建築基準法………………………47, 89
建築協定………………………………54
減災………………………………122, 125, 129

減災まちづくり………………………126

こ
広域連携DMO………………………199
合意形成……………………235, 236
公害……………………………………2
郊外開発の規制………………………24
後期高齢者比率………………………157
公共空間………………………………98
合計特殊出生率………………………31
高校生商店街…………………………227
高山祭り………………………………146
公助………………………………42, 125
交付金…………………………………60
公民館…………………………………213
公民連携事業PPP……………………61
小売業の外部性………………………44
小売業の生産性………………………70
小売充足率………………………36, 70
交流人口………………………………68
高齢化…………………………………44
高齢化社会……………………………39
高齢化率……………………32, 68, 157
高齢者単独世帯………………………39
顧客流出入比率………………………71
国税……………………………………76
国勢調査………………………………67
互助……………………………………2
固定資産税……………………………77
個店の魅力……………………………221
こども110番…………………………136
コミュニティ機能……………………183
コミュニティバス……………………41
コミュニティビジネス………………186
コミュニティ・ポイント……………145
コミュニティ・マート構想……15, 103
コンパクトシティ………24, 52, 56, 59
コンバージョン………………150, 152

さ

災害時帰宅支援ステーション ……… 135
災害対策基本法 ………………………… 135
財源不足額 ……………………………… 78
財政健全化団体 ……………………… 105
財政再建団体 …………………… 81, 105
財政力指数 ……………………………… 79
鯖江市民主役条例 …………………… 227
三セク・アレルギー ………………… 105
三割自治 ………………………………… 80

し

市街化区域 ……………………………… 51
市街化調整区域 ………………………… 51
市街地再開発事業 ……………… 51, 111
事業者のリスク ………………………… 84
事業のリスク …………………………… 84
事業用定期借地権制度 ………………… 23
資金不足比率 …………………………… 81
自主財源 ………………………………… 80
自主財源比率 …………………………… 80
自助 ……………………………… 42, 125
自然環境 ………………………………… 1
視線の被曝量 …………………………… 6
持続的な地域経済 …………………… 208
自治会活動 ……………………………… 43
自治体財政の健全度 …………………… 79
自治体の財政状態 ……………………… 76
市町村税 ………………………………… 76
指定公共機関 ………………………… 135
地場産業 ………………………………… 3
地ビール元年 ………………………… 203
社会インフラ …………………………… 25
　──の老朽化 ……………………… 32, 33
シャッター通り商店街 ………………… 93
住民基本台帳 …………………………… 67
住民税 …………………………………… 77
住民送迎サービス ………… 145, 164, 165
出店凍結の時代 ………………………… 20
準都市計画区域 ………………………… 50
小規模多機能自治 ……………… 63, 166
商業活動調整協議会 …………………… 21
商業近代化地域計画 …………………… 14
商業人口 ………………………………… 71
商業統計 ………………………………… 75
少子超高齢社会 ………………… 56, 60, 174
情緒的価値 ………………… 88, 94, 100
商店街振興組合 ……………………… 102
　──の解散 ………………………… 175
商店街振興組合法 …………………… 102
商店街組織 …………………………… 176
　──の弱体化 ……………………… 175
商店街の景況感 ………………………… 38
商店街まちづくり事業 ……………… 134
商店街ラボ …………………………… 213
商標法 ………………………………… 206
消滅可能性都市 ………………………… 32
条例 ……………………………………… 54
食料品アクセス問題 …………………… 40
ショッピングセンター ………… 21, 174
　──の管理手法 ……………………… 23
人口減少 ………………………… 56, 60, 174
震災あんぜんパック ………………… 129
信頼 …………………………………… 122

す

スプロール化 …………………………… 62
スポンジ化 ……………………………… 62

せ

生活の質 ……………………………… 154
税源移譲 ………………………………… 80
成功事例 ………………………………… 84
正の資源 ………………………… 95, 98
瀬戸内国際芸術祭 ……………………… 91
潜在的待機児童 ……………………… 169
先進事例 ………………………………… 84
線引き …………………………………… 51

そ

- 総合計画 …………………………………… 46
- ソフト事業 ………………………………… 27

た

- 第一次データ ……………………………… 67
- 耐火建築促進法 ……………………… 12, 153
- 待機児童 …………………………………… 168
- 待機児童問題 ……………………………… 158
- 大規模小売店舗法（大店法）………… 20
- 大規模小売店舗立地法 ………… 24, 47, 52
- 大規模集客施設 …………………………… 52
- 大規模商業施設 …………………………… 52
- 体験型 ……………………………………… 203
- 体験拠点 …………………………………… 202
- 滞在型観光 ………………………… 196, 199, 210
- 第三セクター ………………………… 103, 104
- ──の経営破綻 ………………………… 105
- 大店法改正 ………………………………… 24
- 第二次データ ……………………………… 66, 74
- タウンプロデューサー …………………… 64
- タウンマネジメント ……………………… 116
- タウンマネジメント機関（TMO）…… 105
- タウンマネージャー ……… 25, 63, 98, 108
- タウンマネージャー養成・派遣制度
  …………………………………………… 107
- 宅配サービス ……………………… 41, 164, 165
- 縦割り ……………………………………… 232

ち

- 地域DMO ………………………………… 199
- 地域おこし協力隊 ………………………… 60
- 地域環境 …………………………………… 1
- 地域協力マップ（商店街防災マップ）
  …………………………………………… 130
- 地域経済 …………………………………… 3
- 地域経済循環 ……………………………… 3, 208
- 地域経済分析システム …………………… 74
- 地域コミュニティ ……… 41, 141, 215, 229
- 地域コミュニティの担い手
  ………………………………… 176, 179, 183
- 地域再生法 ………………………………… 60
- 地域社会 …………………………………… 2
- 地域商店街活性化事業 ………………… 134
- 地域商店街活性化法 …… 25, 140, 179, 186
- 地域団体商標制度 ……………………… 206
- 地域通貨 ………………………………… 142
- 地域内資源循環システム ……………… 186
- 地域における歴史的風致の維持及び
  向上に関する法律（歴史まちづく
  り法）…………………………………… 90
- 地域ブランド …………………………… 206
- 地域ブランド調査 ……………………… 206
- 地域包括連携協定 ……………………… 135
- 地域連携DMO ………………………… 199
- 地縁型組織 ……………………………… 190
- 地球温暖化 ……………………………… 123
- 地区計画 ………………………………… 53, 54
- 地産地消 ………………………………… 62, 99
- 縮災 ……………………………………… 125
- 地方交付税 ………………………………… 78
- 地方税 ……………………………………… 76
- 地方創生 …………………………… 60, 206, 210
- 地方版総合戦略 …………………………… 60
- 地方分権 ………………………………… 46, 76
- 地方分権一括法 …………………………… 46
- 地方分権化 ………………………………… 80
- 着地型観光 ………………… 194, 198, 209, 210
- チャレンジショップ事業 ………………… 22
- 中越沖地震 ……………………………… 217
- 中越地震 …………………………… 42, 217
- 昼間人口 ………………………………… 68
- 中小企業等協同組合法 ………………… 102
- 中小企業等支援人材育成事業 ………… 218
- 中心市街地活性化協議会 ……………… 106
- 中心市街地活性化ネットワーク研究会
  …………………………………………… 110
- 中心市街地活性化法（中活法）
  ……………………………… 24, 47, 52, 56, 105
- 中心地性指数 …………………………… 71

町内会 …………………………………… 43
貯筋運動 ………………………………… 161
千代田区商工振興基本計画 …………… 49

つ
通過型観光 ……………………………… 196

て
定期借地権 ……………………… 115, 116
定住人口 ………………………………… 68
テクテク歩こう商店街 ………………… 162
デザインコード ………………………… 117
テナントミックス事業 ………………… 95
手間替え ………………………………… 2
天神天満町街トラスト（大阪府
　大阪市） …………………………… 147
天神祭り ………………………………… 90
伝統的建造物群保存地区 ……………… 89

と
東海市まちづくり応援大使 …………… 225
東京R不動産 …………………………… 221
東京圏一極集中 ………………………… 60
投資的経費 ……………………………… 77
特定財源 ………………………………… 78
特定商業集積整備法 …………………… 104
特定非営利活動促進（NPO）法 …… 178
特定非営利活動法人 …………………… 178
都市計画 ………………………………… 12
都市計画区域 …………………………… 50
都市計画区域外 ………………………… 50
都市計画税 ……………………………… 77
都市計画法 ………………………… 14, 47, 50
都市計画マスタープラン ……………… 49
都市再生 ………………………………… 58
都市再生緊急整備地域 ………………… 117
都市再生特別措置法 …………………… 58
都市大火 ………………………………… 123
土地区画整理事業 ……………………… 51
都道府県税 ……………………………… 76

豊中方式 ………………………………… 54
トレードオフ …………………………… 234

な
中津川フォークジャンボリー ………… 92
納得 ……………………………………… 235
ナホトカ号重油流出事故 ……………… 217

に
にぎわい補助金 ………………………… 134
西馬音内盆踊り ………………………… 90
日米構造問題協議 ……………………… 21
日本再興戦略2013 ………………… 56, 58
日本版DMO …………………………… 198
認定特定非営利活動法人 ……………… 178

ね
ねぶた祭り ……………………………… 146

の
農振法 …………………………………… 50
農地法 …………………………………… 50
能登半島地震 …………………………… 217
乗り合いタクシー ……………………… 41

は
爆買い …………………………………… 211
函館西部地区バル街 …………………… 150
働き方改革 ……………………………… 159
ハツキタくらし安心プロジェクト …… 143
ハード事業 ……………………………… 27
花いっぱい運動 ………………………… 224
花のまちづくり活動 …………………… 224
はばたく商店街30 ………… 142, 163, 171
バラック商店街 ………………………… 13
バル ………………………………… 92, 150
春旬祭 …………………………………… 91
バルーンシェルター …………………… 136
阪神淡路大震災
　………………… 4, 42, 122, 125, 133, 217

ひ

非営利組織（Non-Profit Organization）
　………………………………… 178
非可逆性 …………………………… 234
東日本大震災
　………… 42, 122, 131, 133, 179, 217, 222
美観地区 …………………………… 90
曳山祭り ……………………… 146, 201
非線引き都市計画区域 …………… 51
ヒューマンカレッジ ……………… 219
評価価値 …………………………… 88
非利用価値 …………………… 87, 100

ふ

普通税 ……………………………… 76
フードデザート問題 ……………… 40
不燃都市 …………………………… 12
負の遺産 …………………………… 100
負の資源 ……………………… 95, 98
不良資産 …………………………… 84
文化財保護法 ……………………… 89

へ

壁面線後退 ………………………… 18
別府現代芸術フェスティバル『混浴
　温泉世界』（大分県別府市）……… 91

ほ

防火 ………………………………… 132
防災 …………………………… 122, 125
防災キャンプ ……………………… 129
防災業務計画 ……………………… 135
防災建築街区造成事業 …………… 143
防災建築街区造成法 ……………… 13
防災マップ ………………………… 130
防犯 ………………………………… 123
防犯まちづくり …………………… 133
歩行者通行量 ……………………… 67
補助金 ………………………… 28, 60
発地型観光 ………………………… 194

ボランティア ……………………… 42
ボランティア元年 ………………… 217

ま

マスタープラン ……………… 47, 59
まち歩きマップ ……………… 92, 204
街元気プロジェクト ……………… 110
町衆 …………………………… 90, 146
まちづくりオープン会議 ………… 218
まちづくり会社 …… 17, 103, 106, 113, 115
まちづくり協議会 …………… 54, 56
まちづくり協定 ……………… 54, 56
まちづくり三法 ……………… 24, 47, 52
まちづくり補助金 ………………… 134
まちなか安全教室 ………………… 131
まちなか居住 ……………………… 24
街並み ………………………… 5, 43, 89
街並み環境整備事業 ……………… 54
街並み誘導型地区計画 …………… 55
まちの資源 ………………………… 87
まち・ひと・しごと創生 ………… 60

み

民活法 ……………………………… 104

む

無形文化遺産 ……………………… 203
無店舗販売 ………………………… 37

め

名鉄太田川駅周辺市街地再開発事業
　…………………………………… 225
メセナ ……………………………… 141

も

目的型組織 ………………………… 190
目的税 ……………………………… 76
目標と手段の樹形関係 …………… 238

や
夜間人口 …………………………… 68
山形R不動産 ……………………… 221

ゆ
結い ………………………………… 2

よ
要綱 ………………………………… 54
用途地域 …………………………… 51
よさこい祭り ……………………… 146

ら
ランドオーナー会議 ……………… 23

り
リスク ……………………………… 83
リゾート法 ………………………… 104

り
立地適正化計画 …………………… 58
リノベーション ……… 96, 150, 152, 221
リノベーションスクール ………… 97
流通革命 …………………………… 14
留保財源 …………………………… 78
利用価値 ………………… 87, 98, 100
旅行業法 …………………………… 195

る
類似都市 …………………………… 72

ろ
ローカルフェス …………………… 92

わ
若者の市政参加 …………………… 214
ワクショップ形式 ………………… 83
ワーク・ライフ・バランス ……… 159

◆編著者紹介

石原武政（いしはら　たけまさ）
大阪市立大学名誉教授。商学博士（大阪市立大学）。専攻は流通論・流通政策論。1965年神戸商科大学卒業、1969年神戸大学大学院経営学研究科博士課程を退学し、大阪市立大学商学部助手。同講師、助教授、教授を経て、2006年関西学院大学商学部教授、2011年流通科学大学教授を経て、2017年退職。著書に『商業組織の内部編成』（千倉書房、2000年）、『小売業の外部性とまちづくり』（有斐閣、2006年）、『商業・まちづくり口辞苑』（碩学舎、2012年）などがある。

渡辺達朗（わたなべ　たつろう）
専修大学商学部教授。博士（商学）（大阪市立大学）。専攻は流通論・流通政策論。1985年横浜国立大学大学院経済学研究科修士課程修了。財団法人流通経済研究所研究員、新潟大学、流通経済大学を経て、1999年専修大学商学部助教授。現在に至る。著書に『流通政策入門－市場・政府・社会［第4版］』（中央経済社、2016年）、『中国・東南アジアにおける流通・マーケティング革新』（白桃書房、2015年）、『商業まちづくり政策』（有斐閣、2014年）などがある。

◆執筆者紹介（担当章順）

石原武政（いしはら　たけまさ）……………序、1、2、4、5、6、11、12、終章
　編著者紹介参照

渡辺達朗（わたなべ　たつろう）………………… 3、7、8、9、10、12章
　編著者紹介参照

足立基浩（あだち　もとひろ）……………………………………… 4、5、12章
　和歌山大学　経済学部　教授

角谷嘉則（すみや　よしのり）………………………………………… 6、8章
　桃山学院大学　経済学部　准教授

新島裕基（にいじま　ゆうき）…………………………………………… 8、9章
　専修大学　商学部　講師

上野美咲（うえの　みさき）……………………………………………… 11章
　和歌山大学　経済学部　講師

小売業起点のまちづくり

2018年 4月20日　第1版第1刷発行
2019年11月20日　第1版第2刷発行

編著者　石原武政・渡辺達朗
発行者　石井淳蔵
発行所　㈱碩学舎
　　　　〒101-0052　東京都千代田区神田小川町2-1　木村ビル 10F
　　　　TEL 0120-778-079　　FAX 03-5577-4624
　　　　E-mail info@sekigakusha.com
　　　　URL http://www.sekigakusha.com
発売元　㈱中央経済グループパブリッシング
　　　　〒101-0051　東京都千代田区神田神保町1-31-2
　　　　TEL 03-3293-3381　　FAX 03-3291-4437
印　刷　昭和情報プロセス㈱
製　本　㈲井上製本所
Ⓒ2018　Printed in Japan

＊落丁、乱丁本は、送料発売元負担にてお取り替えいたします。

ISBN978-4-502-25751-3　C3034

JCOPY〈出版者著作権管理機構委託出版物〉本書を無断で複写複製（コピー）することは、著作権法上の例外を除き、禁じられています。本書をコピーされる場合は事前に出版者著作権管理機構（JCOPY）の許諾を受けてください。
JCOPY〈http://www.jcopy.or.jp　eメール：info@jcopy.or.jp〉